Studies of Chinese Political Communication
Third Series

中国政治传播研究

第3辑

荆学民◎主　编
白文刚◎副主编

中国传媒大学出版社
·北京·

序

让政治传播在人类政治文明的进步和升华中迸发更大活力

首届论坛上，我的致谢词的主题是“政治传播：恰逢春风劲吹时”；第二届时，致谢词的主题是“政治传播：化作浓墨写青山”；现如今，历时五年，春风已吹，青山已绿，因而这一届我的致谢词的主题是“政治传播：宁静淡定归本位”。

何以有此“呼唤”？因为，当我们以学者的冷峻眼光和思想者的深邃思维来观察和思考我们所置身的人类的“历史大时代”与中国的“中国特色社会主义新时代”时，便不难看出：在“人类大时代”和“中国新时代”的奔腾中，“政治”是主轴变量，“传播”是核心变量，政治的雄心与传播的激情深度融合为这个时代的“主变量”，推动着这个时代进入前所未有的“大变革”和“大变局”之中。展望和遐想未来，这种“大变革”和“大变局”乃人类政治文明进步和升华的正常轨迹。而政治传播在这种人类政治文明的进步和升华中应迸发更大活力。

政治的雄心使人类社会的政治进入“不确定”的新形态之中，传播的激情借助传播技术的革命使人类社会的交往进入信息迷乱的新形态之中。固然，政治与传播深度融合的政治传播，为人类社会的政治治理和人类政治文明的进步做出了不可磨灭的贡献，但是脱离人类历史前进方向的“政治雄心”会变成政治野心，脱离文明轨道的传播激情会变成助纣为虐的煽情和滥情。当下，我们很容易看到和感受到的以美国“特朗普”为符号的政治治理观所导致的全球政治的不确定甚至混乱，就是政治方面最明显的例证；我们很容易看到和正在感受的“后真相思潮”的泛滥，就是传播方面最明显的例证。[①]

那么，呼吁“政治传播宁静淡定归本位”，这里的“本位”是什么？“本位”在哪里？在我看来，政治的天然本性是建构、维护和捍卫超越任何“个人”和“私域”的“公共”秩序，“公共性”是人类政治的天然本性。诚然，在人类政治文明进步的历史长河中，“公”与“私”、“公域”与“私域”的边界是不断变化、具体生成的，但是政治维护和捍卫人类公共秩

① 荆学民.走向传播深处：“后真相时代”思潮的哲学检讨[J].南京社会科学，2019(4)：106-113，121.

序的本性是不变的。因此,当政治沦落为“私域”和“私利”的权力工具时,政治就偏离了本性;而传播,则以传递、呈现客观信息为旨归,以追索事物真相、揭示客观真理为本性。因此,当传播附着于政治权力和金钱资本、沦落为政治权力和金钱资本的工具时,传播就偏离了本性。

当偏离了本性的政治与传播合谋,左右人类社会的信息呈现面貌,进而改变人类交流和交往方式的时候,就意味人类的政治传播已经脱轨。历史上,对于政治传播脱轨给人类社会带来灾难的教训,我们不可以忘记。

全球化的浪潮已经把政治传播紧紧地捆绑在滚滚向前的车轮上,全球化与逆全球化的激烈博弈,已然把政治传播的正反张力撕裂到了极致。在不确定性膨胀奔突的时代,政治传播中的政治正在建构公共性与维护私域性的撕裂中挣扎;政治传播中的传播,亦在呈现真相、引领正义与献媚政治、获取利益的撕裂中挣扎。现在,是时候让政治传播为人类文明的进步从容淡定地贡献自己的正能量了!

习近平总书记在纪念五四运动一百周年大会上讲了这几句话:“在实现中华民族伟大复兴的新征程上,应对重大挑战、抵御重大风险、克服重大阻力、解决重大矛盾,迫切需要迎难而上、挺身而出的担当精神。”我认为,这种精神移植到我们眼下的政治传播上也是很适合的。试想,应对挑战、抵御风险、克服阻力、解决矛盾,政治传播都不敢挺身而出,那能靠谁呢?但是,若没有正确的、正能量的政治传播,反而会加大挑战、增加风险、加重阻力、激化矛盾。

所以,当下的政治传播,需要克制非理性的激情、强化理性的深思、敢于传播真实的信息、勇于维护人类的正义。

中国传媒大学政治传播研究所所长、教授

荆学民

2019年5月11日

目　录 Contents

大变革时代中国政治传播的基础与方法

大变局时代政治传播的议题与趋势　庞金友 / 3
政治传播策略的研究基点　陆小华 / 16
反思政治传播研究方法
——以理论为导向的实证研究　卢春龙　马玉宁 / 23
媒体对民主的双刃剑效应与复合解决方案　朱炳坤　佟德志 / 37

历史与文明向度下政治传播的变与常

什么是历史政治学　杨光斌 / 51
文明传播视野中的“中国模式”与“中国故事”　白文刚 / 66
中国电视法治节目的历时演进与社会情境考察(1980—2004)　张　健 / 81
论古代“风闻言事”的信息监控策略及当代启示　陈　谦 / 93
全球文明传播中的“意识形态交往”　徐惊奇　郭　可 / 101

媒体演进下政治传播的变革与新形态

新媒体语境中政治传播的实践形态与效力提升途径分析　谢进川 / 115

国外社交媒体推特中的“中国框架”

——基于“一带一路”英文话语分析　王　菁　杨可昕 / 123

计算式宣传:全球社交媒体研究的新议题　于家琦 / 142

网络公共舆论:环境变迁与路径选择　张桂芳 / 155

关注力与情感倾向:中国台湾地区社交媒体对政治选举的影响

——以“韩国瑜现象”为例　艾明江 / 165

全球大变局环境下中国政治传播的国际战略

全球治理评估制度性话语权研究

——以世界银行“全球公共部门指数”项目为例　陈雪莲 / 181

社交媒体时代国家意识形态的话语竞争及其风险防范　丁云亮 / 191

从“萨帕塔”到“黄马甲”

——全球社会运动的后现代政治传播策略分析　马立明　许　静 / 199

省思“一带一路”倡议的海外媒体传播

——基于媒体报道文本主题挖掘的分析　周培源　姜洁冰 / 209

“国际传播”与“全球传播”的关系及时代意义　杨　扬 / 219

推荐书目

《宣传:观念、话语及其正当化》(第二版)　刘海龙 / 233

论坛综述

新时代、新基础、新形态：大变革背景下的中国政治传播

——“第三届中国政治传播研究学术论坛”成果综述　于淑婧 / 239

后　记 / 244

大变革时代中国政治传播的基础与方法

大变局时代政治传播的议题与趋势/庞金友

政治传播策略的研究基点/陆小华

反思政治传播研究方法

——以理论为导向的实证研究/卢春龙　马玉宁

媒体对民主的双刃剑效应与复合解决方案/米炳坤　佟德志

大变局时代政治传播的议题与趋势①

◇ 庞金友

当今世界，正处于一个深度变革和多维转型的重要关口。从经济格局到政治秩序，从文明冲突到技术革命，从观念嬗变到思想革新，新现象、新变化层出不穷，新矛盾、新问题不断浮现。市场化、资本化、民主化、全球化、数字化等既有进程势头不减，民粹主义、保守主义、激进主义、后物质主义、后多元文化主义等新兴思潮风头日盛。从国内政治到地区政治再到全球政治，不稳定因素、不确定因素俯拾皆是。这些变化在过去的百年甚至数百年间从未发生过。在 2018 年 6 月 22 日召开的中央外事工作会议上，习近平主席提出"当前中国处于近代以来最好的发展时期，世界处于百年未有之大变局，两者同步交织、相互激荡"②。此后，习近平主席又在一些重要会议和场合多次论及"百年未有之大变局"。如何全面理解大变局的内涵与特征，准确把握大变局中政治发展的新动向和新议题，从而合理判断大变局时代政治传播的基本趋势，既是一个重大的理论问题，也是一个紧迫的现实议题。

一、大变局时代的深度革新

"百年未有之大变局"这一论断至少包含三层意蕴：当前的变革是近百年甚至数百年以来人类社会从未遭遇的；它涵盖经济、政治、文化、技术和观念等多重维度，是全方位、深层次的变革；这场变革内涵深刻、意义重大，必将影响深远。

---

① 本文曾以《面对大变局时代的政治传播：革新、议题与趋势》之名发表于《新闻与传播评论》2019 年第 5 期，收入本辑时略有删改。

② 习近平. 坚持以新时代中国特色社会主义外交思想为指导，努力开创中国特色大国外交新局面[EB/OL]. (2018-06-23)[2019-04-12]. http://www.xinhuanet.com/2018－06/23/c_1123025806.htm.

(一)经济格局颠覆性发展

第二次世界大战后，经过短暂的恢复重建，世界范围内的经济发展逐渐走上快车道，各国科技、信息、新型产业等领域实现了全方位的发展。进入21世纪后，“互联网+”、工业4.0、大数据、人工智能、云计算等新型理念和技术不断涌现，新一轮科技革命、产业革命和工业革命整装待发。一方面，资本、技术、劳动力等基础生产性要素流通加速；另一方面，传统生产关系、产业模式、劳资结构面临解体，被迫转型，“谁能在以科技智能化为核心，以人工智能、区块链、量子科技、大数据、物联网为特征和载体的第四次工业革命中取得领先地位，谁就能抢得先机，占据优势”①。

生产力的升级与生产关系的革新，不仅彻底改变了传统的经济样态，也重新建构了经济格局。这一新型格局突出表现为：在全球层面，以中国、印度等为代表的新兴发展中国家群体性崛起，老牌西方发达国家全球获益相对下降，长期由发达国家主导的、发展中国家从属的世界经济格局面临解体；在地区层面，一度兴盛的多边合作、区域一体化趋势普遍遭遇单边主义、本土化的强势阻击，各国间矛盾与冲突日益凸显，彼此关系开始微妙起来。在美国，“假如这28年的总收入增长是一个馅饼，最高的1%中的1/10，也就是30万人，所享有的那一块，比底层90%，即2.7亿人那一块的2倍还要大”②。在欧洲，“最主要的经济体中，中产阶级的收入持续下降，不平等则不断加剧。西班牙的失业率维持在20%，居高不下；甚至连作为欧盟经济火车头的德国也境况不佳，从2000年到2008年，德国中产阶级减少了13%”③。基于法理赋予、人人平等的社会大众，硬生生被收入和财富状况残酷地切割为富人和穷人两大对立集团。这种经济的分化与对立，为政治、文化和社会层面上的冲突与矛盾深深地埋下了隐患和祸根。

(二)政治秩序结构性变迁

近百年来，世界格局一直被两股方向相反的力量拉扯。一种是趋同化的力量。以经济全球化为先导，越来越多的国家融入经济一体化、贸易一体化和规则一体化进程，国与国之间的依存度、共生性越来越高。随着大量诸如环保、反恐、反毒、公共卫生安全等全球性议题的出现，已经没有哪个国家可以凭一己之力独自面对。另一种是本土化的力量。经济全球化是一个进程，对先行者来说意味着首创，意味着一系列关于商品生产、贸易往来的规则与约定的制定与传播；对后来者来说意味着接受，意味着对这些既定规则与约定的接受和履行。摆在后来者面前的只有两个选项：要么接受，融入这个体系；要么

---

① 庞金友.百年大变局与中国方案[J].人民论坛·学术前沿，2019，167(7)：22.

② 皮尔森.赢者通吃的政治：华盛顿如何使富人更富，对中产阶级却置之不理[M].陈方仁，译.上海：上海人民出版社，2015：2.

③ 寿春.治理鸿沟：全球化与西方民主的危机[J].国外理论动态，2014(5)：33.

拒绝，退出或者干脆不进入。近百年全球化进程的绝大部分时间里，西方发达国家一直在主动扩张，发挥着主导性作用；而广大发展中国家则处于被动服从的地位，扮演着从属性的角色。从这个意义上来说，全球化进程的主动扩张，必然伴随本土化的消极抵抗。这是全球化的一体两面。在过去相当长的时间内，趋同化的力量相较本土化一直拥有压倒性的优势。然而，从20世纪末叶开始，事情发生了变化。表现最为明显的是：部分新兴发展中国家实现了突飞猛进的跨越式发展。如今G20（二十国集团）的贸易总额已占全球的80％，GDP更是远超90％，大有取代G7的态势。金砖国家集团、上海合作组织等新兴经济组织对地缘政治和全球秩序的影响日益显现。所有迹象都在指向一个事实：全球治理体系正在由发达国家主导的传统格局转向发达国家与新兴国家联手共治的新型格局。力量对比、相对获益、未来潜力颠覆性反转，传统的秩序格局自然会松动、解体并产生重组的内在趋向。各国的角色与功能也随即发生变化。本土化力量开始在传统发达国家有所抬头。于是乎，去全球化、反全球化和逆全球化浪潮暗流涌动，曾经全球化的首倡者摇身成为当下逆全球化的主力军。

（三）文明冲突局部性爆发

“文明冲突论”最早由亨廷顿于1996年系统提出。亨廷顿提出，冷战后的世界，冲突的基本根源不再是意识形态和经济方面的差异，而是文化方面的差异；主宰全球政治的将是“文明的冲突”。他划分了八大文明类型，即中华文明、日本文明、印度文明、伊斯兰文明、西方文明、东正教文明、拉美文明以及可能存在的非洲文明。在亨廷顿看来，文明间的断裂带将成为未来的战线；在不同文明之间，核心国家间的关系将影响冷战后国际政治秩序的形成和未来走向。文明冲突是未来世界和平的最大威胁，建立在文明基础上的世界秩序才是避免世界战争的最可靠的保证。

亨廷顿的眼光独到无比。他注意到，文明间的关系是竞争性共处，即冷战和冷和平；种族冲突会普遍存在，在文化和文明将人们分开的同时，文化的相似之处使人们聚集到了一起，并促进人们之间的信任和合作，这有助于削弱或消除隔阂。文明的冲突可能具有两种暴力形式，最常见的一种是来自不同文明的地区集团之间的战争，最危险的是不同文明中的主要国家之间发生的核心国家战争；未来不稳定的主要根源和战争的可能性来自伊斯兰文明的复兴；西方和伊斯兰文明之间的关系可能是极难维持的。这些观点，正在当代欧美一步步成为现实。欧美社会中的伊斯兰移民数量逐年上升，在部分国家已占1/10以上，未来更会有较大的上升空间。伊斯兰文明与基督教文明之间的矛盾与冲突日益显现，且不可调和。

（四）信息技术革命性升级

人类正在步入数字时代，一个由互联网、大数据和人工智能为显著特征的全新时代。

"三者共同标志着人类新时代的三个侧面,共同构成了新的社会时代。网络侧重于描述人类社会乃至与物理社会广泛连接的状态,大数据侧重描述新社会状态下的内容形态和数字本位状态,人工智能则描述了新的社会创造物和广泛的机器介入的社会状态。"①数字时代改变着古老的生产形式和产业模式,冲击着传统的经济关系和社会结构,也挑战着人们早已司空见惯的意识、观念、习俗和规则。20世纪60年代,随着芯片、激光和通信技术的不断突破,计算机开始普及。之后不到30年,互联网络、数据处理和智能机器获得长足进步,互联网络开始承载社会交往、商品流通和信息交换等多重功能,普通人的生产、生活和工作开始借助或围绕互联网开展。网络时代宣告到来。随着传感技术、存储技术和通信技术的升级和普及,人类社会的数据规模呈几何级扩大。大数据时代拉开序幕。在大数据的推动下,人类的数据处理和分析能力不断增强,超级运算和新式算法不断取得突破,这就为人工智能的快速发展奠定了基础。无论人们是否喜欢、是否接受,智能机器已经悄悄在人类日常生活中承担着越来越多、越来越重要的功能,发挥着不可或缺甚至不可替代的作用。"人工智能领域是当前人类所面对的最为重要的深刻技术和社会变革,是网络时代、大数据时代之后的新的人类社会形态在社会主体层面维度的反映。人工智能在深刻改变人类物质生产体系的同时,也将深刻改变人类的社会关系与社会行为。"②如何深刻理解人工智能对现代社会的多重影响,理性面对人工智能引发的社会问题和治理困境,构建人工智能时代的社会规则、伦理体系和政治秩序,这是当今社会亟待解决的理论课题与现实难题。

(五)价值观念根本性扭转

20世纪50年代后,欧美发达国家的生产能力、生活水平、富裕程度达到了前所未有的高度。作为物质极大丰富的必然反映,一种摆脱甚至超越了物质与财富的价值追求、生活方式和社会观念的"后物质主义"随即出现。后物质主义价值观将精神价值、生活质量和自我实现置于优先地位,人身安全、经济发展和物质财富则被抛至其后;对权力的追求、对权威的敬畏、对家庭的维护、对宗教的坚守、对传统文化的传承、对主流价值的捍卫等固然重要,对少数族群和外来移民的关注、对性别差异和伦理界限的在意、对生态质量和工作环境的看重、对自由生活方式和美满社会关系的青睐等更为关键。这种价值观的根本性扭转,对西方社会乃至整个世界影响深远。首先,在全球层面,坚持物质主义与后物质主义的国家之间存在分化、对立或冲突的可能性;其次,在民族国家内部,倡导物质主义与后物质主义价值观的公民群体之间有对抗甚至分裂的潜在危险;再次,政府在做选择或决策时,必须同时满足物质主义和后物质主义两大层面的公民需求,甚至不得不

---

① 何哲.通向人工智能时代:兼论美国人工智能战略方向及对中国人工智能战略的借鉴[J].电子政务,2016,(12):3.

② 何哲.通向人工智能时代:兼论美国人工智能战略方向及对中国人工智能战略的借鉴[J].电子政务,2016,(12):9.

面对物质主义与后物质主义的两难困境；最后，后物质主义具有明显的后现代主义特征，越发达的国家，越繁荣的地区，价值的分歧越严重，观念的冲突越普遍。

二、大变局时代的政治议题

时代规定政治，政治回应时代。大变局时代下，经济格局、政治秩序、文明形态、技术革命与价值观念遭遇深度变革，当代人习以为常的政治心理、政治行为面临挑战，司空见惯的政治制度、政治规则面临冲击，熟视无睹的政治环境乃至整个政治生态面临改变。新的政治力量必将崛起，新的政治关系必将出现，新的政治矛盾必将浮出水面。这些新现象、新问题又为当代政治传播划定了场域，设置了议题，勾勒了避无可避的背景和底色。时代之于政治，解构与建构相伴相随，困境与契机同步在场。

（一）极端政治的流行

所谓极端政治是指一种"在政治竞争中采取不妥协的立场，追求一种极端化的目标"[①]的政治形态。它推崇偏执、激进和暴力，倡导分歧、对立和冲突，拒绝妥协、退让和协商。在极端政治的框架下，现代民主政治隐含的理性、审慎被搁置一旁，深思熟虑与中庸之道也被扫地出门。代表路线和方针差异的政治分歧，升级为权力与利益的全面对决；代表优胜差异的竞争关系，深化为你死我活的敌我关系。

分歧、对抗原本是选举政治原则下政党政治的题中之义。但近些年，欧美各国的政党格局可谓乱局横生、混乱不堪。多党制国家中，持中间温和立场的党派逐渐式微，持激进立场的新兴政党迅速崛起；两党制国家中，中间阵营日益萎缩，持极端立场的阵营不断壮大。在美国，当前的民主党和共和党的两党对抗已到了空前的紧张状态。国会议员们的立场越来越清晰，界线越来越明确，要么明确坚持自由主义，要么坚守保守主义。民主党中的保守派和共和党中的自由派纷纷主动或被迫放弃中间立场。两党之间的对立和分歧已达近一个世纪以来的高潮。"这两个政党的议员基本上分别组成了左翼自由派阵营和右翼保守派阵营，而20世纪50年代和60年代比较常见的自由主义共和党人和保守主义民主党人至2005年前后变得相当罕见。"[②]在欧洲，左翼激进政党借助近些年金融危机和经济放缓导致的收入下降和就业紧张，刻意宣扬焦虑感和忧虑意识，在欧洲议会政治和街头运动中屡有斩获；右翼民粹主义则将特定移民群体视为当前一切社会矛盾的根源，在法国、荷兰、丹麦、奥地利等国掀起了势头强劲的民粹浪潮，而在意大利，以五星运

---

① 王希.特朗普为何当选?:对2016年美国总统大选的历史反思[J].美国研究，2017(3):17.

② 周琪，王欢.值得关注的美国政治"极化"趋势[J].当代世界，2011(4):24.

动和北方联盟等为代表的民粹主义政党已经获得大选胜利。最值得关注的是,以德国新纳粹党、意大利社会运动党和英国国家党为首的新纳粹主义政党也开始死灰复燃,他们或崇尚恐怖主义和暴力手段,反对现行体制,或走议会斗争路线,稳步争夺议会席位,其发展势头不容小觑。

某种程度上,民粹主义就是一种极端政治。它坚持极端平民立场,反权威,反精英,反全球化,仇官仇富,推崇暴力话语,诉诸非理性的言论和行为。20 世纪中后期以来,伴随着现代意识的推进、全球化进程的深化、社会变迁的加速,民粹主义的发展势头强势抬升。民粹主义自 20 世纪 70 年代在全球掀起波澜阵阵,如今已跻身世界影响较大的新兴政治思潮行列。2016 年英国脱欧、特朗普当选、欧洲民粹政党崛起,民粹主义于其中都扮演着举足轻重的角色。特朗普主义也是一种极端政治。无论是竞选策略,还是施政纲领,他毫不避讳自己的过火言论和激进主张,更不担心这些言论和主张可能引发意识形态的直接对立、极端立场的普遍蔓延和大众文化的深度分化。他曾多次强调自己代表的是"沉默的大多数",这个大多数才是真正的人民,而外来移民、有色人种、同性恋等少数群体则不属于这个阵营。在特朗普极端政治的影响下,美国联邦政府仅在 2018 年就被迫停摆 3 次,最后特朗普破釜沉舟地祭出"杀手锏",宣布美国进入紧急状态。这种极端做法,不仅使两党冲突升级、共识政治瓦解、否决型政体真实出现,也极大地打击了民众对总统权威、国会效率、选民参政的信心,更将美国两党政治引向新一轮的"宪法危机"。

(二)身份政治的崛起

20 世纪之前的现代政治尤其强调经济对于政治的决定性,因此政治立场与派别的类分往往投注于经济指标:左翼政治关注提高工会权益、提高福利待遇、调整再分配政策等,右翼政治则关注缩小政府规模、减少税收份额、发展私人产业等。进入 20 世纪 70 年代后,随着经济全球化的扩张、后现代性的扩展和个人主义的盛行,再加上互联网与信息技术的强势助推,当代政治的着眼点和关注点发生了变化,"规定当个政治的与其说是经济或意识形态问题,不如说是身份问题"。[①] 左派的关注点由工人群体的平等议题转向边缘群体的权利问题,如少数族群、外来移民、难民、女性、同性恋等,右派的政治关切也重新调整为对民族主义、爱国主义的忠诚和维护,种族、族裔和宗教等身份议题成为热点。于是,身份政治迅速崛起,开始成为"解释全球事务进展的主要概念"[②]。

当代欧美身份政治的突然崛起,有一定的回应性特征。其中,全球化进程的深入发展是重要的诱发因素。全球化进程带来了大规模的外来移民,最直接的后果就是加剧了

---

① FUKUYAMA F. Against identity politics: the new tribalism and the crisis of democracy[J]. Foreign affairs, 2018, 97(5): 95.

② FUKUYAMA F. Against identity politics: the new tribalism and the crisis of democracy[J]. Foreign affairs, 2018, 97(5): 95.

就业竞争，外来移民还抢占了福利和医疗资源。本土民众在普遍并持续感到利益受损后，其身份焦虑和排外情绪被激发起来。尤其是当外来移民以域外人身份取得越来越多的话语权、自信心和社会资源后，原来处于主流地位的本土民众似乎被遗忘了，失落、不平和委屈等负面情绪开始滋长并不断蔓延。再加上，进入 21 世纪后，欧美外来移民的权益诉求强势起来：从最初略显被动地追求权利平等和非歧视，升级为主动追求实质平等甚至差异公民的特权身份。出人意料的是，移民群体所获权利越来越多，但移民群体的不满和愤怒却不降反增；移民群体表达不满和愤怒的主要方式就是发布极端言论、开展街头运动。肆无忌惮的极端言论和此起彼伏的街头运动，强烈地刺激了早已心怀不满的本土民众。这带来了一个必然的后果：欧美普通民众朴素的民族意识、国家意识和种族意识被反向唤醒了。换句话说，包括弱势群体、少数族群和非主流群体在内的边缘群体对于身份政治的诉求，追求的是平等的权利和非歧视的境况；而主流群体的回应性身份政治的诉求，则更多具有自我保护、公平正义的意味，当然，不可否认的是，还存在一种极端倾向，那就是试图获得曾经的支配地位和优势身份。

身份政治为当代民主政治带来了巨大挑战。身份政治起初只是处于劣势的左派为了替边缘群体发声、试图改变由白人男性主导的主流文化的反抗形式。随着左派取得文化话语权的绝对优势，身份政治开始沦为精英们的表演文化和“政治正确”。与此同时，经济、政治、文化等外部环境的多重压力刺激了底层白人的受害者情结，身份政治成为白人族群宣泄不满的合理出口。这样一来，身份政治不再是异端挑战主流、边缘对抗中心的反抗政治，而成为两个同时感受被疏离、被边缘化的文化群体的对抗政治。这种族群意识的对抗、族群身份的对抗、族群认同的对抗，直接引发了文化的对抗和政治的对抗。这一系列对抗的结果只能是：原本追求公共利益、构建普遍的公民认同的民主政治，正在蜕变为追求族群利益、构建狭隘的族群认同的部落政治；一度被认为不证自明的民主主义，正在滑向前途未卜的部落主义（tribalism）；原本西方引以为傲的民主社会，正在分裂为以狭窄身份为界限的碎片社会；曾经团结而和谐的政治共同体，正在被肢解为一个个原子化的政治部落。于是，可怕的一幕出现了：越团结的政治部落离共同体的距离越远，越强大的政治部落越危险；身份政治将民主政治异化为民族国家内部的“文明冲突”，将公民政治冲击得分崩离析、摇摇欲坠。

（三）政治话语权的转移

自近代以来，政治话语的构建和生产一直由政治精英完成，政治话语的传播和扩散一直由传统媒体承担。17 至 18 世纪的启蒙思想正是在精英们的诠释、争执与论战中变迁、演进和发展的；民众的思想启蒙历程也大多以传统媒体为中心向外围辐射、拓展和传播。精英掌握话语权，那就意味着精英的个人追求、价值立场和理想目标将直接决定政治话语的内容、形式和后果。以近代分权理论为例，代表新兴资产阶级和新贵族利益的洛克强调“二权分立”,将权力重心置于人民所在的议会;出身贵族、渴望自由、深谙议会政制之道的孟德斯鸠则倡导“三权分立”,强调立法、行政和司法彼此分立、相互制衡,不让任一权力成为权力重心;而那些主张精英立场、怀疑人民力量的联邦党人则主张将权力重心置于掌握行政权的总统,名义上是三权分立且彼此制约,实际上强调的是执掌行政权的总统相对于手握立法权的国会的优先性。同样,近代英、法、美、德的四场启蒙运动中,名存史册、为后人所铭记的只有那些重量级的启蒙思想家和社会活动家的著述和演说,舍命奔走街头、抛洒青春热血的芸芸众生则成了淡淡的背景和可有可无的点缀。

随着平等观念的广泛流行、权利意识的深入人心,民众的地位逐渐上升直至与精英分庭抗礼,大众民主的时代宣告到来。相当长的一段时间里,凭借优势资源与社会声望的少数精英同仰仗人数规模与民意基础的普遍民众之间达成了某种微妙的平衡。作为现代民主的两种基本形态,精英民主与大众民主各有长短,相互补益。然而,互联网的普及和通信技术的应用、自媒体时代的到来,导致精英与大众之间的这种平衡被悄然打破。

原本处于政治话语体系外围和边缘地带的普通民众,开始成为互联网上的主角。政治精英、经济精英和知识精英虽然在现实世界中依旧拥有更多的资源、更大的影响力和更强的话语权,但在网络世界中他们却优势顿失。精英们还在一如既往地发声,但转瞬即被淹没在喧嚣的民意和无休无止的舆论中。报纸、电台、电视、杂志等传统媒体还在按部就班、兢兢业业地工作,但更草根、更便捷、更廉价、更讲时效性的自媒体早已抢占议题制造与传播的制高点。互联网时代的独特魅力在于:广大民众理论上的人数优势开始转化为实实在在的话语优势;人多势众不再是一个贬义词,它直接导致了网络上各色精英的寡不敌众。虽然现在断言广大民众和自媒体已成功抢占政治话语权的核心地带还为时尚早,但民众与精英分享话语权份额,自媒体与传统媒体合力构建媒体格局,已是不争的事实。

(四)“后真相政治”的蔓延

在选举政治的框架下,分属不同阵营的政党精英和国会议员需要不断表明政治立场,展现政治主张。为了实现宣扬、说服和引导的目标,在传播内容、传播渠道和传播策略上就要有所选择、有所侧重、有所取舍。“过度渲染、片面解释、避重就轻,甚至有意无意隐瞒事实、有选择地公布真相,逐渐成为政治传播的常态。”[①]进入20世纪90年代后,欧美各国逐渐放开媒体经营权。获得经营自主权的媒体,为了获得利润、抢占市场,绞尽脑汁、不择手段地追求时效性,迎合受众口味,有时甚至不惜牺牲新闻的真实性和信息的客观性。更过分的是,有些新兴媒体为了吸引眼球、提高点击率,开始刻意制造一些介于

---

① 庞金友.国家极化与当代欧美民主政治危机[J].政治学研究,2019(3):55.

事实与假象之间的“第三种现实”。2016 年英国脱欧、特朗普当选和欧洲民粹崛起三场“黑天鹅”直接促成了“后真相”的出现。“后真相”或“后真相政治”描绘了当前欧美社会出现的一类特殊现象:事实不再是媒体报道的中心,真相开始让位于情感、观点和立场;相较于事实与真相,人们更倾向于信任自己的感觉、情绪和情感。换句话说,当情感先于事实、立场决定真相时,真相即便在场,也显得不那么重要了。

“后真相政治”的出现,反过来又加剧了欧美社会的政治危机。其最为严重的后果就是政治信任的削弱甚至丧失。可想而知,当民众得知看到的新闻都来自各种媒体的刻意传播与有意引导,获得的信息都是有真有假、或真或假的另类真相时,政治信任就会遭受致命打击。政治信任是政治正当性的根基,是政府合法性的源泉。政治信任受损,政治决策和政府行为就会失去民众支持和广泛认可。有研究表明,当前美国的政治信任正在普遍下降,“1964 年有 3/4 的美国公众说,他们相信联邦政府绝大多数的时候在做正确的事情,而现在只有 1/4 的美国人承认自己持这种观点”①。其他国家的情况也不乐观,“加拿大、英国、意大利、西班牙、比利时、荷兰、挪威、瑞典和冰岛也出现了一定程度的政府信任度的下降”②。

政治信任问题若长期得不到解决,就可能造成信任危机,甚至导致信任异化或信任替代现象。当人们无法获取真相或者无法判断所获信息的真伪时,就容易滑向两个极端:要么选择怀疑一切,拒绝主流和权威,走向政治犬儒主义;要么接受谣言和传言,坚持偏执立场和激进言行。

(五)国家极化的出现

国家极化是当代欧美民主发展的最新趋势,是理解当前欧美政治危机的关键所在。所谓国家极化是指“当代欧美因利益分配长期失衡造成贫富阶层两极分化,政治精英对峙决裂,政治观念对立冲突,政治行为极端激进,进而导致意识形态分歧加剧,社会群体裂痕扩大,大众文化对抗升级,地区合作和国际关系逐渐孤立化和紧张化的政治发展形态”③。国家极化既是经济极化和政治极化的深度扩张,更是社会极化和文化极化的双重累加,呈现出简单、线性的演进逻辑和复合、显著的现实特征。“在矛盾叠加的情况下,越来越多的个体或群体对所处现状和政治制度日益不满,倾向于接受和支持意识形态光谱中处于左右两端的思想,并不断分化,包括政党之间的极化、政治精英和普通民众的极化、不同族群的极化等。”④

国家极化为何会出现呢？首先,长期的分配失衡和收入差距将社会分化为贫富两大

---

① 奈,泽利科,金.人们为什么不信任政府[M].朱芳芳,译.北京:商务印书馆,2015:5.
② 奈,泽利科,金.人们为什么不信任政府[M].朱芳芳,译.北京:商务印书馆,2015:6.
③ 庞金友.国家极化与当代欧美民主政治危机[J].政治学研究,2019(3):45.
④ 史志钦.多重危机下的欧洲政治社会极化趋势研究[J].学术前沿,2017(2):7.

对立阶层;其次,在民主制度的框架下,贫富两大阶层的对立直接造成精英分化、政党分化和意识形态分化;最后,在经济极化和政治极化的双重裹挟下,文化开始冲突,社会走向分裂。

国家极化的出现也与晚近以来多元文化主义政策的危机和困境息息相关。多元文化主义的初衷是为了解决少数族群与多数族群乃至整个国家的关系问题,但由于族群认同与国家认同、公民认同之间存在根本性的对立与冲突,加之随着外来移民的大量涌入、外来移民与本土居民之间矛盾不断激化、本土居民民族意识和国家意识被反向激活,这一政策的内在缺陷日益凸显出来。尽管推行多元文化主义政策的各国多年来一直在努力,但结果令人沮丧:一边是外来移民的不满和抱怨,认为权利不足、平等不够、歧视尚有,一边是本土居民的焦虑和愤怒,认为资源被分、福利被占、优势不再。两大阵营纷纷走上街头,奔走呼号,肆意宣泄。面对多元文化主义正当性的不断流失,一些持温和立场的知识分子也开始失去信心,一些激进派别和政党则借题发挥,打着维护本土利益、捍卫传统文化的旗号刻意强调极端立场和激进主张。这就在一定程度上对国家极化起到了推波助澜的作用。

尽管国家极化形式各异,各国表现和极化程度不一,但整体来看,当前欧美各国国家极化现象已非常明显。与以往的政治极化相比,国家极化关涉更多、涵盖更广、影响更深。这种从经济到政治、从社会到文化的多维度、多层级的复合性极化具有强大的破坏力、解构力和重塑力,对国内政治、区域政治和国际关系格局影响深远。

三、大变局时代政治传播的基本趋势

政治统摄传播。大变局时代国内政治、区域政治乃至全球政治的深度变化,使当代政治传播发生了跨越性的变革。尤其是进入21世纪后,随着互联技术深度升级,社交平台开始普遍流行,信息技术和新型算法取得突破性进展,以信息共享、智能分发和大数据为特征的自媒体时代到来,政治传播的内容、形式与路径也随之发生了根本性的转变。政治之于传播的内在性、统领性和引导性,从内至外,形神兼顾,无一不足。

(一)多元化

首先是传播主体的多元化。自启蒙时代以来,精英一直是各个历史时期的领军人物,他们目光远大、高瞻远瞩,普通民众则只能扮演从属、追随的角色。现如今,民众的地位上升,开始与精英共享话语权。廉价、方便、快捷的信息网络和社会平台更为其提供了必要而充足的条件。面对新兴媒体的迅速崛起,报纸、电台、电视、期刊等传统媒体的垄断地位被打破,其高大上的身段一降再降,传统媒体被迫寻找转型之法,从纸媒到电媒、从平台到终端，甚至不得不向自媒体学习生存和发展之道。

其次是传播内容的多元化。传播主体的多元化内在规定了传播内容的个性化、多样化和复杂化。大变局时代，传统的与现代的、民间的与官方的、主流的与非主流的、民主的与反民主的各色言论和主张同时出现在新闻媒体与网络平台上，可谓五彩纷呈、层出不穷。

最后就是传播方式和渠道的多元化。现代政治传播最初依赖垂直的、自上而下的单向传播，进入互联网时代，政治传播开始呈现水平的、横向延展的多向传播格局。政治传播不再是独白式宣传，而是对话式交流。海量信息、人人分享、限时反馈是当代政治传播的显著特点。多中心或无中心、去权威的非线性交互传播，为社会成员之间借助自媒体实现信息的水平流动、平面沟通和横向传播提供了可能。原有的以传播媒体为中心的散射传播被解体，每个成员都成为独立的、自主的“传播基站”，可以向更广阔的社会空间和更广泛的社会群体辐射传播。

（二）极端化

普及的社交平台、无处不在的移动网络为气质相仿、立场相近、偏好相同的人群提供了交流和沟通的平台，为他们发展和巩固已有立场提供了更多的机会，也就更容易强化极端群体的封闭性、激进性和极端性。不知不觉间，当代政治传播给现代人提供了一个高度便捷又极度危险的政治环境：人们可以轻松获取政治信息、自由寻找政治社群，但同时不知不觉间，不断放大认知偏见、不断强化极端立场。

置身于信息时代的现代人，每天面对海量的信息，根本无法全部阅读、吸收，只能依赖自己既有观念、价值偏好，借助智能推送、熟人网络等有限渠道被动获取信息，对于已获取的信息又无法辨别真伪，这种信息窘境使现代人越来越倾向同质化、封闭化、偏执化和极端化，“社交网络的使用者通过一系列对相异观点的筛选和过滤，进而通过在线社交网络的朋友建构机制，寻找与自己政见相同者，最终塑造了一个以自己为中心的观点极化的社会网络”①。随着异质化信息被自动过滤、同质化信息得到相对强化，人们被抛进了类似“过滤气泡”的信息结构中。这种主观倾向再加上精准的“智能推送”技术使受众越来越倾向基于个人偏好自主选择同质化信息，自身偏见在不知不觉中被强化、放大了。

在“后真相政治”的背景下，立场、观点、情感甚至情绪渐成核心，事实与真相开始滑向媒体报道的边缘。不得不说，“后真相政治”营造出的立场优先、话语专断、情感压制理性的氛围，与暗潮汹涌的底层民意、立场极端的社会氛围和偏执激进的利益表达的相互纠缠，是激发以民粹主义为代表的激进思潮疯狂生长和野蛮扩张的重要原因。

---

① 陈福平，许丹红．观点与链接：在线社交网络中的群体政治极化——一个微观行为的解释框架[J]．社会，2017(4)：231.

(三)交互性

随着移动互联网、社交媒体、新媒体平台和VR等新媒体技术的出现,如今的网络社会已是一个开放而复杂的交互系统。这一变化的显著特征是:第一,信息资源在人际关系网络中高速流动,其数量、质量、速度与影响范围是以往任何一种交流方式都无法比拟的;第二,信息要素在不同层级的个体、群体和组织之间共享、协同,改变了传统的资源分配规则和权力分布格局;第三,信息交流在精英阶层与草根阶层、传统媒体与自媒体之间双向互动、彼此渗透、相互影响;第四,信息流通可获得即时反馈。

在传统政治传播时代,媒体与受众之间的互动十分有限,媒体目标以宣传、动员为主,其话语体系、表达方式和语言风格往往居高临下、自说自话,很少考虑受众的感受和诉求。这种过于自我的风格,直接造成了传播主体与客体之间的二元对立与冲突。随着现代信息技术的发展,受众开始拥有多样化的信息平台和全方位的沟通渠道,新兴媒体也纷纷倡导平等、匿名、开放、对话的传播理念,再加上大数据与人工智能、可视化与交互传播等新兴技术的飞速发展,使当代政治传播的即时反馈、在线互动、实时参与成为可能。当然,这种对话式交流、交互性沟通,必然要求信息公开透明、语言简洁大方、表达通俗易懂,要从"阳春白雪"降为"下里巴人",从"趾高气扬"变成"低眉顺耳",从"晓之以理"转为"动之以情"。叙事方式必须生活化、草根化、网络化,变呆板严肃为生动活泼,变抽象思辨为具体例证。

(四)时效性

传统媒体在信息的传达、传递、传播方面,一直在竭尽全力改进。一份报纸哪怕能提高编辑、印刷和发行任何一个环节的速度,那就意味着抢占先机、赢得市场。因为这些环节都要遵循复杂的流程和严格的程序,费时费力,而且成本很高。对于传统的广播和电视来说,要想实现实时报道几乎是不可能的。但随着现代信息的升级与网络技术尤其是移动网络的推广,即时发布信息、实时报道新闻早成家常便饭,甚至一台智能手机或平板电脑,再加上移动网络就能轻松搞定。借助这些条件,信息在传播过程中不再失真、不再衰减。现代人开始以更快的速度、更好的质量、更全的角度、更低的成本了解大千世界的新现象、新变化,及时解决新问题、新矛盾。

(五)不确定性

当代政治传播本身就是一种复杂的适应性系统,同时又身处一个更大的非线性的网络系统之中。它是有序与无序的统一,是决定性和随机性的统一,不可预测性和不确定性为其基础特征与发展趋势。

网络是政治传播的渠道和空间，信息是政治传播的内容和实质。网络本身具有破碎化和个性化的双重倾向，这种倾向主要源自政治传播主体、政治传播内容和政治传播通道的多元化，政治传播风格和策略的极端化以及政治传播方式的时效性。这些因素的累加使政治传播的过程、效果难以预测、难以评估，最终就导致了不确定性的产生。重立场轻事实、重观点轻真相、感性替代理性，这种非常态框架下的政治传播往往让人摸不清头绪，更看不清方向。2016 年美国大选时对特朗普竞选前景的预测中，传统媒体集体预判失误本身就是当代政治传播不确定性的最好例证。

时代规定政治，政治统摄传播，传播映射时代。百年大变局给全球政治带来了深度变革和全新议题，这些变化又深刻影响甚至规定了政治传播的内容、形式、路径与风格。这是一种前所未有的复杂形势，唯有适应变革、主动谋局、积极筹划，方能在故局中寻找破局之法、在乱局中谋求解局之道、在变局中构建新局之路。习近平主席在 2019 年新年贺词中再次指出，“放眼全球，我们正面临百年未有之大变局”[①]。当代中国的发展之路，比以往世界上任何一个大国的崛起都更复杂、更艰难、更具挑战性。作为新兴发展中大国，既要谋求更大的发展空间和更高的理想目标，又要避开既定规则、传统格局以及老牌大国的压制和束缚，更要及时应对各个领域的最新发展与变化。在“互联网＋”、大数据和人工智能共同型构的数字化传媒时代，准确判断未来政治传播的新动向和新趋势，这是国家治理现代化的必然要求，也是新时代中国特色社会主义建设的应有之义。面对这个任务，新时代的中国人任重而道远。

（作者系中国政法大学政治与公共管理学院教授）

---

① 习近平：二〇一九年新年贺词[EB/OL].(2019-01-01)[2019-04-12]. http://jhsjk.people.cn/article/30497657.

政治传播策略的研究基点[①]

◇ 陆小华

在大变革时代如何确定政治传播策略？以什么样的思维框架研究政治传播策略？政治传播策略的研究基点是什么？

之所以有必要提出这一系列问题，是因为当今世界正在发生激烈而深刻的变化，世界的经济重心正在向非西方国家转移，近代以来以西方国家为中心的世界权力秩序正在经受明显冲击，以移动互联网、人工智能为代表的新一轮技术革命及其不断迭代，在推动生产力增长的同时，也在深刻改变社会结构、社会运作方式和人们认知，当今世界正处于“百年未有之大变局”[②]。在这样的大变革时代，各个国家和执政主体都在努力向域内和国际社会施加影响，力图营造更有利于自己的发展环境，塑造更有利于自己的博弈态势。这种施加影响的努力体现在国家间的竞争和博弈方面，并通过多种层面、多种方式反映出来，而传播，特别是政治传播，更成为这种博弈的呈现场、加速器，甚至更为直接而深刻地体现着战略博弈，常人看来不过是各种传播碎片的堆积，其实它们往往服务于战略目的。

这一系列问题之所以有必要提出，还因为，传播行动所产生的影响并不会止于一时，并不会仅限于某些层面，即使所涉及的事件和现象看起来烟消云散了，这些事件和现象的传播所造成的影响仍然会持续，对人们的价值观、意识、行为方式产生的影响仍然会持续，人们内心产生的认同、拒斥等会长期留存。特别是政治传播所着力的重要部分就是长期影响、深刻变化，所希冀获取的传播效益本来就在战略博弈层面。因此，有必要从战略层面思考政治传播策略的研究基点。

---

① 本文节选自陆小华. 政治传播策略的研究基点[J]. 新闻与传播评论，2019，72(5)：32-36. 中国传媒大学政治传播研究所组织筹办的“第三届中国政治传播研究学术论坛”的主题为“新时代、新基础、新形态：大变革背景下的中国政治传播”，本文是作者此次论坛的主题演讲的展开。

② 习近平在中央外事工作会议上指出：“当前，我国处于近代以来最好的发展时期，世界处于百年未有之大变局，两者同步交织、相互激荡。”

一、战略思维与传播之道

什么是政治传播？在笔者看来，政治传播是传播主体有意或无意地利用行为、语言等有意义的符号和方式，直接传播或借助媒体、新媒体向社会成员、域外的受众传播政治信息、获得政治效果、实现政治意图的现象、行动和过程。政治传播从诞生以来，无论是以相对原始的方式传播政治组织的决定与意图，以多种手段实施选民说服，还是以人际传播、群体传播、组织传播、大众传播等方式进行政策传播，抑或是传播主体基于长远谋略实施战略传播[①]，其所希望获得的政治效果、所希望实现的政治意图，往往都超越了所传递的信息本身。对于当今世界发生的诸多事件，都可以将其发生原因归于某种思想观念长期以多种形式传播所产生的深远影响。在移动互联网时代，政治传播已经不局限于传统形态。从政治传播的视角观察，一切能够传递政治信息、获得政治效果、实现政治意图的传播都是政治传播。这更使政治传播的总体把握面临历史性的命题，我们必须从战略层面研究政治传播策略。面对百年未有之大变局，政治传播所面临课题、所涉及内容、所影响利益、所参与博弈的特殊性，决定了研究政治传播策略时思维框架不能局限于一时一隅，而必须基于战略思维。基于战略思维确定的政治传播策略，在注意力、影响力竞争中，才可能帮助传播主体获得所期冀的效果和效益。

为何对政治传播策略的研究与实施而言，战略思维如此重要？“战略问题是一个政党、一个国家的根本性问题。”[②]在人类历史上，人们看到太多这样的案例：战术层面堪称精彩、战役层面取得成功、战略层面愚蠢失败。在战争中，这样的事例往往表现为军事上成功而在政治上彻底失败。在一个国家发展的关键时刻，能不能在战略上做出正确选择，决定着国家的前途命运。因而，“战略上判断得准确，战略上谋划得科学，战略上赢得主动，党和人民事业就大有希望”[③]。而政治传播策略的确定和实施，同样需要在战略上准确判断、科学谋划，从而在战略上赢得主动。

无论是对于个人，还是对于一个政治集团而言，战略思维能力都是一种极为重要的能力。它既体现为“善于观大势、谋大事，站在国内国际两个大局、党和国家工作大局、全面深化改革全局来思考和研究问题”，[④]也体现为战略领悟能力和战略定力。2013 年 1 月，十八届中共中央政治局就坚定不移走和平发展道路进行第三次集体学习，习近平总

---

① 战略传播是指政府或组织为实现特定战略利益，动员协调各种资源，向特定目标受众传递信息、施加影响的过程。战略传播的目标包括认知提升、形象塑造、身份建构、态度转变、价值认同和行为转化。

② 习近平. 在纪念邓小平同志诞辰 110 周年座谈会上的讲话[EB/OL].（2014-08-21）[2019-07-05]. http://jhsjk.people.cn/article/25505692.

③ 习近平. 在纪念邓小平同志诞辰 110 周年座谈会上的讲话[N]. 人民日报，2014-08-21(006).

④ 习近平. 努力开创中国特色大国外交新局面[N]. 人民日报，2018-06-25(001).

书记在主持学习时就要求“加强战略思维，增强战略定力”。[①] 面对当今世界的急剧变化，提升战略思维能力的任务也越来越紧迫。党的十九大报告把战略思维放在增强政治本领必须坚持的五个思维之首，要求“坚持战略思维、创新思维、辩证思维、法治思维、底线思维”。[②] 十九大报告中“战略”一词出现42次，[③]其中包括人们已经非常熟悉的“重要战略机遇期”“协调推进‘四个全面’战略布局”“创新驱动发展战略”“新形势下军事战略方针”等，也包括人们不太熟悉的新概念，包括“战略科技力量”“战略性重组”“战略能力”“国家战略体系”。

客观地说，战略思维是一种稀缺的思维品质。它要求一个人或一个组织的思维要具有以下六个要素。一是要有战略思维高度，不管身居何种位置和环境，关注点与思维重心必须在战略谋划、战略制定、战略实施的高度；二是要有战略思维框架，思维方式和对问题的把握要有大格局、大视野、大关注；三是要有战略权衡能力，对战略格局与影响战略目标的力量对比有执着的关切，对影响战略能力与战略目标实现的因素有敏锐直觉、理性把握与系统分析；四是要有战略想象力，能够基于现实因素但又超越现实因素的阻碍，在战略层面充分想象未来图景与走向，冷静谋划战略目标与实现路径，探寻实现战略目标的力量来源与驱动方法；五是要有战略预见能力，在对战略要素、战略目标、战略得失有清醒、理性又富有想象力评估的基础上，清醒预测战略形势演变、战略竞争态势变化，从而谋划实现战略目标的路径与方法；六是要有战略实现能力，既能够意识到位（即使未在其位，也须视野与思维框架到位），又能够方法到位，以适应战略谋划的逻辑框架、用理论方法研究战略问题，还能够实施到位，以坚忍不拔的努力和切实有效的行动实施既定战略。

传播形态、传播方式的剧烈变化，公众传播素养的提升和传播能力的增长，使传统传播主体面临严峻挑战。国家间的竞争和博弈越来越深刻地反映到传播中，更促使政治传播研究从“术”的层面深入到“道”的层面。在笔者看来，传播之道，基于谋“势”。因势而谋、应势而动、顺势而为、因势利导，这四个成语体现了中国人的处世之道，体现了中国的传统政治智慧，同样也是政治传播智慧。从方法论层面说，中国智慧的重要体现就是对于“势”的认识。中国人对“势”的领悟和把握，渗透了中国传统文化的精华，在诸多层面都有体现。大者如清人陈澹然所言的：“不谋万世者，不足谋一时；不谋全局者，不足谋一域”，强调大势的重要；小者如围棋高手对弈时的弃子取势，同样是对“肯取势者可为人先”的领悟，体现大势对实现目标的关键作用。舆论指向，就是一种势。引导舆论，说到

① 习近平.习近平在中共中央政治局第三次集体学习时强调　更好统筹国内国际两个大局　夯实走和平发展道路的基础[N].人民日报，2013-01-30(001).

② 习近平.决胜全面建成小康社会　夺取新时代中国特色社会主义伟大胜利——在中国共产党第十九次全国代表大会上的报告[M].北京：人民出版社，2017.

③ 在十八大报告中，“战略”一词出现26次。

底就是塑造形势、促成趋势、催成大势。"能谋势者必有所成"。这里的"势",当然既是形势,更是位势,是一种力量。大势所趋则势如破竹;顺势而为则乘势而上;蓄势待发则可借势而为。舆论引导,说到底是要影响人心。势虽无形,却能产生实在影响。传播的着眼点、切入点都可以很具体,而总体思维则必须发生变化。过去,人们比较注重研究传播效果。但总体来看,关于具体事件、主题传播效果的讨论较多,却缺少对一段时间、一个领域、一个纵向主题的舆论博弈效果的观察与研究;缺少对于战略性问题的舆论博弈效果的评估。考量舆论博弈某种意义上就是对舆论态势进行评估和判断。如果没有战略思维,就谈不上考量舆论博弈;没有博弈论思维,也很难赢得舆论博弈。政治传播,应当更多地引入博弈论的研究成果,从而更有效地根据博弈思维决定如何切入舆论博弈,以什么样的思维来参与舆论博弈。博弈思维可以开拓人们的传播视野,帮助人们从战略层面上去考虑得与失,而不是对每一个舆论事件都做出针锋相对的直接反应。战略思维可以有效提升对传播资源的利用程度和传播效果。传播资源的运用,既必须依据整体战略布局来考量,也必须形成具体的目标、路径清晰的战略布局,并依据这样的战略布局实施具有战略意义的传播行动。

二、政治传播策略研究的三个思考

在当今世界百年未有的大变局中,中国政治传播必须服务于实现中华民族伟大复兴这个中华民族近代以来最伟大的梦想,服务于推动构建人类命运共同体这个越来越得到世界各国认同的愿景,服务于"一带一路"建设这个体现我国国际影响力、感召力、塑造力的倡议。因此,政治传播策略研究必须体现新的高度、新的境界、新的路径。

(一)以战略思维经营当下、谋划未来

政治传播要关注现实问题、研究现实对策。以战略思维来思考政治传播策略,就必须通过着眼于实现长期目标来处理现实问题,通过经营当下来谋划未来。什么是战略?在管理学家德鲁克看来,战略不是研究我们未来要做什么,而是研究我们今天做什么才有未来。虽然这句话是基于企业战略而言的,但对于政治传播策略的确定仍然有启发意义。对现实问题的紧密关注和应对,是政治传播实践常态,但这种关注与应对不应局限于就事论事,不应仅仅着眼于处理现实问题,而必须基于实现长期效益和长远目标。在另一位管理学家安索夫看来,战略管理的一个重要任务是管理动荡环境。战略管理面向未来,是动态地、连续地完成从决策到实现的过程。这种思维方式有益于政治传播策略的研究与实施。在急剧变化的世界历史中观察政治传播可以发

现,政治传播恰恰是在动荡环境中不断完成从决策到实现的过程的。只是,在当今这个信息全球流动的时代,要求政治传播必须在更高层面服务于战略目标,政治传播策略的重心必须放在战略谋划、战略制定、战略实施的高度,政治传播行动必须时时权衡是否符合战略利益。

(二)基于谋"势"研究政治传播策略和方法

正是因为传播之道在于谋"势",所以政治传播策略与传播方法的研究也要基于谋"势"。这就要求在当今百年未有之大变局中,从历史维度、战略层面拉开观察视野和思维框架,延伸思维广度,从历史过程分析现实问题,既基于谋"势"处理解决现实问题又谋求长远效应,谋划具有战略意义的现实对策和策略。基于谋"势"的研究政治传播策略和方法,可以帮助人们有更深刻的认识。为了能够实现谋"势"的目标,政治传播手法与形态可以是多样的。为了实现政治意图、获得政治效益、实现战略利益,政治传播可以借助传统形态,表现得正式、严肃,也可以借助多种新手段,运用更体现时代特点、更容易吸引受众、更让年轻人喜闻乐见的形式。实际上,基于谋求长远效应的政治传播的表现形式、传播手法恰恰有别于传统政治传播。布热津斯基的《大棋局》等一系列著作是其一系列战略谋划思想的体现,而人们把"奶头乐理论"与布热津斯基联系在一起,正是因为看到了所谓精英阶层以这种温情、麻醉、低成本、半满足的传播方式消除"边缘化人口"不满背后所隐藏的战略目的。

(三)以百年眼光理解现实事件、研究舆论博弈

政治传播不是静态的,不是孤立的。中美贸易摩擦的发展与演变,让人们看到大国博弈如何在多个领域进行,如何复杂地体现为舆论博弈。现实事件是历史进程的延续。许多现实事件的背后,或明或暗地体现着一种长期战略的延续,体现着一个民族、一个国家宿命般的历史追求。因此,认识政治传播现实,研究政治传播策略,必须去研究大国博弈的历史进程和长期战略。恩格斯曾经指出:"世界不是既成的事物的集合体,而是过程的集合体"①。许多延续许久的发展和变化,要以百年以上的历史眼光和特殊视角观察,才可能得出比较深刻的认识。

谁控制了海洋,谁就控制了世界,这是战略学家经常谈到的。以海洋为视角观察大国间的百年博弈,我们就会发现经略海洋战略已延续几百年,从而对正在发生的诸多事件的特殊意义有新的认识。世界上上千个大小海峡中,可以航行的约130个,其中作为国际航行通道的有40多个。冷战结束后,美国仍坚持其在冷战时期所宣布的控制16个海上咽喉航道的战略。这16个海上咽喉航道包括海峡(含天然、人工海峡)和海湾。它

---

① 马克思恩格斯全集:第2卷[M].北京:人民出版社,1965:337.

们是马六甲海峡、望加锡海峡、巽他海峡、朝鲜海峡、苏伊士运河、曼德海峡、波斯湾、霍尔木兹海峡、直布罗陀海峡、斯卡格拉克海峡、卡特加特海峡、格陵兰—冰岛—联合王国海峡、巴拿马运河、佛罗里达海峡、阿拉斯加湾、非洲以南和北美的航道。这也正是当今世界的热点地区，相当长的一段时间里国际新闻的热点都围绕着这些海峡发生。地缘政治中有这样一个比喻，即“六把钥匙锁世界”，是指六个海上运输通道决定着全世界的能源运输。它们是：巴拿马运河、直布罗陀海峡、苏伊士运河、霍尔木兹海峡、曼德海峡和马六甲海峡。这六个海上运输通道尤其是博弈焦点和新闻关注的热点。以海洋视角观察俄罗斯，我们同样会有不同的认识。13世纪末莫斯科公国开始兴起，在瓦西里一世、瓦西里二世、瓦西里三世统治时期，莫斯科公国从43万平方公里扩展到280万平方公里，向北延伸至白海，因之发现了海岸与出海口对其实力和发展的重要作用。自称为沙皇的伊凡四世企图打通波罗的海作为出海口。在彼得一世时期，占领海岸与出海口成为明确的国家战略。1721年，沙俄迫使瑞典签订了《尼什塔特和约》，在结束了北方战争的同时，获得波罗的海东岸的大片土地，打开了波罗的海的出海口从而成为海上大国，进而挤进了欧洲强国的行列。圣彼得堡城开始建设。

以百年以上的历史眼光和特殊视角观察欧洲，我们同样会加深对现实事件背后战略意图的认识。丘吉尔在其《第二次世界大战回忆录》中说，“英国四百年来的对外政策，就是反对大陆上出现最大、最富于侵略性和最霸道的国家”，英国总是“参加不那么强大的一方，同它们联合起来，打败和挫败大陆上的军事霸主，不管他是谁，不管他所统治的是哪一个国家”。英国的均势战略的核心是，英国在任何时候都“必须反对一个最强大的国家或者几个国家联合起来的政治上的独裁”。英国不希望欧洲大陆被一个最强国的霸权统治，不愿意欧洲大陆出现强权。均势政策使英国交替采用离强合弱、扶弱抑强、孤立、干涉等外交手段，维持着一种对自己有利的欧洲大陆均势，并成为这种均势的操纵者。从丘吉尔所描绘的英国百年战略中，可以对英国乃至欧洲的一些出人意料的选择有更深的思考和认识。

实际上，许多战略学者也正是以百年尺度作为观察视角和评估战略影响的工具的，并将其作为他们战略谋划的着眼点。1946年2月22日，时任驻苏联代办的乔治·凯南向美国国务院发了一封长达8000字的电文，对苏联的内部社会和对外政策进行了深入分析，提出了最终被美国政府采纳的对付苏联的长期战略，也就是遏制政策，对20世纪后半叶的世界政治产生了重大影响。1947年，乔治·凯南以“X”的署名在美国《外交事务》上发表文章《苏联行为的根源》，该文明确提出美国要使用“抵抗力量”，对苏联的扩张倾向进行长期、耐心、坚定与警觉的“遏制”。这被普遍认为是美国对苏战略的思想基础。这几年，著名智库哈德逊研究所的中国战略研究中心主任白邦瑞所著的《百年马拉松——中国取代美国成为全球超级强国的秘密战略》正在引发不容忽视的影响。书中认为，中国有一个百年的秘密战略，即在2049年取代美国成为全球霸主。类似的观点，也正在成为西方政治传播中的不容忽视的内容之一。因而,百年眼光和观察尺度也应当是观察分析舆论博弈、研究政治传播策略的必要思维方式和工具。

政治传播策略的研究必须基于战略思维,必须有跨越历史的眼光,从而得出对实现中华民族伟大复兴最为有益的传播策略。

(作者系天津大学新媒体与传播学院院长、讲席教授)

反思政治传播研究方法

——以理论为导向的实证研究[①]

◇ 卢春龙　马玉宁

政治传播作为政治学与传播学交叉融合发展的一个充满活力的研究领域，过去 20 多年在我国得到了长足发展。当前，有关政治传播的研究正在蓬勃开展，诸多论文在公开出版的学术刊物上连续发表，专业性的学术会议每年也在定期召开。作为交叉学科发展的标志之一——国内众多重点大学也启动了高层次政治传播人才培养，如中国传媒大学、中山大学、中国政法大学等高校，或在政治学或在传播学设立政治传播研究方向，选拔优秀的研究生进行系统化专业学习。值得一提的是，中国政法大学在 2016 年更是在全国率先建立了政治传播学二级学科博士点。诚然，政治传播的学科建设带有浓厚的制度化痕迹，但政治传播研究在中国确实有着广泛的应用基础，比如一些研究人员所言的"在中国所有的传播，都带有政治传播的性质"，以及习近平总书记强调的党的新闻舆论工作必须把政治方向摆在第一位，牢牢坚持党性原则，党媒必须姓党、听党指挥，坚持党性和人民性相统一，讲好"中国故事"，传播好当代中国价值观念[②]。

尽管政治传播有广阔的发展前景，但这并不代表学科自身已成熟。政治传播这一场域大多由传播学者跨界来进行研究，也有部分政治学者反向跨界而进入其中，他们所使用的理论工具和方法在某种程度上受国际学术界的影响甚深，立足中国本土的、政治学与传播学交叉融合的方法与路径则较为稀缺。这就形成了一方面对高质量政治传播研究成果有普遍性需求，另一方面由于方法稀缺而导致研究供给不足的困境。

正是鉴于上述困境的存在，我们需要重新审视政治传播研究领域的研究方法。本文通过梳理和借鉴国内外政治传播研究方法，倡导一种多元化的、立足中国国情的、以理论研究为导向的实证研究范式。笔者特别强调，在中国，政治传播实证研究必须保持对于理论建构追求的敏感性。

---

① 本文节选自卢春龙，马玉宁. 反思政治传播研究方法：以理论为导向的实证研究[J]. 新闻与传播评论，2019(6)：17-26.

② 本书编写组. 习近平新闻思想讲义[M]. 北京：人民出版社，2018：54-60，150-151.

一、调查研究

政治传播在西方学术界的兴起得益于政治竞选活动的普遍开展。政治家们为了在多种类型的竞选中获得胜利,特别需要政治传播研究人员所提供的高质量研究成果帮助他们做出决策。最有效的传播策略能够最大化竞选的传播效用,也就是说能够转化为更多的选票,这是政治传播研究在西方政治生活中最直接的应用。由于这一原因,调查研究在西方政治传播研究中得到了广泛的应用。

政治传播学者运用调查研究方法对选民的政治态度以及投票倾向进行研究,侧重分析候选人的竞选策略和投票行为之间的关联,如哪些因素会影响普通民众的投票倾向与行为,以及媒介使用是如何改变普通民众的政治态度与立场的等问题。这一研究导向使得美国政治传播研究一开始就奠定了服务政治宣传、竞选活动和政党形象包装的基调。最为著名的例子便是1940年社会学家保罗·F.拉扎斯菲尔德、伯纳德·贝雷尔森和黑兹尔·高迪特在美国俄亥俄州伊利县就选民参与总统选举的行为进行的调查研究,由于该项调查在伊利县进行,所以又被称为"伊利调查"。这项耗时7个月的调查研究,由于后期对数据的分析处理烦琐复杂,4年后才以《人民的选择》一书作为研究成果出版。"伊利调查"是一项调查研究的典范,围绕民主党和共和党的竞选宣传展开研究,在具体研究方法上采用固定样本方法,由12—15名伊利当地女性访员完成面对面访谈,并确保每4户中有1名访员访问,以此选中3000个被调查对象。同时,研究人员通过分层抽样,对测验组选中的4个600人样本组进行重复观察。① 此项研究全面跟踪受访者媒介接触情况和人际交往等因素,重复接触受访者以获得他们的政治倾向、选举基本态度等资料,进而分析前者对后者的影响机制。② 研究人员结合共和党人和民主党人的社会与经济地位差异、意识形态差异,判断什么样的选民对大选更感兴趣、谁不参与大选,以及意见领袖、选民被告知什么、个人交往和亲密消息来源对投票行为的影响。研究结果显示,在整个大选期间,竞选宣传强化了原有的观点态度,使选民投票态度更加明确或做出细微调整,只有在少数情况下,竞选宣传才会使受访者的投票态度发生转变。"伊利调查"有力证明了大众传播并没有能力直接左右选民的投票意向,单一的竞选宣传也不能直接改变选民的投票态度。"伊利调查"修正了大众传播早期流行的"魔弹论"理论,对提出"有限效果论"起到了至关重要的作用。从方法论的层面上看,其所使用的抽样调查、统计分析等社会调查方法,奠定了大众传播效果研究的经典研究范式。

---

① 拉扎斯菲尔德,贝雷尔森,高迪特.人民的选择[M].唐茜,译.北京:中国人民大学出版社,2012:3-4.

② 拉扎斯菲尔德,贝雷尔森,高迪特.人民的选择[M].唐茜,译.北京:中国人民大学出版社,2012:3-4.

以《人民的选择》一书为开端，此后以选举政治作为重要研究内容的政治传播研究强调运用调查研究方法对竞选过程和政治宣传效果进行研究，主要通过社会阶层分析的方法分析家庭政治结构、正式社团的政治关联，把政治社会学研究与政治传播研究有机结合在一起。与此同时，他们在调查中把研究视角转向实际的、可观察的投票行为，提出诸如“政治既有倾向”假说、“选择性接触”机制、“意见领袖”和“两级传播”等概念，把政治社会学、政治文化、政治心理学的研究融入政治传播研究，这对后续的传播效果研究产生了极为重要的影响。

在一个典型的调查研究中，研究者首先通过科学的随机抽样选择调查对象以作为样本，然后利用标准化的问卷进行调查，最后对调查所得的数据进行统计分析。科学的随机抽样可以保证调查研究中推论的信度和效度。把研究议题中的核心概念和变量操作化是调查研究的关键步骤，研究设计需要包含封闭式或开放式问题的结构化问卷来测试人们的态度、价值观、倾向和行为。为了获得准确、可靠的信息，研究者应当在调查问卷中设计合适的问题形式、采用明确的问题表述，避免歧义的问题、模棱两可的问题和有倾向性的问题，此外也需要注意“问题顺序效应(question order effect)”等①。当前，根据实施调查的不同方式，调查研究可以分为自填式问卷法、面访调查法、电话调查法和新兴的网络调查法四种。

操作化与测量变量是调查研究的关键步骤，但这也给政治传播研究人员带来了诸多挑战，因为这需要研究人员熟悉关于测量过程的心理学内容，特别需要其对回答态度问题的过程以及无处不在的“虚假态度”保持警觉。在关于态度的早期文献中，奥尔波特(Allport)认为态度是一种心理或神经状态，这就表明态度是一种认知结构。② 伊格利(Eagly)和切肯(Chaiken)认为态度是一种“心理倾向”，包括认知、情感和行为成分。③ 科拉诺(Crano)和普利斯林(Prislin)把态度确定为整合上述成分的评价性判断，这是基于一个人的一般信念、价值观发展而来的。④ 这种对态度的定义使得态度变成了一个相对综合的特征体(syndrome)，内部可能存在着一致性，也有可能存在不一致性。基于对调查数据的分析，以往的研究要么强调普通公众存在内在一致的稳定态度，要么强调公众的态度具有很大的易变性、缺乏内在一致的稳定结构。同时，由于“虚假态度”的普遍存在，比舍普(Bishop)在2005年阐述了依靠调查研究来获得公众态度的不可行性。⑤ 奥

① SIGELAMAN L. Question-order effects on presidential popularity[J]. Public opinion quarterly, 1981, 45(2): 199-207; MCFARLAND S G. Effects of question order on survey responses[J]. Public opinion quarterly, 1981, 45(2): 208-215.

② ALLPORT G W. Attitudes[M]//MURCHISON C A. A handbook of social psychology. Worchester, MA: Clark University Press, 1935: 798-844.

③ EAGLY A H, CHAIKEN S. The psychology of attitudes[M]. Fort Worth, TX: Harcourt Brace Jovanovich, 1993.

④ CRANO W D, PRISLIN R. Attitudes and persuasion[J]. Annual review of psychology, 2006, 57: 345-374.

⑤ BISHOP G F. The illusion of public opinion[M]. Lanham, MD: Rowman & Littlefield, 2005.

尔德里克(Oldendick)等把"虚假态度"定义为公众对一个问题看似真实但实际上毫无依据的即兴反应,进而将公众舆论描述为"虚幻的",认为"虚假态度"在调查研究中非常普遍。①

事实上,政治传播中对投票行为的研究在一定程度上就是一种态度测量。20世纪40年代中期至50年代中期,研究者主要研究竞选活动对投票行为的影响;20世纪50年代中期至60年代中期,研究者主要研究竞选活动与那些有显著党派特征的选民的关系;在20世纪60年代中期,研究者开始研究信息如何通过竞选活动进行传播、扩散,新闻媒体在议题设置中扮演的角色和人们的政治态度的形成过程。② 投票倾向和行为、政治知识以及媒体使用情况是这类调查中经常出现的几个变量。其中,投票倾向是一个人对具体政治候选人的态度与评价,具体的投票行为则是投票倾向的自然延伸;随着信息处理成为探索政治媒体效应的主导范式,政治知识也成为一个关键的研究变量。目前,政治知识测量的代表成果就是帕特森(Patterson)和麦克卢尔(McClure)所提出的"政治信息意识"量表。③ 查菲(Chaffee)和施洛伊德(Schleuder)提出,关于媒体效应的研究应当设计一种将曝光和注意力结合到媒体内容上的混合测量工具。④ 多项研究表明,将关注的政治内容纳入媒体使用的测量标准,可以大大提高对选举结果的预测能力。

进入21世纪以来,调查研究中传统的面访调查、电话调查和邮寄调查受到越来越多的挑战,特别是面访调查因在城市实施中面临着入户困难、被调查者抗拒等因素的影响而难以执行下去。随着互联网技术日臻成熟,互联网调查以其更为便捷、更易触及受众的特点得到越来越多的研究人员的重视。当前,互联网调查主要分为将互联网作为技术手段进行的调查和测量互联网使用情况的调查。⑤ 其中,以互联网作为技术手段进行的调查原则上和政治传播研究的传统调查研究方法并无本质上的差别,所不同的只是将调查范围从现实中能接触到的样本转移到互联网上,本身也是传统调查手段之外的又一种补充。⑥ 同时,在政治传播调查研究中,研究者也会测量网络使用情况本身,或者研究互联网受众本身,研究主题主要包括政治信息的互联网传播路径以及网站使用者的数量、

① BISHOP G F,OLDENDICK R W,TUCHFARBER A J,et al. Pseudo-opinions on public affairs[J]. Public opinion quarterly,1980(44):198-209.

② 段鹏. 政治传播历史、发展与外延[M]. 北京:中国传媒大学出版社,2011:57,64.

③ PATTERSON T E,MCCLURE R D. The unseeing eye:the myth of television power in national politics[J]. American political science association,1978,72(1).

④ CHAFFEE S H,SCHLEUDER J. Measurement and effects of attention to media news[J]. Human communication research,1986,13(1):76-107.

⑤ 柯惠新,王锡苓,王宁. 传播研究方法[M]. 北京:中国传媒大学出版社,2010:103,167-168,219-220.

⑥ 有研究者把这类研究手段称为CMC(Computer Mediated Communication)。传播学和心理学界都有学者专门研究CMC和传统的面访调查之间的区别,如WALTHER J B. Computer mediated communication:impersonal,interpersonal and hyperpersonal interaction[J]. Communication research,1996,23:3-4;心理学学者的研究如MCKENNA K Y A,BARGH J A. Plan 9 from cyberspace:the implications of the Internet for personality and social psychology[J]. Personality and social psychology review,2000(4):57-75.

结构等。

笔者认为,尽管通过调查研究来测量选民的政治态度、认知与行为存在诸多挑战,但这一研究方法与技术对于促进我们理解政治传播影响过程至关重要。需要反思的是,如何进一步提高问卷的设计质量、更好地改进问卷调查过程本身的质量,特别要对测量的效度和信度、问题措辞、抽样设计等问题进行深入的反思。尤其需要指出的是,调查研究及其背后的理论导向是基于西方社会而提出的,我们在将这样的技术引入中国的社会场景之中时,需要保持一种方法论上的清醒,需要对情境与研究场域的巨大差异保持高度警觉。

二、基于二手数据的整合分析

二手数据指那些已经由其他研究人员或调查机构基于特定目的完成收集和分析的研究资料,获得时既快速又不需要支付高昂的调查费用,比收集原始数据的时间成本和经济成本要低很多。海曼定义二手数据分析是"对除原始调查焦点主题之外的知识提取"[①]。这就是说,二手数据分析并不侧重进行调研主题的描述性分析,主要聚焦提取与之相关的解释性知识。我国也有学者认为二手数据是"用不同的分析方法处理同一种资料,看能否得出同样的结论,或引申出更深入的结论"[②]。

在西方发达国家,计算机辅助的数据库检索服务十分普及和便利。社会科学调查研究机构非常重视调查数据的公开发布,一些网站还会同步提供在线数据查询与分析,方便同行利用互联网更便捷地获得研究所需资料,这有效促进了一手调查数据的二次开发和利用。这些公开数据资料的内容涵盖经济发展、社会变迁、政治参与、劳动就业、教育状况、基层治理等众多研究议题。目前,面向全球用户开放社会科学数据共享的机构和组织有密歇根大学社会研究院(Institute for Social Research,ISR)[③]、政治与社会研究校际联盟(Inter-university Consortium for Political and Social Research,ICPSR)[④]、芝加哥大学民意调研中心(National Opinion Research Center,NORC)[⑤]、皮尤研究中心(Pew

① HYMAN H H. Secondary analysis of sample surveys: principles, procedures, and potentialities[J]. Social forces, 1972,51(4):500.

② 柯惠新,王锡苓,王宁. 传播研究方法[M]. 北京:中国传媒大学出版社,2010:103,167-168,219-220.

③ ISR 成立于 1949 年,以收入动态追踪调查(Panel Study of Income Dynamics,PSID)、健康与退休调查(Health and Retirement Study,HRS) 等调查项目著称。

④ ICPSR 成立于 1962 年,是世界上最大的社会科学数据中心,在全球有 700 多个成员,收录的数据包括社会科学和行为科学两方面的.

⑤ NORC 总部位于芝加哥大学,是一家非营利性社团法人组织,但是采用商业公司模式运营管理。其社会调查涵盖社会、经济、政治、教育、医疗等方面,于 1972 年创立的 GSS 项目是其标志性调查项目。

Research Center)[①]等,它们的数据来源包括研究者存放的数据、机构授权的数据等。当然,也有一些研究者为了保护研究对象隐私,对部分数据信息访问权限进行了一定限制。与此同时,我国也有部分数据库资料可供公开检索,例如国家统计局、国家生态环境部、北京市统计局、国家信息中心等政府统计信息部门,中国人民大学中国调查与数据中心、清华大学中国经济社会数据中心、上海社科院社会调查中心等科研机构也都在提供这方面的数据公开服务。

一般来说,使用二手数据分析一般有两种进入路径:一是把同一资料应用于不同问题的分析和研究,研究对象是与原问题不同但又具有相关性的新问题;二是运用新的方法和技术去分析别人的原始数据,主要是对前人相关研究结果进行还原性检验。事实上,国外政治传播学者经常会使用二手数据进行政治传播分析,特别是研究公共舆论、政治选举等涉及政治传播焦点问题的项目。库西斯(Kiousis)和麦库姆斯(McCombs)使用美国国家选举研究(American National Election Studies)的数据来评估公众态度的强度,并把这一变量作为新闻媒体与主要政治人物之间关系的潜在中介变量。[②] 霍尔伯特(Holbert)使用美国国家选举研究的数据来研究新闻是如何影响公众对政府规模的看法的,以及政府的预算应该如何在不同的社会福利领域进行分配。[③] 达尔林普(Dalrymple)和薛佛勒(Scheufele)使用美国国家选举研究的数据来比较传统新闻与新媒体新闻的影响,发现两者对公民政治知识结构产生了不同的影响。[④] 这些研究都是对原有数据进行新的加工,用来回答一些新的、以前研究没有回答过的新问题。从这一角度来讲,对二手数据的新挖掘可完全应用于新问题的分析与研究。

但是二手数据分析的局限性也显而易见。第一,这些二手数据是别人收集的,数据质量显然会影响研究质量;第二,因为数据是别人收集的,所以数据库里面的变量可能不能满足二手数据分析的全部需求;第三,如果要使用多个数据库进行整合分析,那么各个数据库之间的等值性与分析的效度差异可能会存在一定的问题。特别是那些对数据采集工作不太熟悉的研究人员可能会陷入困境,他们需要理解原始数据采集人员是如何构建变量的,以及该把缺失数据理解为系统性缺失还是随机缺失,这些都对那些缺乏数据采集经验的研究人员提出了挑战。通常从技术层面上讲,数据收集所使用的抽样方法、样本的性质和规模、回收率和回答质量、问卷设计和执行、现场调查的程序、数据录入和

---

① 皮尤研究中心(Pew Research Center)总部位于美国华盛顿特区,主要致力于全球民调、民众与媒介、网络与美国生活、宗教信仰与公共生活等项目的调查研究。

② KIOUSIS S, MCCOMBS M. Agenda-setting effects and attitude strength political figures during the 1996 presidential election[J]. Communication research, 2004, 31(1): 36-57.

③ HOLBERT L R. Intramedia mediation: the cumulative and complementary effects of news media use[J]. Political communication, 2005, 22(4): 447-461.

④ DALRYMPLE K E, SCHEUFELE D A. Finally informing the electorate? How the Internet got people thinking about presidential politics in 2004[J]. Harvard international journal of press/politics, 2007, 12(3): 96-111.

抽样误差的计算等都是考察数据质量的因素。当然，很多二手数据可能存在不少难以被发现的问题，要完全识别这些问题非常不容易，最好的方法是再找一个可以用来比较的数据库，考察其对关键变量的定义与测量、测量的单位与分类，以及变量之间的相互关系等，再判断二手数据的质量。从理论上说，使用不同方法获得的两个数据库，最后得到的分析结果应该大致一致。一般情况下两组数据会有些差别，这就需要找出各组可能存在的调查误差以消除两者之间的不一致，最后才能决定哪一组数据更为可靠。

笔者认为，虽然选择一个具有效度和信度的数据库很重要，但对于二手数据分析而言，对数据分析的创新性思考要远远重于选择数据库本身。如何基于既有的二手数据创建新的变量，以及如何在数据分析手段上进行创新，这些才是二手数据分析的关键步骤，这对使用二手数据进行研究的政治传播学者来说至关重要。在数据分析方面，使用潜在复合建模经常能够催生一些非常有价值的发现。当然，二手数据分析的前提还在于研究者本身对于数据采集过程非常了解与熟悉，知悉数据采集与编码的过程，只有在这个基础之上，才有可能产生新的思路去整合不同的二手数据。

三、实验研究

实验设计的科学优势众所周知。作为明确和建立因果关系的重要途径，实验的微妙优势直接源于这样一个事实，即实验使研究人员能够把政治信息放在“显微镜”下观察，并将其产生的影响隔离开来进行相对精确的计算。实验是指实验研究者根据一定的目的，人为设置一个特定的、非自然状态下的环境对某个变量（也就是所谓的实验刺激）进行刻意控制或操纵，并利用科学的、系统的方法对实验结果进行观察或测量。经典的实验设计能回答一个变量（实验刺激）是否或在多大程度上影响另外一个变量（因变量）的问题。

经典实验设计多采用最简单的两组比较方法，一般从某个总体中（由实验者根据研究目的进行界定）随机抽出两个可以配对的小组，对其中的一个小组实施实验刺激（在政治传播研究中，它可以是一篇新闻报道、一部纪录片、一条政治广告等），并据此划分出实验组①和控制组②进行科学测量与比较。第二次世界大战期间，耶鲁大学实验心理学家卡尔·霍夫兰、卢姆斯代恩和谢菲尔德主持了一项由美国军方资助的有关说服力的研究项目，试图测量弗兰克·卡普拉系列宣传电影《我们为何而战》影响士兵态度的程度，士兵态度包括对盟军的态度以及参军动机。该项实验以连队为单位进行抽样，抽样单位在几

① 实验组是实验过程中接受实验刺激的那一组对象，即使是在最简单的实验中，也至少会有一个实验组。
② 控制组也称为对照组，各方面与实验组都相同，是实验过程中不给予实验刺激的一组对象。

个关键人口统计变量上进行匹配,实验设计了两个阵营,一个阵营接受实验刺激、暴露在电影中,另外一个阵营则不接受刺激,重点是对传播者的可信度、恐惧诉求、说服性观点的组织、成员身份、个性和说服敏感度、通过积极参与获得信念、意见改变等相关主题进行测试,提出了一些有关态度转变的原创性理论。① 这些经典的实验影响了众多的后续研究者,一些后续研究者试图使用同样的实验研究方法来建立关于态度转变的新模型,先后提出了平衡模式、一致模式、非协调模式和差异模式等诸多模式。② 当然,霍夫兰作为传播心理学方面的奠基人,倡导用实验研究的方法,借用精神分析和群体心理学的分析路径,来挖掘大众传播对态度转变的影响。这一研究方法与路径对后续的政治传播研究产生了深远的影响,不过,我们也需要反思实验研究可能存在的风险与不足。

第一,人是政治传播中的最大变量,人会自我选择接受何种政治信息以及对此进行相应的解释。在真实世界里,无论是传播主体精心筛选把关的政治信息,还是出于个人兴趣爱好经由感官获得的刺激,普通公众对于政治信息的理解、接受或解释信息的过程,都包含了选择性理解、信任以及对政治共同体的期待、社会文化想象乃至自身情绪等诸多因素。在实验中,研究人员人为地将实验组暴露在实验刺激之下,实验刺激可能会瞬时对实验主体产生影响,但是在真实世界里,实验主体对于接受暴露在何种信息之下有自己的选择与考虑。美国传播学家罗杰斯在谈到霍夫兰的说服实验时指出:"它是有意图的传播,是由某种信源所做出的单向尝试,以便在接受者方面取得效果。"③

第二,在政治传播实验研究中,主要由研究人员人为进行实验组和控制组的区分,再对两组进行观察和测量,精确测试政治信息影响公众的程度。从这点上看,通过高度控制的实验研究,从实验组和对照组之间观察到的任何差异都可归因于被操纵的实验刺激。但是,这种被观察到的差异有可能只是瞬时的差异,持续时间与效应可能都非常短暂,因此也有学者质疑实验研究所测量的差异是否构成一种真实的差异。比如安斯拉博赫尔(Ansolabehere)关于政治信息记忆力的实验研究发现,超过50%的接触政治竞选广告的参与者在30分钟之后就无法回想起具体信息的内容。④

第二,实验研究还存在普遍性有限的问题,因此实验环境的高度控制性、参与群体的代表性都备受研究者关注。由于实验研究需要严格控制实验刺激,这就使得典型的实验室环境通常与受试者日常接触的信息环境存在着很大的不同。因此,我们对实验室的实验物理环境需要保持高度重视。现在研究人员开始大量增加所谓的野外实验,目的就是尽最大可能使实验设计与环境接近受试者的日常生活。

---

① 霍夫兰,贾尼斯.传播与劝服[M].北京:中国人民大学出版社,2015.

② 段鹏.政治传播:历史、发展与外延[M].北京:中国传媒大学出版社,2011:57.

③ 罗杰斯.传播学史:一种传记式的方法[M].殷晓蓉,译.上海:上海译文出版社,2002:378.

④ ANSOLABEHERE S. The paradox of minimal effects. [M]//BRADY H, JOHNSTON R. Capturing campaign effects. Ann Arbor: University of Michigan Press, 2006: 29-44.

参与群体的代表性是另一个让实验人员头疼的问题，如何抽取高质量的代表性样本参与实验成为传统实验研究的最大挑战。自互联网兴起以来，一些学者开始把目光转向"在线实验"，将互联网作为实验"站点"具有优于传统实验的若干优势，包括互联网的不断普及可以使在线样本变得更加多样化、能够在没有地理限制的情况下覆盖不同人群。斯坦福大学政治传播学教授艾英戈认为，互联网技术的快速发展在很大程度上消除了传统实验的弱点，原因在于一方面在线实验可以与传统实验一样真实，另一方面通过在线实验可以在更大"范围"内抽取样本，可以将标准概率抽样技术应用于在线实验参与者的招募，这样就可以克服在传统实验中存在的样本代表性低的问题，这也代表了当下政治传播实验研究的新发展方向。① 但是，我们也需要意识到，尽管互联网推动了实验研究的进行，但也有证据表明由于数字鸿沟的存在，在线研究样本代表性的问题并没有得到有效解决。②

反思实验研究的方法，一方面我们必须承认，实验研究有助于精确的因果推理，能够在自变量与因变量之间明确地建立因果关系，同时实验研究具有高度的可重复性，有着比较高的研究信度。但是另一方面，传统实验研究如何更精确地"定位"招募程序以增强实验参与者的多样性与代表性，这需要研究者深入思考。互联网技术的发展提供了一种新的发展方向，传统实验方法可以有效地使用在线策略招募实验对象，从而实现更为广泛和多样化的参与。

四、内容分析

传统上，内容分析被用于描述政治信息的不同特征。从研究方法的角度来看，内容分析的价值在于提供了实验研究和调查研究之外的选择，内容分析可以有效克服实验研究和调查研究存在的不足与问题，构成了对这两种研究方法的有效补充。

内容分析作为分析政治信息或文献的重要手段，也是一种蕴含着浓重量化色彩的研究方法，其强调通过科学、系统的定量描述分析来解读政治信息的特征，进而讨论政治信息传播的影响。研究人员通过分析传播内容和传播过程，一方面可以对传播内容进行描述性解读，另一方面也可以推论内容对传播过程施加的影响。在大众传播研究中，内容分析主要应用于描述内容的倾向性或特征，从信息内容推测信息传播者的态度、研究传播内容的真实性，从媒介内容推论传播效果、建立媒介效果研究的起点等方

① IYENGAR S, JACKMAN S, HAHN K. Polarization in less than thirty seconds: continuous monitoring of voter response to campaign advertising[Z]. Annual meeting of Midwestern Political Science Association, Chicago, 2007.

② PAPADAKIS M C. Complex picture of computer use in the home emerges[J]. SRS issue brief, 2000(3).

面。① 具体到政治传播研究而言，内容分析不但强调对政治信息内容形式的研究，更强调分析政治传播过程和评估传播效果等基本问题，这就需要把政治信息的内容与政治传播环境的其他构成要素相互联系起来。美国著名政治学者拉斯韦尔所著《世界大战中的宣传技巧》，通过分析一战中英国、法国、德国和美国等参战国采用的宣传技巧，结合战时的报纸、手册、传单、电影、海报、图片等，以及对部分学者和政府官员进行的访问，进而从宣传组织、宣传符号、宣传过程、宣传作用四个层面对战争宣传进行具体分析，其对恶魔崇拜、胜利幻想、维系友谊、瓦解敌方斗志等战争宣传技巧的讨论，为后续政治传播研究奠定了基本的研究范式。拉斯韦尔建立在内容分析基础之上的世界大战宣传研究，对于政治传播研究最重要的贡献就在于他首创了一种将定性与定量相结合的测量传播信息的方法论。②

从内容分析的角度来观察政治传播，是一种基于研究者掌握的既有客观材料，对政治现象或政治行为进行的实证考察。其在技术层面价值相对中立，避免了研究者主观臆断造成的伦理或道德的偏向，这也和社会学、政治学等社会科学经验学派的研究立场本质上是一脉相承的。有学者认为，研究人员使用内容分析法的优势在于：不需要和调查研究一样与研究对象进行深度访谈，省略了使用量表打分和统计调查问卷的程序，也不需要像实验研究那样在高度控制的环境之下观察人的行为，只需根据研究需要选定某段时间和某些地区的传播产品即可。③ 此外，内容分析还具有无反应性的特征，资料收集的过程可能会受研究者主观偏见的影响，但收集方法本身不会导致客观材料的变化，对研究对象不会造成影响或干扰，而实验研究和调查研究都具有较强的反应性特征，都会对研究对象造成一定程度的影响。内容分析适合用于时间维度上的纵贯分析，可以在一个较长的时间段内收集资料，从而建立起时间维度上的因果关联。

当然，随着媒介技术日益发展，政治传播的手段和形态也变得越来越丰富，传统的政治宣传和政治沟通策略更多转向诉诸情感的政治认同与宣传说服。政治信息被制作成多种形式，常见的有新闻、政治广告、政治演说、政治辩论、法律政策、司法判决以及传递政治信息的其他非政治性文本。④ 这也意味着对政治传播内容的分析将变得更加复杂，如果研究中需要对总量庞大且复杂的材料进行分析，研究者还需要采取科学的方法进行抽样设计。研究中特别要注意对信息内容进行分类与编码。内容分析的基本做法是对选定材料中的信息进行编码，即根据事先设定的理论框架，对政治信息(无论是口头的、文字的、画面的或是其他形式的)进行分类记录。在编码结束之后，研究人员可能还会使

① 柯惠新，王锡苓，王宁. 传播研究方法[M]. 北京：中国传媒大学出版社，2010：103，167-168，219-220.

② 陈力丹. 传播学的三大学派[J]. 东南传播，2015(6)：36-41.

③ SEVERIN W J，TANKARD J W. 传播理论：起源、方法与应用[M]. 郭镇之，译. 北京：中国传媒大学出版社，2006.

④ 段鹏. 政治传播：历史、发展与外延[M]. 北京：中国传媒大学出版社，2011.

用一些统计分析手段，比如因子提取、相关性分析、多元回归分析等。

如果从更广阔的视野理解内容分析对政治传播研究的影响可以发现，它更多体现在可以相对准确地识别媒体传播的政治信息和政治新闻中的“框架”(frame)。戈夫曼(Goffman)认为，框架是人们用来阐释外在客观世界的认知结构，人们对于现实生活经验的归纳、解构与阐释都依赖一定的框架，框架使人们能够定位、感知、理解、归纳众多具体信息。[①] 这也就是说，我们对框架的认识通常来自以往的生活经验，并根据既有认知来建构对新事物的认识。政治传播中的框架之所以非常重要，是因为它会在更深层次影响受众的态度和行为。[②]

传统的内容分析方法可以有效识别政治传播中的新闻框架，我们一般把报纸、杂志、网站或广播电视等大众媒体刊载的信息作为主要研究对象，基于某个特定政治传播主题的理论假设，选择某一个时间段的媒体报道和文章内容，从而有针对性地对其框架进行分析。恩特曼(Entman)认为新闻框架容易淹没在无差别的文本之中，报道规模的控制和具体信息的呈现对理解新闻框架具有至关重要的意义，只有系统化地比较不同叙事方式，我们才能完整揭示新闻报道框架。[③] 甘姆森(Gamson)则指出，新闻框架包含了“界限”[④]和“架构”[⑤]两层含义，[⑥]并以此来建构新闻文本的完整意义。因此，通过运用语言学、符号学等理论工具，分析政治传播内容的符号体系(设置关键词、提取标题和文本内容、抓取特定图像等)，可以进一步揭示新闻生产的框架、新闻文本的框架以及相关框架的影响和效果。

当然，所有政治传播的框架只有通过与受众互动才能发挥效果。有学者认为，框架理论的应用主要在于意义的建构，涉及影响意义建构的各种关系，因此特别需要研究框架与受众之间的互动关系。[⑦] 实际上，在一定程度上，我们可以把框架理解为媒介议程设置的延伸，因此关于框架的研究就需要对媒介强调的议题与公众对此议题重要性的认知这两个层面进行研究，以及研究媒介强调的议题属性(或思考角度)是如何影响受众的选择的。事实上，在政治传播的文本分析中，把议程设置研究引入框架研究中，不仅可以强化议程设置效果，也有助于优化传播框架。丹尼斯·冲(Dennis Chong)和德鲁克曼

① GOFFMAN E. Frame analysis: an essay on the organization of experience[M]. Boston, MA: Northeastern University Press, 1974.

② DRUCKMAN J N. On the limits of framing effects: who can frame? [J]. Journal of politics, 2001, 63(4): 1041-1066.

③ ENTMAN R M. Framing: toward clarification of a fractured paradigm[J]. Journal of communication, 1993, 43(4): 51-58.

④ 主要使用选择策略，即选择不同的事实或事物的不同属性加以提示或凸显，框选取材范围，可引申为社会事件规范。

⑤ 主要使用重组策略，即通过驾驭和使用象征符号，按照一定逻辑进行系统联系与组合，可引申为意义的结构。

⑥ 孙彩芹. 框架理论发展35年文献综述：兼述内地框架理论发展11年的问题和建议[J]. 国际新闻界，2010(9)：18-24，62.

⑦ 张洪忠. 大众传播学的议程设置理论与框架理论关系探讨[J]. 西南民族学院学报(哲学社会科学版)，2001(10)：92-95.

(Druckman) 认为要准确识别政治传播框架,第一,要选择特定的政治议题、政治人物或政治事件,[①]并尝试为这些特定问题、政治角色或事件建立关联框架;第二,了解政治传播框架是如何影响公众舆论的,需要理解不同的框架可能构成不同的态度基础,从而选择孤立某种特定的态度;第三,围绕既定的研究目标搜集所要分析的样本,一般通过检索大众媒体公开数据库获得内容分析来源,并根据编码方案进行归纳性识别;第四,根据内容分析识别的初始框架,从更深层次分析媒介内容、新闻生产、媒介效果[②]。基于上述研究路径和基本范式,大量政治传播框架分析都使用类似方法展开,其中包括肯定行动的分析[③]、对战争的支持[④]等经典框架分析,这些相关研究贡献了媒体偏见[⑤]、公众理解[⑥]和意见形成[⑦]等诸多有价值的理论发现。同时,潘忠党也认为框架确认有片段式框架、侧重架构法、价值观框架、隐喻架构思路四种路径,研究者可以把文本分析、架构效应与社会实践相结合,从社会实践行动者层面分析建构、传播、接受的行为。特别是通过文本分析理解话语构建者说了什么、对谁说、在什么场合说,从而理解政治传播的框架效应。[⑧]

当下,新技术的迭代发展改变了内容分析的操作方法。传统内容分析需要经过选择主题、确定研究范围、决定总体和抽取样本、定义要分析的概念或变量、建立分析内容类别、制作编码表、训练编码员进行试验性编码、收集资料、测试编码者之间的信度、录入计算机进行统计分析等诸多步骤才能得出结论、进行解释。[⑨] 过去,这种内容分析方法非常烦琐而且非常费时,在一定程度上阻碍了大多数研究人员的高质量研究。但是随着计算机技术的发展,特别是数据库、互联网技术的发展,内容分析的便利性已经大大提高了,研究效率也显著提高。随着人工智能和机器学习等计算科学技术的发展,文本挖掘、自然语言处理等技术正使得文本自动化处理变成可能。现在,内容分析研究人员通过对互联网上的文字、图片、声音和影像等承载的政治信息进行定向抓取,运用分词和词性标注、信息抽取、文本分类和聚类、语义分析、主题分析等方法,即可实现对文本和情感态度

---

① SPARROW B H. Projections of power: framing news, public opinion, and US foreign policy[J]. Perspectives on politics, 2004, 69(2): 324-326.

② MOLOTCH H L, GITLIN T. The whole world is watching: mass media in the making and unmaking of the new Left[J]. Contemporary sociology, 1982, 11(2): 200.

③ GAMSON W A, MODIGLIANI A. The changing culture of affirmative action[J]. Research in political sociology, 1987(3): 137-177.

④ DIMITROVA D V. War on the web: the immediate news framing of Gulf War II[J]. Harvard international journal of press/politics, 2005, 10(1): 22-44.

⑤ ENTMAN R M. Framing bias: media in the distribution of power[J]. 2007, 57(1): 163-173.

⑥ BERINSKY A J, KINDER D R. Making sense of issues through media frames: understanding the Kosovo Crisis[J]. Journal of politics, 2006: 640-656.

⑦ CHONG D, DRUCKMAN J N. Framing theory[J]. Annual review of political science, 2007, 10(1): 103-126.

⑧ 潘忠党. 架构分析:一个亟需理论澄清的领域[J]. 传播与社会学刊, 2006(1): 17-46.

⑨ 柯惠新, 王锡苓, 王宁. 传播研究方法[M]. 北京:中国传媒大学出版社, 2010: 103, 167-168, 219-220.

的可视化分析。目前，运用监督学习法（supervised learning methods），让机器根据人工编码模式来进行自动编码，最后将机器编码与人工编码相比较，以检验其效度与信度，并根据词频统计等方法制作出词云、语义网络，就可以实现内容分析的可视化展示，从而让研究者直观观察、分析内容的结构与特征。①

尽管内容分析以客观、中立的操作方法，提供了一种相对科学的描述政治信息传播的研究视角，但是理解当下中国的政治传播，也不能忽视传统政治文化对现实语境的影响和政治系统输出话语所包含的意识形态属性。在中国当前政治统摄传播的逻辑之下，政治信息流动具有意识形态倾向是理所当然的，正如习近平总书记所强调的，党的新闻舆论工作必须把政治方向摆在第一位。这就需要政治传播研究者既掌握扎实的内容分析技术规范，也要具备对政治传播现象进行政治分析与反思的能力，把握意识形态的立场，并对传播中的政治框架进行理解与诠释。

五、结论

本文在政治传播研究日益蓬勃发展的学术背景下讨论政治传播研究中涉及的方法论问题，包括宏观层面的四种研究方法（调查研究、实验研究、基于二手数据的整合分析和内容分析），以及微观层次的具体研究技术与操作方法。各种研究方法风格迥异，各有优势，同时也存在不足，面临种种质疑。采用何种研究方法这一问题的关键在于某种研究方法是否适用于研究者所面对的理论问题、研究对象和经验材料。研究方法的最新发展趋势越来越表现出社会科学研究基本逻辑上的统一，即通过科学规范的研究设计和程序获得有效的描述和解释推论。

本文呼吁一种多元的、具有包容性而非排斥性的政治传播研究之兴起，主张打破政治传播研究内部的方法论壁垒，让不同的研究路径与方法加强对话与合作，更加有力地推动政治传播研究前行。研究者个体需要掌握或了解不同的研究方法，并至少熟练运用其中的一种，注重科学的研究设计，对政治传播展开科学的、系统的研究。正如笔者在文中建议的那样，政治传播研究还需要更多的理论创新和更为综合的数据收集方法。同样重要的是，在政治学、传播学和其他学科领域，包括经济学、社会学和心理学领域，需要更多的跨学科交流和交叉融合发展。只有这种跨学科的融合发展才能为政治传播的理论与方法创新提供更多的可能性。

因此，在当下中国进行政治传播研究，一方面需要坚持研究方法的混合与理论分析

① 邵梓捷，张小劲，孟天广．政治传播视角下《新闻联播》的宣传模式分析［J］．清华大学学报（哲学社会科学版），2015，30（3）：30-42．

的跨学科共融，同时也要保持对于理论创新的敏锐性，做好实证研究与理论创新的平衡，从而建构一种具有本土特色、中国价值关怀的方法论，以更为准确地描述和理解政治传播现象和本质。尤其需要注意的是，中国的国情与场景有着自身的独特性，这就需要谨慎对待研究方法使用中的跨文化场景差异，扎根中国大地，讲好中国政治传播的故事。

（作者卢春龙系中国政法大学政治与公共管理学院教授、教务处处长；
作者马玉宁系中国政法大学光明新闻传播学院博士研究生）

媒体对民主的双刃剑效应与复合解决方案[①]

◇ 朱炳坤 佟德志

没有人怀疑，当今时代是信息时代。信息通信技术的飞速发展，全面地改变了人们的生产方式和生活方式，深刻地影响了经济、政治、文化和社会生活。同样，抛开民主形式的差异，人们也不会怀疑，我们正处在一个民主时代。尽管还有一些问题，但是，作为一种政体形式，民主几乎获得了全人类的普遍认可。那么，如今的这两大潮流，是相辅相成，还是相互冲突呢？本文试图对当今信息社会环境下媒体对民主的双刃剑效应加以分析，并给出相应的解决方案。

一、媒体对民主的正向推进机制

民主需要媒体来完成政治传播的使命。在某种程度上，甚至可以说，媒体本身就是民主不可或缺的组成部分，是民主得以运转的基本要素。所以，任何一个完整的民主理论体系都不会忽视媒体的重要作用，几乎所有的民主理论家都非常重视政治传播。本杰明·巴伯(Benjamin Barber)闻名学界的“强民主”概念，就提供了一个清晰的标准值系统以评估民主协商的质量与民主政治中的公民参与。在多头政体理论当中，罗伯特·达尔(Robert Dahl)也明确提出了言论自由的标准。根据达尔的标准：一方面，公民有权表达自己对广泛的政治事务的批评，包括对官员、政府、体制、社会经济秩序以及主流意识形态的批评，不必担心受到严厉的惩罚；另一方面，公民有权通过不同的渠道，接受他们可以自由选择的信息，并由相关的法律保障这是可行的。[②] 在《论民主》一书中，达尔提出实现大规模民主需要六项政治制度，其中也有表达意见的自由、接触多种信息来源等类似的论述。

---

① 本文初刊于《新闻与传播评论》2019年第6期，收入本辑时略有删改。

② DAHL R. Democracy and its critics[M]. New Haven：Yale University Press，1989：221.

在政治实践当中,媒体是健康民主的空气。杰斐逊在美国建国之初就明确指出:“如果由我来决定选择一个没有报纸的政府还是没有政府的报纸,我会毫不犹豫地选择后者。”①在当代西方,人们习惯将媒体视为“第四种权力”,也有人将新闻记者视为“无冕之王”。尽管并不是所有人都同意这些看法,但是,笔者还是认为,在媒体与民主互动的理想关系中,媒体会发挥信息功能、教育功能、动员功能、监督功能、说服功能、平台功能等多种功能,进而完成对民主的支持。这些功能如果能够发挥并运转顺畅,民主生存所需要的政治公共空间就会得到保障。民主需要“一个开放的国家,这个国家允许人们参与决策,同时人们可以获得媒体和其他可以用于发声的信息网络”②。

第一,媒体具有信息功能。媒体的信息功能主要以公民为对象,向公民提供政治生活需要的信息。现代国家的公民参与民主政治,一个重要的前提就是公民的知情权。现代国家的公民不可能亲身经历全国发生的事情,只能通过媒体知道这个国家正在发生什么。同时,媒体也有责任告知公民他们身边正在发生的事情。从这个意义上讲,媒体的信息功能是媒体作用于民主的最基础的功能,有时候会直接影响到政治参与。保尔·马丁(Paul Martin) 认为,媒体对政治事件的负面新闻报道可以塑造公民对集体问题的认识和对政治的兴趣,从而刺激民众更加积极地参与到政治生活中。民众直接关注政治的积极性并不高,民众在大众媒体报道的新闻可能引发全国性问题的时候会对政治表示格外的关切。通过研究 1974 年美国大选,马丁发现,在民众从媒体获得更多关于国家处于动荡中的信息时,民众会更加积极地参与政治。③

第二,媒体具有教育功能。公民关注媒体,不仅获得了政治知识,同时还会在政治知识的基础上形成政治价值观,形成某种意识形态。通过传递民主规范和民主价值,媒体在公民政治社会化的进程中常常发挥重要作用。媒体在微观层面上能够起到满足个人心理需求的作用,④在这个层面上,媒体对于人们的社会化具有积极意义。在民主政治中,媒体在公民社会化过程中提供了必要的民主政治知识,并让受众在日后更易于参与到民主生活中。玛格丽特·康威(Margaret Conway) 通过研究发现,新闻媒体对于处在社会化过程中的儿童的关于政治知识、政党选举体制等的态度有显著影响。⑤而且媒体成了儿童民主政治知识的主要来源,家庭、学校等其他社会化场域对于儿童获取民主政治态度和观念的影响均没有新闻媒体大。这是因为,新闻媒体尤其是电视等直观性

---

① 杰斐逊.杰斐逊集[M].刘祚昌,邓红风,译.北京:生活·读书·新知三联书店,1993:1325.

② COOPER M. Ethical dimensions of political advocacy from a postmodern perspective[M]//DENTON R. Ethical dimensions of political communication. New York:Praeger,1991:42.

③ MARTIN P. The mass media as sentinel:why bad news about issues is good news for participation[J]. Political communication,2008,25(2):180-193.

④ ADONI H. The functions of mass media in the political socialization of adolescents[J]. Communication research,1979,6(1):87.

⑤ CONWAY M,WYCKOFF M,FELDBAUM E,et al. The news media in children's political socialization[J]. Public opinion quarterly,1981,45(2):164-178.

新闻传播形式是年轻人接触政治世界的第一座桥梁。[①]更为有利的是,媒体有助于新兴民主政体构建社会共识。“媒体还可以帮助建立和平与社会共识,没有这种共识,民主就会受到威胁。媒体可以为调解、代表和发言提供辩论的团体机制,以便他们能够和平解决分歧。”[②]

第三,媒体具有动员功能。如果说信息功能和教育功能还停留在认识层面的话,那么媒体的动员功能则直接指向民主的行为层面。媒体向公民传递信息能够促进公民的政治参与,这在一定程度上能起到动员作用。在发达民主国家政治参与逐渐式微的当代社会,媒体依旧发挥着动员选民,尤其是动员年轻选民参与政治生活的作用。媒体传递的动员性信息会促进人与人之间的政治讨论,而这正是“民主的灵魂”。因为“在公共事务领域,新闻媒体受众会根据动员性信息(mobilizing information)决定是否以及如何在影响政治的过程中表达他们的态度”[③]。动员性信息在媒体自由越是充分的地方,越会激发人们参与民主政治的积极性。皮特·莱森(Peter Leeson)通过梳理世界60个国家的媒体自由度和选民投票率发现,在媒体受到监控少且媒体私有化程度高的国家中,公民参与民主政治所具备的知识和积极性都更高。[④]因为民主政治所需要的基本条件之一是充分的信息透明,在媒体自由度高的国家中信息流动更加频繁,而对媒体管控更少则意味着公民更有机会获得多元化的动员性信息,从而使得公民更容易被动员起来参与到民主政治的实践中。

第四,媒体具有监督功能。如果说前三个功能主要针对公民的话,那么媒体的监督功能则是针对权力主体的。媒体通过各种途径,能够发现国家权力机关运作的种种问题,并及时向社会公众曝光,从而起到监督作用,这正是民主政治健康运作的保障。这种监督功能是媒体被称为“第四种权力”的主要原因之一。在欧美等发达国家,媒体具有非常强的监督功能,这一功能的发挥在一定程度上能够左右政治。媒体通过报道负面新闻引起民众关注,并引导民众进行更加积极的政治参与,这也是媒体发挥民主政治看门狗(watch dog)作用的体现。一个最明显的例子是尼克松的水门事件。在这一事件中,媒体发挥了民主政治监督功能:通过媒体曝光向白宫施压最终弹劾尼克松,确保了美国民主政治的延续。媒体的监督功能对于民主的健康运转意义重大。媒体的监督有助于建立一种开放和透明的文化,使民主选举的政府更负责任。而调查性报道(investigative reporting)会使媒体成为有效、可靠的监督机构,甚至会直接导致总统被罢免和腐败政府

① BUCKINGHAM D. News media, political socialization and popular citizenship: towards a new agenda[J]. Critical studies in mass communication, 1997, 14(4): 349.

② CORONEL S. The role of the media in deepening democracy[Z]. NGO Media Outreach, 2003.

③ LEMERT J, MITZMAN B, SEITHER M, et al. Journalists and mobilizing information[J]. Journalism quarterly, 1977, 54(4): 721.

④ LEESON P. Media freedom, political knowledge and participation[J]. Journal of economic perspectives, 2008, 22(2): 155-169.

垮台。[1] 普雷诺伊·罗伊(Prannoy Roy) 举了印度的例子证明,媒体确实充当了暴露腐败的重要力量。[2]

不仅在民主健全的发达国家中,即使在那些民主政治并不巩固的发展中国家,媒体对于民主也具有非常重要的正面建构意义。事实上,新兴的民主国家更需要公民积极参与政治以巩固民主成果,而这需要借助媒体的力量来完成。"理想情况下,媒体应通过告知、教育和动员公众,使公民参与公共事务的治理。"[3]不仅如此,有学者还发现媒体有利于处于发展中的民主政体构建社会共识,从而消解特权阶层。埃里克·尼斯比特(Erik Nisbet) 通过分析马里国内的媒体使用形式、个人政治知识和政治参与以及政治社会化的关系认为,使用媒体会让社会各个群体之间的沟通差距(communication gaps) 缩小,[4]也会在新兴民主国家中塑造社会共识。

二、媒体对民主的负向侵蚀效应

我们看到,无论是在发达民主国家,还是在发展中民主国家,媒体都会通过发挥信息功能、教育功能、动员功能、监督功能、说服功能、平台功能等多种功能,形成对民主的正向推进机制。然而,这只是事实的一面。媒体对民主是一把双刃剑,不仅能够正向推进民主,也可能负向侵蚀民主。

人们可能非常熟悉普特南关于民主与社会资本两者关系的理论。其中,社会资本意味着公民的政治参与,包括成为公民组织的成员、参加公共会议、谈论政治问题、在选举中成为志愿者和参与者等。同时,高度的社区参与和社会交往,也更容易促进公民的政治参与,从而提升民主的质量和效率。然而,人们发现,电视媒体降低了社会资本,尤其是公众参与民主的积极性。普特南认为,报纸阅读率降低,电视渗透进美国家庭,人们花在电视上的时间越来越多,电视侵占了人们的社会休闲时间。[5] 普特南的结论也得到了大量学者的支持,包括皮尤民众与媒体调查中心在内的各种调查机构也证实了这一点。

普特南揭示的是媒体娱乐化对民主的削弱已经成为一种普遍现象。媒体的信息功

---

① CORONEL S. The role of the media in deepening democracy[Z]. NGO Media Outreach,2003.

② ROY P. More news is good news:democracy and media India[M]//PAINTER J. India's media boom. Reuters Institute for the Study of Journalism,2013:4.

③ CORONEL S. The role of the media in deepening democracy[Z]. NGO Media Outreach,2003.

④ NISBET E. Media use,democratic citizenship,and communication gaps in a developing democracy[J]. International journal of public opinion research,2008,20(4) :454-482.

⑤ PUTNAM R. Bowling alone: the collapse and revival of American community[M]. London: Simon and Schuster, 2000:216-218.

能被削弱，但娱乐功能增强，这使得媒体对民主的积极作用减弱、消极作用体现出来。詹姆斯·科伦(James Curran)从价值(values)、认同(identities)、认知(cognitions)和规范(norms)四个方面出发分析了媒体娱乐化对于民主政治的影响。娱乐化的媒体为民主政治提供了必要的价值争论。电视剧、电影和娱乐圈的各类事件都提供了政治价值观念冲突的场域，各类不同的价值观念在娱乐化的载体中相互冲突。而在现代政治中价值观念具有越来越重要的意义，因为价值观念会让人们基于理想为其支持的政党派别投票，或者反对与他们价值观不和的政治势力。各国根据不同的价值观念形塑了不同的政治文化，再根据这些不同的政治文化制定出不同的公共政策，①而政治的变动多是价值观之间的冲突引起的，因此，当“娱乐”维护不同的价值观，并隐秘地邀请观众在它们之间做出选择时，它们的功能便不仅仅是娱乐，而是对政治进程形成潜在的影响力。② 娱乐化媒体可以提供民主政治所需要的政治认同。娱乐化媒体会促进社会认同的形成、维持和变革，而这种认同是现实民主政治运转所必需的。娱乐化媒体塑造了人们理解现实民主政治的认知地图，扩大了民众现实政治体验的范围，有助于我们根据人类行为的主动性和塑造我们生活的力量来解释社会。日常我们所接收到的任何娱乐化媒体的宣传都会在无形中塑造我们的价值观念，并驱使我们做出符合被塑造的认知地图的选择。娱乐化媒体和公共规范会相互影响。事实上，这确实是一把双刃剑：一方面，媒体通过欺骗或妖魔化违规者参与规范执法；另一方面，媒体也可以削弱、加强或修订规范。③

学者对于媒体娱乐化有着不同的看法。19 世纪晚期的自由主义者多谴责媒体的娱乐化，认为这是对严肃民主角色的背离。④ 也有学者认为，媒体的娱乐化只是公共事务的一个特殊类别。⑤ 另有一部分学者的观点介于两者之间，认为媒体的娱乐化是公共事务和娱乐的交叉。⑥ 事实上，选举过程中竞争对手互爆丑闻，各种电视节目尤其是美国脱口秀调侃政治并且具有较高的收视率，这就说明媒体的娱乐化已经不再仅仅是娱乐行为，而是带有浓厚的商业气息的政治行为。事实上，娱乐确实会分散严肃的民主政治，但是，娱乐也有政治意义，娱乐内容与政治内容互相融合可能更可行。

如果说媒体娱乐化对民主的负向侵蚀效应还并不十分明显的话，那么，媒体商业化则明确地成为媒体阻碍民主发挥作用的一个主要原因。学者们发现，民主的巩固并没有改变以市场为导向的媒体体系，即使整个国家都实现了民主，那些以市场为基础的媒体

---

① MILNER H. Civic literacy[M]. Hanover，NH：University Press of New England，2002.

② CURRAN J. Media and democracy[M]. London：Routledge，2011：63，64，72.

③ CURRAN J. Media and democracy[M]. London：Routledge，2011：63，64，72.

④ HAMPTON M. Visions of the press in Britain1850—1950[M]. Urbana：University of Illinois Press，2004.

⑤ CURRAN J. Media and democracy[M]. London：Routledge，2011：63，64，72.

⑥ DELLICARPINI M，WILLIAMS B. Let us infotain you：politics in the new media environment[M]//BENNETT W L，ENTMAN R，et al. Mediated politics. New York：Cambridge University Press，2001：160-181. WILLIAMS B，CARPINI D. Media regimes and democracy[M]//CURRAN J. Media and society：5th ed. London：Bloomsbury Academic，2010：290.

体系的基本原则仍然被毫发无损地保存了下来。也就是说,政治民主的确立并没有带动媒体民主发展。事实上,传播的市场化、个性化不仅加强了媒体的政治责任,同时也因为新兴媒体体系的市场化分割而被侵蚀。

罗伯特·麦克切斯尼(Robert McChesney)提出媒体对民主有双重危害。在他看来,媒体反民主的核心问题在于,民主的媒体资源聚集在少数大型媒体公司手中,受资本操控,而商业资本操控的媒体和民主之间存在着冲突。这构成了媒体对民主的双重危害。一方面是民主政治面临危机,联合性商业媒体本质上对民主政治和民主文化是有害的:谁来控制媒体,媒体的目的是什么,这些都成为当代西方民主政治不能讨论的问题。新自由主义的拥趸认为,媒体商业的逐利性是正当的,而且媒体存在的问题可以通过放松管制和促进竞争解决。但是,考虑到媒体和传播在社会中的重要作用,麦克切斯尼相信,"媒体如何控制、如何建构和资助媒体问题应该成为民主辩论的中心问题"①。这一核心问题被忽视使人们对民主的前景忧心忡忡。另一方面是媒体的意识形态内容。联合媒体的本质以及关于这一问题的民主讨论的匮乏,会让媒体通过市场竞争给人民特定的信息,从而剥夺民众了解和管理自我生活的能力。因此麦克切斯尼称这样的时代是一个"不确定的"时代。

在西方资本主义的大背景下,媒体会受到资本和私有制的裹挟,从而使得报道的客观性大打折扣,并对公共决策产生负面影响。贾科莫·科尼奥(Giacomo Corneo)认为,当代媒体系统中私人所有权的巨大体量以及媒体行业非常高的行业集中度表明,我们需要关注媒体的私人垄断。② 通过分析高度私有化的媒体垄断(media monopoly)案例,他发现,媒体可能会与利益集团秘密勾结,以影响公众舆论,进而影响民众对公共事务的判断。③

现代媒体对民主的负向阻碍作用还体现在媒体对政治选举的影响上。在这种面向选举的政治传播当中,无论是个体、组织,还是选战、社会运动、政府,都受到新媒体环境所带来的机遇和问题的影响,这已经是一个不争的事实。在选战当中,全球化的影响、建制派媒体的经济危机以及互联网的发展都能被明确地感受到。人们将市场营销、公共关系等诸多理论运用于政治事务,公共事务和公共外交等都被学者描述为一种有关"政治公共关系"(political public relations)的过程概念。④ 政治传播的目的就是赢得选举,或是在下次选举当中获胜。从这个意义上看,政治传播的主体就变得非常明确——政治传播的主体是候选人,而传播的客体就是选民。这使得政治传播更像政治广告(political

① 麦克切斯尼.富媒体穷民主[M].谢岳,译.北京:新华出版社,2004:8.

② CORNEO G. Media capture in a democracy: the role of wealth concentration[J]. Journal of public economics, 2009,90(12):37-58.

③ CORNEO G. Media capture in a democracy: the role of wealth concentration[J]. Journal of public economics, 2009,90(12):37-58.

④ STROMBACK J,KIOUSIS S. Political public relations: principles and applications[M]. London: Routledge,2011.

advertise)。

由于新闻来源多元化、媒体的过分私有化、从业人员的个人偏好、目标受众的偏好以及来自媒体资方的压力等诸多原因,媒体报道的事实会在某些情况下出现特定的立场偏颇,形成媒体偏见(media bias),而这给民主带来了巨大的影响。丹·伯纳德(Dan Bernhardt)认为,媒体偏见让媒体在报道新闻时,有意压制与自己观众立场不同的信息。[①] 伯纳德发现,这种对信息进行的有意识的选择和压制会让在意识形态上对立的两方选民对自己候选人的认知始终是片面的,即使选民足够理性、能够意识到媒体偏见的存在,他们也无法收集所有被遗漏的信息,这就导致他们会将选票投给错误的候选人。[②]

政治传播对选举进程的全方位参与是一把双刃剑。一方面,参选的候选人会更多地通过政治传播来了解民意,比如,使用大数据分析选民在关键议题上的基本意见,从而优化参选策略,更好地把握民意、顺应民意。另一方面,候选人还会利用各种传播手段,人为地改变传播内容,引导民众,形成虚假民意。尤其是在市场化媒体的作用下,候选人可能更容易达到这种目的,从而异化政治传播本身。

有的学者认为媒体限制了民主所需要的信息自由和公开原则的保持。在规范的视角下,大众传媒作为机构,通过社会化或胁迫的方式来规范或鼓励人们遵守一套社会规则,以维护社会的完整性和凝聚力。[③] 在规范理论的视角下,首先,媒体传递的信息和知识是社会权力的重要基础之一。其次,对于信息和知识的控制是权力发展和强化的核心。许多学者已经认识到知识作为社会权力基础的重要性,[④]而控制知识对社会权力的发展和巩固同样重要。因此多诺霍(Donohue)认为,大众媒体与社会中其他组织有机地结合在一起的重要作用是作为社会权力的基础部分进行知识控制。[⑤] 再次,所有的传播过程都有潜在或明显的控制功能。因为核心问题不是大众媒体传递的信息是否受到了控制,而是在民主政体下,控制如何发生、在哪里发生以及它对整个社会的影响是什么。多诺霍认为,知识控制发生在媒体信息发布和反馈的两端。[⑥] 最后,大众媒体是和社会系统其他部分相互依存的,同时也被其他社会系统控制。多诺霍定义的社会系统具有生产

---

① BERNHARDT D, KRASA S, POLBORN M. Political polarization and the electoral effects of media bias[J]. Journal of public economics, 2008, 92(5-6): 1092-1104.

② BERNHARDT D, KRASA S, POLBORN M. Political polarization and the electoral effects of media bias[J]. Journal of public economics, 2008, 92(5-6): 1092-1104.

③ DEMERS D. Mass media from a macrosocial perspective[M]//DEMERS D. Mass media, social control and social change. Ames: Iowa State University Press, 1999: 3-28.

④ BNGDIKIAN B. The information machines, their impact on men and the media[M]. New York: Harper and Row, 1971; MACHLUP F. The production and distribution of knowledge in the United States[M]. Princeton: Princeton University Press, 1962.

⑤ DONOHUE G, TICHENOR P, OLIEN C. Mass media functions, knowledge and social control[J]. Journalism & mass communication quarterly, 1973, 50(4): 652-659.

⑥ DONOHUE G, TICHENOR P, OLIEN C. Mass media functions, knowledge and social control[J]. Journalism & mass communication quarterly, 1973, 50(4): 652-659.

信息、传播信息和同化信息三个功能。大众传媒与社会系统在功能上相互联系、相互作用,大众媒体控制知识的同时,自身也受到来自社会系统的控制。总的来说,“这种规范化观念认为媒体受到统治权力关系和制度的影响,其目标是通过控制知识和信息来维持现有的权力结构”①。

在发展中国家,媒体对民主化的促进作用受到经济因素的限制,很难直接促进民主发展和公民政治参与。西方的大众传播设施分布均衡而且获取便利,但是由于经济发展的限制,发展中民主国家民众的大众媒体获取和使用频率依旧有限。“一方面,在精英和少数居民居住的城市地区,大众媒体设施相对丰富,其情况与西方类似,但另一方面,在绝大多数人居住的农村地区,媒体资源稀缺。”②这表明媒体的影响力仅限于发展中民主国家的少部分地区,因此发展中民主国家内部的媒体对于民主的贡献十分有限,媒体甚至有可能持有反民主的态度。③

三、媒介形式与民主模式的复合解决方案

当代政治传播形成了由报纸、广播、电视、网络等各种媒介构成的传媒体系。在信息时代,传统的政治传播主体仍然占有重要的地位,比如,国家、政府、政党。尤其需要指出的是,作为个体的公民在政治传播中的作用更加突出,信息时代的民主传播呈现出一种新的大众传播模式。这实际上使政治传播出现了一种主体与客体融合的特征,也就是说,信息时代的民主传播的主体,同时也是接收信息的客体。为适应信息时代民主传播主体与客体融合的这一特征,在媒介方面,政治传播也出现了融合的趋势。传统的电视、报纸,甚至广播,仍然能起到重要的作用,新闻仍然是政治传播的主要内容。但是,信息通信技术催生的新兴媒体给政治传播带来了颠覆性的革命。④ 正是第三波民主化、全球范围内市场对媒体的压力以及数字技术的革命性发展为政治传播提供了巨大的可能。

如何充分运用各种媒介,发挥传媒系统对民主的正向推进作用,避免媒体对民主的负向侵蚀效应,是政治传播的一个重要课题。当代传媒的发展,既通过信息功能、教育功能、动员功能、监督功能等功能对当代民主政治提供巨大的支持,也在文化娱乐化、媒体商业化、政治广告化等方面给当代民主的健康发展带来了负向侵蚀。结合传媒体系的复

---

① NISBET E. Media use, democratic citizenship, and communication gaps in a developing democracy[J]. International journal of public opinion research, 2008, 20(4): 454-482.

② BERGER G. Media & democracy in Southern Africa[J]. Review of African political economy, 1998, 25(78): 599-610.

③ BERGER G. Media & democracy in Southern Africa[J]. Review of African political economy, 1998, 25(78): 599-610.

④ PRIOR M. Post-broadcast democracy: how media choice increases inequality in political involvement and polarizes elections[M]. New York: Cambridge University Press, 2007.

杂特点,笔者认为,政治传播必须适应当代传媒的发展,综合运用各种媒介,发挥传媒体系的整体作用,推进民主的健康发展。

就媒体对公民的教育功能来看,不同形式的媒体的民众政治教育功能存在差异,对民主的影响也是不同的。汤姆·巴克(Tom Bakker)发现,通过网络媒体接触新闻信息的年轻人对传统政治参与(traditional participation)和数字政治参与(digital participation)的积极性都更高,传统媒体对于年轻人的政治参与仍然存在积极影响,但其正在被网络媒体取代。① 因此,就算在网络时代,媒体依旧承载着对年轻一代进行民主教育的功能。小威廉姆斯·伊夫兰德(William Eveland Jr.)所研究的电视和报纸对于不同受教育群体的政治教育的差异化影响表明,电视新闻媒体对人们政治参与的影响在受教育程度不同的两个群体中最明显,报纸新闻对于受教育程度不同人群政治参与的差异影响并没有十分明显。② 艾瑞克·罗森布勒(Eric Rothenbuhler)通过分析现实中电视新闻和报纸新闻对于人们共同体归属的差异化影响发现,将报纸作为信息主要来源的民众对于共同体的依恋和归属感更强烈,更愿意参与民主政治。③ 因此,在发挥媒体的公民教育功能时,需要更多地注意各种媒介的综合运用。

事实上,同样的情况也发生在媒体的动员功能上。杰克·麦克劳德(Jack McLeod)的研究向我们解释了媒体动员功能与传播媒介的关系。麦克劳德通过研究社会整合与大众和人际沟通的关系发现:那些通过报纸获取信息的人们更愿意通过制度化参与的方式进入到社会整合的过程中;电视对人们参与社区整合的过程也有一定的间接影响;愿意参与到公民论坛(civic forum)中的人能够最大限度地参与到社会整合过程中。④ 巴克在分析传统媒体和网络媒体对于年轻选民政治参与的影响时发现,媒体对于年轻选民的政治参与具有积极效应,而且对于年轻选民政治参与影响最大的并不是媒体使用时间,而是获取信息的媒体类别。⑤ 艾德文·贝克尔(Edwin Baker)将民主区分为三种形式,并将这三种形式与媒体系统对应起来。其基本关系如表 1 所示。⑥

---

① BAKKER T,DE VREESE C. Good news for the future? Young people,Internet use and political participation[J]. Communication research,2011,38(4):451-470.

② EVELAND W Jr.,SCHEUFELE D. Connecting news media use with gaps in knowledge and participation[J]. Political communication,2000,17(3):215-237.

③ ROTHENBUHLER E,MULLEN L,et al. Communication,community attachment,and involvement[J]. Journalism and mass communication quarterly,1996,73(2):445-466.

④ MCLEOD J,SCHEUFELE D,MOY P. Community,communication,and participation:the role of mass media and interpersonal discussion in local political participation[J]. Political communication,1999,16(3):315-336.

⑤ BAKKER T,DE VREESE C. Good news for the future? Young people,Internet use and political participation[J]. Communication research,2011,38(4):451-470.

⑥ BAKER E. Media,markets,and democracy[M]. New York:Cambridge University Press,2002.

表1 民主模式与媒体系统对应

民主模式	公民职责	媒体职责	优先	适应的媒体系统
共和主义	参与公共事务,集体协商	1. 提升公民美德 2. 揭发腐败和道德堕落 3. 为包容的辩论提供论坛	最好的辩论	1. 社会责任的新闻 2. 受众低度分化
多元主义	形成群体,集体讨价还价	1. 告诉群体利益何时处于危险之中 2. 提醒官员群体需要什么	最强的压力	1. 宣传性新闻 2. 受众高度分化
精英主义	保持对政治体系的忠诚	1. 揭露公共腐败与无能 2. 提高系统的合法性	最小的腐败	1. 市场或社会驱动的责任新闻 2. 受众不分化

就目前的研究发现来看,传统媒体的作用不可或缺。新闻呈现的形式也会在一定程度上影响人们的政治参与。比如,迪尔特拉姆·舍费尔(Dietram Scheufele)通过研究发现,通过媒体获得硬新闻(hard news)的受众会更有效地参与到政治讨论中,并能积极地参与到政治生活当中。① 就媒体的政治动员效果来看,不同的媒体,其效果亦不一样。随着科学技术的发展,媒体手段逐渐丰富,但是传递动员性信息最稳定的媒体依旧是报纸和电视。2006年的一项研究指出,通过电视和报纸等媒体获得公共事务新闻的观众和读者与频繁使用网络和娱乐媒体的网民相比,更加愿意参与民主政治的实践。②

同时,我们也应该看到,新媒体影响巨大,已逐渐成为主流媒体形式,因此必须注意运用新媒体,包括一些新兴的传播方式。比如,因为协商民主的兴起,协商成为一种新的传播方式。协商作为一种传播方式,让人们可以倾听另一面,这就不仅弥补了竞争性民主的不足,还与参与式民主形成了鲜明的对照,从而改变了民主。协商越来越成为当代西方最流行的民主形式。③

四、结论与讨论

媒体对民主的作用是一把双刃剑。媒体既对民主有正向推进作用,也对民主存在负

① SCHEUFELE D. Examining differential gains from mass media and their implications for participatory behavior[J]. Communication research,2002,29(1):46-65.

② ZHANG W,CHIA S. The effects of mass media use and social capital on civic and political participation[J]. Communication studies,2006,57(3):277-297.

③ MUTZ D. Hearing the other side:deliberative versus participatory democracy[M]. New York:Cambridge University Press,2006.

面侵蚀作用。在当代民主国家当中，媒体担负着强大的信息功能、持续的教育功能以及政治动员功能，对公民的思想和行为产生了重要的影响。不仅如此，媒体还通过监督功能对国家权力机关进行监督、问责，是当代民主国家健康发展不可或缺的组成部分。但是，同时我们也应该看到，当代媒体存在的娱乐化倾向、市场化倾向、广告化倾向，也从文化、经济、政治等各个方面严重影响了民主政治的健康发展，甚至产生了负向的阻碍作用。在媒体融合发展越来越明显的当代社会，我们必须充分认识到各种媒介形式对民主的不同作用，利用不同的媒介形式，满足民主的不同要求，既要充分发挥传统媒体在信息、教育和动员方面的重要作用，也要充分注意运用网络等新兴媒体，综合发挥传媒体系的作用。在认识到媒体娱乐化、商业化、广告化的同时，也要更多地将民主的价值与精神融入娱乐化、商业化和广告化的媒体当中，充分发挥媒体对民主的正向推进作用。

（作者朱炳坤系天津师范大学政治与行政学院博士研究生；
作者佟德志系天津师范大学政治与行政学院院长、教授）

历史与文明向度下政治传播的变与常

什么是历史政治学/杨光斌

文明传播视野中的“中国模式”与“中国故事”/白文刚

中国电视法治节目的历时演进与社会情境考察(1980—2004)/张　健

论古代“风闻言事”的信息监控策略及当代启示/陈　谦

全球文明传播中的“意识形态交往”/徐惊奇　郭　可

什么是历史政治学[①]

◇ 杨光斌

在关于政治学研究范式的著述中，我们指出，中国政治学一直被"求变"的政治学支配，从马克思主义政治学到自由主义民主政治学，都是旨在改变政治现状的政治学；中国现在迫切需要的是以"求治"为导向的政治学。[②] 然而，想要建设"求治"的政治学仅仅拥有国家治理理论是不够的，国家治理理论的背后还必须有相应的分析工具。正如马克思主义政治学的出发点是阶级分析，自由主义政治学的出发点是理性人假设，国家治理理论的出发点在哪里呢？各国都在谈论治理，为什么治理程度有大壤之别？这里面必然有历史基因问题。换句话说，"求治"的政治学也必须有其产生于特定历史文化的研究路径或研究范式，"历史"很重要，"历史"就是"求治"理论的出发点。因此，支撑"求治"的政治学的理论基础，非历史政治学莫属。考虑到中国自古以来的"致治"传统，历史政治学才是中国的政治学，至少是发展中国政治学的一条新路。历史政治学不但能够连接中国历史与政治科学，也能够重建世界历史与政治科学的关系。在坚持历史唯物主义和汲取人类优秀文明成果的基础上，历史政治学一定能开花结果，在国际社会对中国政治学的研究中做出贡献。

一、为什么是历史政治学

当流行的研究范式与现实严重脱节时，就是新范式或新研究路径诞生的节点。首先，如何解释当代中国的政治发展是中外政治学的重大议程，也是对既有政治学理论的重大挑战。70 年来，西方一直在以自己的观念乃至研究范式判断中国的前途，结果都是

---

① 本文初刊于《中国政治学》2019 年第 2 期，收入本辑时略有删改。

② 杨光斌.政治学研究范式的转型：从"求变"到"求治"：政治学学科史的视角[J].中国政治学.2018(01).

一错再错。[①] 仅此而言,就需要寻找新的解释范式。

其次,西方处于深刻的政治危机之中。亨廷顿的《谁是美国人》表达了美国人最深层的危机感——国民性危机,因此有了"特朗普现象"。与此同时,英国脱欧公投的成功、欧洲难民危机,这些问题的根源为自由主义民主,当然这些问题不能由自由主义民主理论解决。

最后,在非西方转型国家,自由民主诱发普遍性国家治理失效,第三波民主化国家出现民主回潮,"阿拉伯之春"演变为"阿拉伯之冬"。为此,有务实的美国学者期盼"转型范式"的终结。[②]

中外政治现实表明,"终结历史"的自由主义民主理论已经陷入危机之中,这其实是西方政治学的危机。这场危机意味着什么呢?自由主义政治学乃至整个西方社会科学建立在"理性人"假设的基础之上,这一观念源自霍布斯。在他看来,要认识国家,首先要分析国家的成分,而国家的最基本单元就是人,因此认识国家首先要认识"人性",理解了人性,一切问题就迎刃而解了。霍布斯这样总结:"我首先作为全人类共有的普遍倾向提出来的便是,得其一思其二、死而后已、永无休止的权势欲。造成这种情形的原因,并不永远是人们得陇望蜀,希望获得比现已取得的快乐还要大的快乐,也不是他不满足于一般的权势,而是因为他若不多求就会连现有的权势以及取得美好生活的手段都保不住。"[③]也就是说,人是自利的利益最大化的理性人。这样的"人"被霍布斯隐喻为战争状态下的人性,其实也是市场社会中的人。因此,成长于资本主义市场社会的人,自然把"理性人"当作科学的假设,这是因为经济生活充满了个人的理性计算。

福山的"历史终结论"就是基于"理性人"假设演绎而来的。在福山看来,黑格尔关于"承认"的哲学是人类进步的动力,而价值性承认又来自霍布斯的"理性人"假设,[④]"正义和公正的概念对于霍布斯来说,都建立在对自我保存的理性追求之上"[⑤]。

霍布斯基于"理性人"假设的"政治科学"完全是非历史的,既偏离了西方自己的古典政治学传统,也与很多非西方国家的政治传统无关,因此基于霍布斯"理性人"假设的"历史终结论"才有今天的命运。如果说理解了"人性"就能使国家学即政治学成为科学,使"政治科学"成为人类秩序的"路线图",那么奉行科学的人类就不该有那么多非理性的政治灾变。如前,"理性人"假设可以在一定程度上解释以个体为主体的经济生活,但即便如此,还有"市场失灵"的反例。"理性人"假设很难解释以群体为行为主体的政治生活,个体的理性之和不等于群体的理性行为,群体行为往往是非理性的,因此才有美国白人

---

① 黄明翰,黄彦杰.西方"中国观察"的沧桑历程[N].联合早报,2013-04-08.

② 卡罗瑟斯.转型范式的终结[M]//杨光斌.比较政治评论:第一辑.北京:中国社会科学出版社,2014:49.

③ 霍布斯.利维坦[M].黎思复,黎廷弼,译.北京:商务印书馆,1997:72.

④ 福山.历史的终结及最后之人[M].黄胜强,徐明原,译.北京:中国社会科学出版社,2003:172-184.

⑤ 福山.历史的终结及最后之人[M].黄胜强,徐明原,译.北京:中国社会科学出版社,2003:177.

对印第安人的事实性种族灭绝，才有被选举出的墨索里尼和希特勒，才有各种大屠杀，才有英国的脱欧公投成功。

在国际关系理论中，现实主义的“无政府状态”假设被认为来自霍布斯的“自然状态”假设，但现实主义理论家并不接受霍布斯的“理性人”之说。沃尔兹说：“如果人是完全彻底的理性动物，那么他就会一直按照绝对戒律行事。但他不是。冲突和暴力由人的世俗天性而起。”“蜜蜂和水獭的行为在本能支配下呈现出有规律的模式和可预言的结果。另一方面，纯粹理性世界的公民将按照事先制订的计划行事。鉴于人类行为不属于这两类中的任何一类，‘系统规律的人类历史’看来是不可能的。”①

常识是，基于“理性人”假设的“政治科学”，既不能解释人类经历的种种政治灾难，也不能解决现实中的政治困境，更不能为人类的未来指点迷津。这些困难不能以所谓的“有限理性”去辩护，只能从历史的视野去分析。但是，基于“理性人”假设的政治科学完全抛弃了历史，尤其在二战之后，行为主义政治学、理性选择主义政治学大行其道，“科学化”变本加厉，基于“理性人”假设的各种量化模式研究如今变成了让人看不懂的、与重大现实问题无关的符号游戏，以致政治学研究偏离了国家政治现实和世界政治现实。

中国在改革开放之后恢复政治学，西方政治学尤其是美国政治学开始大规模地被引进中国。美国政治学是对来自欧洲的政治学的“革命”，在主题上从国家、宪法等“高政治”研究转向社会、利益集团乃至个人等“低政治”研究，在方法论上形成了非历史性的结构功能主义，以此来研究不同文化、不同地区的政治现代化，②其非历史特征达到无以复加的程度。到 20 世纪 70 年代，结构功能主义式微，这批学者又适时地转向理性选择主义，一种更加非历史的、信仰“理性人”假设的政治学开始流行。非历史的方法论遇上了“民主化的第三波”，人们普遍相信，理性的、自利的人追求民主化成为必然，因而“转型范式”开始流行。在这种“大势”下，最讲究历史思维的一些研究者似乎也开始不那么自信了，把自由主义民主当作“普世价值”去追求。“普世价值”就是无条件的可行性、适用性。在汉斯·摩根索和亨廷顿看来，把自己的民族主义文化当作普世主义，是帝国主义才会有的逻辑。

基于“理性人”假设的“政治科学”陷于深重的危机。政治学怎么办？政治学的出路何在？

对于基于“理性人”假设的“政治科学”，学界早有深刻批判。新马克思主义者哈贝马斯说，亚里士多德代表的古典政治观强调的是实践的情境性即历史性，而霍布斯则是现代政治观的代表，而现代政治观的第一原则就是非历史性，霍布斯“以科学为依据的社会哲学的要求，其目的是一劳永逸地指明正确的国家秩序和社会秩序的条件。它的论断将

---

① 沃尔兹.现实主义与国际政治[M].张睿壮，刘丰，译.北京：北京大学出版社，2012：5，9.

② 阿尔蒙德.发展中地区的政治[M].任晓晋，等译.上海：上海人民出版社，2012：5-6.

不依赖于地点、时间和情况而发挥效力,并且可以不考虑历史状况建立永久性的共同体"[①]。哈贝马斯认为,起源于历史的社会哲学却忘却了历史,社会科学起源于古典政治学,但它已经明显地偏离了古典政治学,因此社会科学的发展需要找回历史传统。在哈贝马斯那里,社会科学是历史—理论—实践的"三统一",而不是简单地回答理论与现实的关系。[②] 在哈贝马斯那里,"历史"就是社会科学的哲学基础。

保守主义者施特劳斯从另一个角度批判了行为主义政治学。施特劳斯指出,基于"理性人"假设的"政治"变成个体的"科学化"游戏,"政治"的根本性质因此被消解于数学化的政治学。团体理论事实上是把政治事务还原为政治上中立的事务,还原为社会学团体,进而把这些团体还原为个人理论,把政治问题降低为社会问题,结果对于政治科学或者学者而言"重要的东西,不是政治上重要的东西"。[③]

理论和方法论的价值在于其对现实政治的解释力。自由主义政治学自身也必须寻找新的出路,美国政治学开始呼吁"把历史带回来"[④],著名历史社会学家查尔斯·蒂利生前最后一篇论文就是《历史为什么、如何重要》,他认为如果不依赖精细的历史分析,解释性政治科学就很难取得进展,因为每一个重大政治现象都鲜活地存在于历史中,因此政治解释必须以历史为背景。[⑤] 其实,早在20世纪80年代就出现了反抗主流理论即理性选择主义的历史制度主义。

而对中国人而言,历史是中国人的"宗教"。第一,浸染于悠久文明史中的中国人,几乎是与生俱来的历史学家,"历史地看问题"是渗入中国人血液的思维方式。第二,在新中国成长起来的学者,也基本上是天然的历史唯物主义者,从经济角度看政治问题是中国人的一种朴素政治观。也就是说,中国历史构成了中国人成长的"环境",历史唯物主义是中国人的思维方式。由此可以说,基于"历史"的政治学与基于"理性人"假设的政治观有很大的不同。

政治学的一个鲜明特征就是时代性。中国学者所面对的时代性重大理论问题是,依靠来自历史的实践智慧和制度自主性而累积起来的中国道路、"中国模式",显然是西方基于"理性人"假设的理论体系和研究方法所不能解释的,因此,需要新的研究路径去解释中国道路、"中国模式"。我们认为,中国历史下的中国道路、"中国模式"本身就蕴含着

① 哈贝马斯.理论与实践[M].郭官义,李黎,译.北京:社会科学文献出版社,2010:33.

② 哈贝马斯.理论与实践[M].郭官义,李黎,译.北京:社会科学文献出版社,2010:33.

③ 施特劳斯.古今自由主义[M].马志娟,译.南京:江苏人民出版社,2009:251.

④ 2000年,美国政治学界"改革先生"(Mr. Perestroika)的公开信引起巨大反响,其批评《美国政治学评论》的过分"科学化"倾向,因此美国政治学界开始关注历史的作用。其中,有的把历史当作一种背景资料以丰富其量化研究,有的提倡"历史转向",比如《比较政治学研究》2010年第8-9合卷中,Giovanni Capoccia和Daniel Ziblatt提出了"民主化研究的历史转向",参见The historical turn in democratization studies[J]. Comparative political studies, 2010,43(8-9):931-968。但是,美国的研究环境决定了"历史"很难成为一般美国政治学学者的研究议程。

⑤ TILLY C. Why and how history matters[M]//GOODIN R E TILLY C. Oxford handbooks of contextual pditical analysis. Oxford:Oxford University Press,2006.

丰富的历史政治学，应该用历史政治学去打通中国历史与政治科学的联系。中国人不能抱着金饭碗去“讨饭”。

二、作为本体论的历史政治学

那么，到底什么是历史政治学？在某种意义上，历史政治学属于历史社会学脉络，是一种历史的社会科学。历史社会学从历史角度出发去研究政治、经济、文化即“总体性社会”，研究宏大的制度变迁问题，从而得出相应的宏大理论发现；或者将既有的理论体系置于历史语境中去运用，从而检验既有理论的真伪。历史社会学是发现理论和检验理论的研究场域。历史政治学与历史社会学有密切联系，但历史政治学首先是中国语境下的一种研究路径，因而又有着自己明确的范畴和路径特性。我们会在文章的最后谈谈历史政治学与历史社会学（历史社会科学）的区别。

在中国政治学界，已经有类似历史政治学路径的研究成果，诸如徐勇教授提出的“祖赋人权”概念和历史连续性视角下的农村调查问题。[①] 张广生教授则明确提出“哈贝马斯的历史政治学”[②]，并在这个脉络上探讨了文明与中国道路的关系[③]。笔者提出的“中华文明基体论”本身就是一个本体论性质的历史政治学概念。[④] 历史政治学路径的研究成果已经不胜枚举，只不过很多学者尚无明确的研究范式意义上的历史政治学的认识而已。我们相信，若基于历史政治学研究的研究者能形成学术共同体，则其批量成果指日可待。

那么，到底什么是历史政治学呢？

历史政治学中的“历史”不仅仅是观念，还是本体论意义上的存在。研究这个“存在”、研究过去与现在的直接关联并从中提出解释性概念或理论，就是本体论性质的历史政治学。

与其他国家的历史相比，中国历史首先是一种政治史，其中包含政治思想史、政治制度史、王朝史。中国历史中体现出的“政治性”，大概是其他国家的历史难以比拟的。那么，到底应该怎么理解作为政治史、国家史的中国历史？在著名的日本中国问题专家沟口雄三看来，中国的发展由中国独自的历史现实和历史问题而展开，这体现了漫长的、不同时代的种种现象的缓慢而连续的变化，所以中国的现代应该在现代、近代、前近代的关

---

① 徐勇. 祖赋人权：源于血缘理性的本体建构原则[J]. 中国社会科学，2018(1)：114-135，206-207；徐勇. 历史延续性视角下中国农村调查回眸与走向——再论站在新的历史高点上的中国农村研究[J]. 吉林大学社会科学学报，2018(3)：108-116.

② 张广生. 选举代表制、专家治国与后资本文明：哈贝马斯的历史政治学[J]. 国外理论动态，2015(5)：90-96.

③ 张广生. “文明－国家”的自觉：中国道路与中国政治话语建构[J]. 浙江社会科学，2017(2)：13-19.

④ 杨光斌. 习近平的国家治理现代化思想：中国文明基体论的延续[M]. 北京：中国社会科学出版社，2015：4-11.

联中被把握。这种历史被称为“中国基体论”。①

一个奇特现象是,中国是唯一历经五千年而文明不曾中断的文明体,因此中国文明没有“古文明”之说,而其他古文明要么中断、要么消亡了。那么,支撑连续性制度变迁的“基因”有哪些?

在我们看来,中华民族的“基因”至少包括:不变的语言文字与中华民族;国家大一统思想和治国的民本思想;行政体制中的郡县制、官僚制和选贤任能思想;文化上的包容与中庸之道;社会生活的自由与自治,以及家庭伦理本位。这些都通过“文教传统”而延续,因此“文教”是最为重要的传统。这些“基因”代代相传、内化于生活在固定疆域内的中华民族血液中,构成了绵延几千年的中国文明共同体,所以可以称中国为“中华文明基体”,即由文明基因构成的一个共同体。

给一个简单的概念,所谓文明基体论,就是生活在固定疆域的族群,在几千年的历史长河中,因文教传统而形成的恒定的文明信念和生活方式。其中的关键词是:特定族群、不变的文字、固定疆域、共享信念、基因、文教传统、文明共同体。据此,能够称得上文明基体的国家在世界上并不多。“中国文明基体”可以拓展为“中华文明基体”,即加入那些已经离开中华大地但依然按照中国文明基体中的文明信念和生活方式而存续的华裔族群。据此可知,“中华文明基体”的主体疆域是中国,而边界则是世界性的。就政治层面而言,“中华文明基体”的核心要素可以概括为:大一统的国家观、民本思想的政府观、仁爱为本的社会关系以及对外关系上的天下观,它们都通过文教传统而延续。

中华文明传承五千年而不曾中断,是世界文明史上的奇迹。因文教传统的存在,“异族”即使统治疆域,最后也汉化了,最典型的莫过于北魏孝文帝改革和满族皇帝的自我儒学化,因此根本不存在“新清史”所谓的“非中国性”。其他古文明要么彻底式微,要么已经被彻底改造,只有中华文明历经坎坷而绵延不绝,甚至是一以贯之地延续下来。一直领先于古代世界的中国,在落后一百多年后将再度实现中华民族的伟大复兴,必然与其文明基因有内在关系。

中国人基于中华文明基体的认识论暗合了历史制度主义的“时间进程”历史观。历史制度主义研究的对象是人类历史上的重大问题,而重大问题的出现都是长时间演化的结果,因为社会研究中的很多事情都发展缓慢,是一个从量变到质变的缓慢过程,存在所谓的“阈值效应”,即只有到一个质变的程度或跨过某道“门槛”才会发生突然的重大变化。需要强调的是,“时间进程”关怀并不是简单地寻求事件的历史背景,从过去的历史中寻求答案,而是说通过观察过去某个时间点上发生的事件的持续的、以不同的形式发挥的作用,关心诸多事件如何发挥不同的作用。这是不同于传统历史分析的“时间性答

① 沟口雄三. 作为方法的中国[M]. 孙军悦,译. 北京:生活·读书·新知三联书店,2011:111.

案”，即将制度变迁视为一个连续过程。很多重大问题都离不开长时段的宏观历史，尤其是政治发展道路、国家建构和国家治理这样的重大研究议程。比如，有了“时间进程”中的“时间性”分析，就可以理解一个国家制度变迁中的千年连续性问题，即使这个国家的政体已经发生了革命性变化。

“时间进程”史观暗合了“中华文明基体论”。中国历史上曾经发生的事件以及由此而塑造的非正式制度形态依然在起作用，而且因为其发生时间久，均在千年以上，所以作用很大。

“中华文明基体论”并不是主张中国独特论或中国特殊论，中国不能也不会拒绝现代性政治，而是说现代性政治议程的实现只能以中华文明基因为条件。在中国，以大众民主为标志的现代性政治，既包括本土资源比如黄宗羲所代表的带有强烈的民主思想的新民本思想，例如其“天下非一人之天下”“先有治法，后有治人”，也有中国被动卷入现代化浪潮中而习得的民主思想。但是，无论中国的现代性政治是怎么来的，自由、平等等价值只能基于中国自己的基体来实现，因此“中国的自由、平等不可避免地具有其独特的形式”①。哈佛大学历史学家孔飞力在《中国现代国家的起源》中也说，中国必然要实现作为现代性政治形式的政治议程，但是中国的政治议程的实现只能基于“中国自己的条件”，而不是“我们的条件”即英美国家的条件。② 这些讲的都是“中国性”问题。

“中华文明基体论”本身就是值得研究的政治学，这是“历史”的政治学意义。那么，政治学研究什么呢？不外乎一个国家的政治价值、政治制度和政治行为（利益选择）。一个国家来自历史文明的基因有强有弱，但所有的国家都应该拥有适合的政治价值、政治制度以及相应的行为方式。就中国政治而言，价值选择、制度设计以及行为方式，无不深深受制于既有的“文明基因共同体”。比如，在价值观上，有大一统的国家观、与民本思想具有通约性的价值观；在政治行为上，中国人并未像马基雅维利那样拥抱道德与政治的二元化，依然是道德化政治行为，比如我们强调“德才兼备”，不是采取“理性人”假设的个体主义，而是基于集体本位的家国一体化的行为方式。正是在这个意义上，“历史政治学”既是过去的政治学，也是当下的政治学。历史政治学区别于历史社会学的根本所在，就在于其本体论性质。

历史政治学几乎是为研究中国政治而量身定做的一种路径，但并不意味着仅局限于中国政治研究而不适用于其他国家。比如，自由主义民主的要素几乎是基督教文明的现代翻版或者政治表达，这就是西方的历史政治学。

本体论意义上的历史政治学，强调的是文明的差异性。人们不喜欢“文明的冲突”，可是它一千年来从来没有消停过；人们也不应该过分强调历史的差异性，但是没有历史

① 沟口雄三. 作为方法的中国[M]. 孙军悦，译. 北京：生活 · 读书 · 新知三联书店，2011：64.

② 孔飞力. 中国现代国家的起源[M]. 陈兼，陈之宏，译. 北京：生活 · 读书 · 新知三联书店，2013：122.

差异,真的就是"历史的终结"。理想归理想,现实的还是现实。本体论性质的历史政治学决定了必然有作为认识论的历史政治学。

三、作为认识论的历史政治学

相对于本体论的历史政治学的发现理论功能,认识论意义上的历史政治学主要检验理论和概念,即在历史分析的路径中检验概念和理论的真实性及其优劣,或者说检验流行的概念是否符合相应的历史条件。

哈贝马斯把亚里士多德的政治学的历史性称为情境论,其实也就是我们常说的条件论。中国人常说的"历史地看问题",就是看问题发生的条件是什么,这就是认识论意义上的历史政治学。实践智慧体现在书本知识上,就是各社会科学学科说到底都是在研究由"条件"所构成的约束机制,对于"条件"的认知程度决定了政策制定的合宜性。在这个意义上,认识论意义上的"条件"又具有实实在在的本体论意义。

亚里士多德提出的三种正宗、三种变态以及诸多的"亚政体",都是基于人口结构、产业变化、阶级构成等"条件"或"情境"而分析的,他指出,某一政体在一个城邦是最好的但在另一个城邦就可能是坏的。近代之后,贸易、技术以及文化交流推动了世界政治的形成,思想家们关于政治的条件论更加丰富了,比如法国人喜欢的"民情论",马克思著名的"经济基础决定上层建筑",无不延续着亚里士多德的条件论。

这个问题本来被中国共产党人解决了,但现在又成了新问题。毛泽东在1942年就回答了这个问题,在实践中也解决了这个问题。在《如何研究中共党史》中,毛泽东指出:"研究中共党史,应该以中国做中心,把屁股坐在中国身上。世界的资本主义、社会主义,我们也必须研究,但是要和研究中共党史的关系弄清楚,就是要看你的屁股坐在哪一边,如果是完全坐在外国那边去就不是研究中共党史了。我们研究中国就要拿中国做中心,要坐在中国的身上研究世界的东西。我们有些同志有一个毛病,就是一切以外国为中心,作留声机,机械地生吞活剥地把外国的东西搬到中国来,不研究中国的特点。不研究中国的特点,而去搬外国的东西,就不能解决中国的问题。"①

"以中国做中心"去回答中国的问题,代表了中国共产党的"政治成熟"。在延安时期,中国共产党在这一认识论的指导下,相继形成了自己的国体理论、政体理论,提出了中国的政治道路问题,从而为解放全中国奠定了坚实的思想信念。中华人民共和国建立后,取消了政治学科,此事虽有争议,但考虑到当时政治学的西学性质,也不是不能理解的,马克思主义政治学即科学社会主义原理由此取代了这类政治学,并起到了重要的作

① 毛泽东文集:第2卷[M].北京:人民出版社.1993:407.

用。改革开放之后恢复的政治学，在发展过程中受美国政治学的影响很大，尤其到20世纪90年代之后，基于“理性人”假设的自由主义民主政治学在中国得以传播，在许多人看来，中国的问题似乎因此而得到解决了，其中“历史终结论”对中国人的影响不可小视。这是中国自己没有话语权的恶果。

其实，即使在冷战时期，具有学者气质的民主理论家比如李普塞特和罗伯特·达尔等人也并不主张普世主义的民主政治学。在1959年的《政治人》一书中，虽然李普塞特鼓吹选举授权带来合法性，但他同时指出，选举式民主需要均质性文化，因为建立在异质性社会条件下的选举式民主是不稳定的。这是李普塞特在比较美国一致性政治文化和法国冲突性政治文化后得出的结论。① 李普塞特相信，社会条件比政体本身对民主政治更重要，因此发展中国家搞不了美国式政体。② 社会条件比民主政治本身更重要，这是多么重要的思想。

与李普塞特同时代的罗伯特·达尔也有着类似的认识：“我一再指出，一个国家特定的基础条件和背景条件有利于民主的稳定，如果这些条件过于脆弱或完全缺乏，那么民主是不可能存在的，或者说，即使它存在，也是极不稳定的。”③这就是中国人说的“水土不服”，“基础条件”相当于现实存在，是“土”，“背景条件”相当于历史来源，是“水”。研究转型学的林茨则强调民主的前提是疆域性，即国家性（stateness），即大家必须都首先有国家认同，否则国家就会四分五裂。④

最讲“条件”的是哲学家罗尔斯，虽然他的“无知之幕”假设下的“初民”都是一样的。在研究现实性政治的时候，罗尔斯根据完全不同的社会条件，划分出了两种不同的合法性政体。我们知道，《政治自由主义》的主题是西方政治的合法性来源问题——宪政民主，《万民法》的主题则是回答非西方社会的政治合法性。罗尔斯认为，很难用西方社会的合法性标准去衡量非西方社会，对于社会条件完全不同的非西方社会，最可接受的、可以与之共存的便是符合政治正义原则的“合宜协商等级制”（decent consultation hierarchy），这些人民是“合宜的等级制人民”，他们和西方自由人民一道，构成了“良序的人民”（well-ordered peoples），都是“一个合乎情理的万民社会中遵规尽责的一员”。⑤ 1999年版《万民法》中的“合宜协商等级制”在1993年版的《万民法》中被称为“合情理的协商等级制”，它和西方自由社会一样都属于“合情理的正义”（reasonably just）⑥。

---

① 李普塞特.政治人：政治的社会基础[M].张绍宗，译.上海：上海世纪出版集团，2011：49-50.

② 李普塞特.政治人：政治的社会基础[M].张绍宗，译.上海：上海世纪出版集团，2011：56-57.

③ 达尔.论民主[M].李风华，译.北京：中国人民大学出版社，2012：124.

④ 林茨，斯泰潘.民主转型与巩固问题：南欧、南美和后共产主义欧洲[M].孙龙，译.杭州：浙江人民出版社，2008：17-39.

⑤ 罗尔斯.万民法[M].陈肖生，译.长春：吉林出版集团，2013：46-47.需要说明的是，该版本将“decency”翻译为“正派”，但笔者觉得此词与中国风俗不符，因此更主张“合宜”的译法。

⑥ 罗尔斯.万民法[M].陈肖生，译.长春：吉林出版集团，2013：24，47.

知识社会学的常识让人感慨万千。当罗尔斯这样的思想家在为非西方国家建构一套基于合情理正义的政体标准时(即一套承认非西方国家的政治制度合法性标准),一些人却以绝对主义的姿态、以西方政治标准来衡量中国政治,大谈中国政治的合法性危机。①

今天可以这样说,懂得“水土不服”的道理是中国人的审慎美德,而主张“社会条件比民主政治本身更重要”则体现出实践智慧。“历史地看问题”是一种认识论,“历史”(即社会条件)本身是什么,又是需要厘清的本体论性质的命题。这里,“历史”似乎具有内在的张力关系,“历史地看问题”对很多人而言并不是问题,但“历史”即社会条件是什么则充满争议。这就是社会科学不同于自然科学的地方,自然科学是可控实验的产物,具有客观性;而社会科学则取决于研究者的认知能力和认知程度,具有主观性。对于“社会条件”这样的问题很难用科学实验的方法去研究,只能依靠一个又一个的深度案例研究去增强人们的认知能力。

四、作为方法论的历史政治学

无论是本体论上的还是认识论上的历史政治学,均需要用历史政治学的方法加以研究。

历史连续性就是作为方法论的历史政治学的要义。历史连续性是一种历史常识即生活常识,但是,这种历史常识是如何形成的呢?这就需要回答形成历史连续性的内在机理。在历史制度主义学派诞生之后,人们关于历史连续性的认知更加接近历史真相,历史分析更加逻辑化乃至理论化,这是因为历史制度主义提供了一些分析因果机制的概念。在此之前,历史分析等同于历史哲学研究,即从大历史研究中得出几点历史规律,这不是一般学者所能胜任的。历史规律的发现依然必要,但历史分析不能停留于此,否则就不能普遍地推广对历史分析的运用,也不能提高历史分析的研究水平。

第一,历史研究基本上等同于案例研究,用个案研究法或者用比较方法。然而,历史制度主义的产生使得比较历史分析不再等同于“回到历史”或过去的“过程回溯”式的历史分析,甚至也不能再说比较方法不是理论了,因为历史制度主义中路径依赖范式的运用不再等同于传统史学的历史研究,这使得比较分析更具世界观价值和科学方法意义。

第二,案例研究中的路径依赖范式。对于案例研究中的路径依赖范式,笔者曾有过专门的研究,在此不再赘述。② 简单地说,首先是“时间进程”范畴下的“时间性”和“关键

① 杨光斌.合法性概念的滥用与重述[J].政治学研究,2016(2):2-19.

② 杨光斌.比较政治学:理论与方法[M].北京:北京大学出版社,2016:127-158.

点”所构成的“时序”概念，在时间性意义上，发生越早的关键性事件对后来的制度变迁影响越深远，比如轴心文明时代形成的思想和制度塑造了后来的思想路线和制度轨迹。其次，早发生的关键性事件会变成制度安排，通过自我强化会使报酬递增，最终形成路径依赖乃至路径锁定。最后，历史连续性不仅存在于渐进的制度变迁中，即使制度突变，诸如革命和改革，也很难剔除“文明基体论”意义上的制度与思想乃至行为方式，这些是被大量的比较历史研究所证实的，也是一种生活常识。

皮尔森说，历史制度主义这个词非常好，“它是历史的，因为它认识到政治发展必须理解成是沿着时间展开的过程；它是制度主义的，因为它强调这些时间在当下的主要政治含义嵌入在制度中——不管它是在正式规则、政策结构还是规范中”。① 这就意味着，时间进程中的文化、制度、利益纠缠在一起，是典型的混合性的折中主义方法。

五、作为政治学知识增长点的历史政治学

我们的说话方式乃至思维方式基本上都是比较历史分析的产物，这是因为历史是社会科学各学科的出发点和存在的基础。以研究历史制度主义著称的美国学者马奥尼总结道：“在概念发明的意义上，比较历史研究者贡献出了社会科学重要概念中的很多指导性定义，包括但不限于威权主义、资本主义、统合主义、民主、发展、封建主义、意识形态、非正式经济、自由主义、民族主义、革命、社会主义和福利国家。在概念的类型学意义上，比较历史研究也形成了很多重要的概念性辨别，诸如政体类型（如民主的、威权的、极权的），革命类型（如政治的、社会的、反殖民主义的），国家类型（如强国家、弱国家、掠夺型国家、发展型国家）以及福利国家制度（基督教式的、自由主义的、社会民主的）。上述列举只不过是管中窥豹。”②再想想巴林顿·摩尔、斯考切波、查尔斯·蒂利、沃勒斯坦、迈克尔·曼、亨廷顿等学术大师给我们留下的知识产品，无不是历史分析路径的产物。比较而言，二战后美国政治学投入巨大的人力、物力在行为主义—理性选择主义政治学上，其精神遗产与如此巨大的投入成正比吗？有鉴于此，我们相信：不那么“时髦”的历史政治学将是政治学的知识增长点。

为了区分不同维度上的历史政治学，我们大体上做了这样的界定：在历史研究中发现政治学的概念和理论，并研究历史和当下政治的关联性，这是本体论意义上的历史政治学；从历史出发研究现存的概念和理论，这是认识论意义上的历史政治学；无论是本体论还是认识论，都需要方法论意义上的历史政治学去发掘。

① 何俊志等. 新制度主义政治学译文精选[M]. 天津：天津人民出版社，2007：217.

② MAHONEY J. Comparative historical methodology[J]. Annual review of sociology，2004(30)：93.

(1)历史政治学与政治思想史研究。笔者在《论政治学理论的学科资源》一文中指出,中国的思想史研究出现了路径上的问题,本来是"历史中的政治思想研究",流行的却是"思想史中的思想研究",结果思想史研究难以取得重大进展。[①] "历史中的思想史研究",就相当于本文讲的历史政治学,在历史研究中发现政治理论,或者将既定的政治理论(政治思想)置于历史分析中去梳理,从而形成具有时代性的概念与理论。对于在历史研究中发现政治理论,中国人民大学政治学学科已经取得了一定的进展。姚中秋教授提出"一个文教、多种宗教"[②]的命题,回答了什么是中国的"中国性"问题——"文教传统",即儒家不是宗教,是文教。同理,文教传统的中国性决定了中国也是"一个文教,多个民族"。清朝皇帝的自我儒学化,就回答了他们的"中国身份"和"中国认同"问题,"新清史"以所谓统治者非汉人而使清王朝具备"非中国性"之说,就是无稽之谈。任锋教授在研究中国思想史时,发现并提炼出"治体"概念——政治的维度,显然可以作为"政体"的替代性概念;无独有偶,"国家治理体系"可以简称"治体"。这就把现代中国和过去的中国在治体概念上联系起来。[③] 这些都是在"历史中的思想研究"的典范,或者说是本体论的历史政治学的研究典范。

(2)历史政治学与中国政治研究。在社会科学脉络上,一种研究范式或者研究路径的生命力,大多由基于特定历史文化的研究赋予,比如新制度经济学基于"西方兴起"的研究,理性选择主义基于个体主义文化和选举政治的研究。基于特定历史文化而形成的具有生命力的研究路径,能否同样适用于完全不同的制度环境和文化环境,显然值得讨论。可以肯定地说,历史政治学称得上是为中国政治研究量身定制的一种研究路径,必然会因为中国政治研究而彰显其解释力。对于中国政治研究而言,历史政治学中的"历史"首先是一种存在,这种存在对当下中国的影响无处不在,或者说历史文明基因已经渗透到当代中国政治的各个层面和各种政治过程之中。很可能,基于中国政治研究的历史政治学将是中国政治学对世界政治学的一种贡献。

(3)历史政治学与比较政治研究。比较政治研究的根本方法还是比较历史分析,[④]而比较历史分析的主要研究对象还是案例,个案或者多案例都是比较历史分析可使用的研究对象。能够对个案或者多案例进行深入讨论的无疑是历史政治学,它可以从本体论、认识论和方法论的不同层面对特定案例进行深描,从而发现理论或者检验理论。比如,笔者基于比较政治发展的研究,提出了相对于社会中心主义和国家中心主义的政党中心主义概念。[⑤] 对特定案例进行本体论意义上的历史社会学研究,比如对社会结构、政治文

① 杨光斌.论政治学理论的学科资源:中国政治学汲取了什么、贡献了什么?[J].政治学研究,2019(1):14-28,125.
② 姚中秋.一个文教,多种宗教[J].天府新论,2014(1):34-41.
③ 任锋.立国思想家与治体代兴[M].北京:中国社会科学出版社,2019:25-29.
④ 杨光斌.复兴比较政治学的根本之道:比较历史分析[M]//杨光斌.比较政治评论:第一辑.北京:中国社会科学出版社,2013:3.
⑤ 杨光斌.政治变革中的国家与制度[M].北京:中央编译出版社,2001:182-243.

化、政治制度之间的关系的研究，就可以发现一个国家的政治制度的可行性或病灶所在；对一个国家的社会结构的深度解析，就能揭示其“社会属性”，追问“公民社会”名目下的社会到底是什么样的社会，进而理解政治制度与社会结构的关系、社会结构与经济制度的关系。这样，很多流行的政治学理论或者经济学理论就能够得到验证。

(4)历史政治学与世界政治研究。世界政治是一个层次性概念，包括历史进程形成的“深层结构”即结构层次、国家行为主体的单元层次和国家层次之下的次单元层次即社会层次。不同的层次具有不同的“研究单元”，比如沃勒斯坦的资本主义研究单元所建构的世界体系理论、亨廷顿的文明范式研究所形成的世界秩序理论。无论是资本主义单元还是文明范式研究单元，其背后蕴含的都是历史路径上的政治理论研究，这是世界历史意义上的政治科学。就国际关系理论而言，没有世界历史的视野，就很难被理解，也难以成立。比如，最重要的现实主义国际政治理论形成于拿破仑战争后的“百年和平”时期，结构现实主义理论的目的在于“去历史化”即去除现实主义理论中的帝国主义属性，[①]在“百年和平”时期，欧洲大国之间搞“实力政治”而达成“均势”，但恰恰是这些大国在同一时期对非西方国家大搞殖民政策即帝国主义。可见，离开历史政治学，就不能把握现实主义国际政治理论的本质。

综上，政治学的所有分支学科的发展都与历史政治学有着密切的联系，甚至离不开历史政治学。这就回到了本文开头提到的话题，中国历史的独特性在于其是政治史、国家史，政治史中蕴含丰富的政治原理、政治规律和政治知识——因为史家一般都是政治家，政治家将自己的政治实践记录在册，在史书中阐发政治道理。也就是说，中国历史包含着政治学，或者说历史和政治(学)不分家。这种历史与政治学的亲缘关系使得我们提出了历史政治学，进而使历史政治学成为一种为中国政治研究量身定制的理论和方法。但是，历史政治学绝不是单纯的“中国学”，但凡有悠久历史的国家都需要历史政治学。本体论意义上的历史政治学对于不同历史的国家可能有不同程度的价值，但是作为认识论和方法论的历史政治学对于各国政治研究的价值都是一样的，所以，与历史政治学有着密切关联的比较历史分析才能创造出影响现代人思维方式的诸多概念。

六、历史政治学与历史社会学的联系与重大区别

至此，我们大概可以说清楚历史政治学与历史社会学的关系。和历史社会学一样，历史政治学也是发现理论、检验理论的研究路径；和历史社会学一样，历史政治学与作为世界观、方法论的历史唯物主义具有亲缘性。但是，历史政治学的价值在于其与历史社

---

① 杨光斌.重新解释现实主义国际政治理论[J].中国人民大学学报，2018(4).

会学的一些重大区别。

第一,历史社会学的意义主要体现在研究路径或方法论上,而历史政治学不但具有认识论、方法论上的意义,更具有本体论上的意义,即历史政治学中的“历史”不仅仅是认识论上的观念,还是一种存在。历史社会学中的“历史”主要是认识论、方法论意义上的观念。这是在已经存在成熟的、发达的历史社会学的前提下,我们提出历史政治学的根本原因。

第二,作为本体论意义上的历史政治学具有政治功能,具有功能主义的价值取向,这是与历史社会学的重大区别。历史政治学包含着历史与当下政治的关联性,即作为存在的历史对当下政治价值、政治制度和政治行为的影响,或者说当下政治价值、政治制度和政治行为的来源问题,回答的是政治合法性这一本源性问题。显然,历史社会学不具备这样的“政治功能”,其宏大主题的研究主要是为了发现理论和检验理论,对于治国理政的政治实践没有直接助益,虽然可能有认识论上的启示。比如,沃勒斯坦的资本主义范式所形成的世界体系理论,对于认识中国道路、“中国模式”的意义有某种启发,但不会对政策制定这样的政治实践有帮助。作为观念表达的社会科学,很多理论或研究范式都具有相应的政治功能,比如新制度经济学、理性选择主义之下的“阿罗不可能定理”,都是为自由资本主义论说的经济学。经济学尚且如此,没有政治功能的政治学理论哪里去找?

因为其具有政治功能,我们对待历史政治学要格外审慎,不可像道格拉斯·诺思的新制度经济学那样简单粗暴地追随某种意识形态,仅用产权、国家、意识形态几个变量来解释国家的兴衰。在讲到历史政治学的政治功能的时候,历史与现实政治之间的因果机制就特别重要,不可望“历史”而浮想联翩。另外,历史政治学的政治功能也意味着,各国的历史是不同的。把历史放在什么位置上?如何处理“不同”?这也是需要慎重处理的问题,至少不能因历史不同而搞成封闭排他的历史政治学,毕竟现代性带来了很多的同一性或相似性,比如,中国承认作为“共同价值”的自由、民主、法治、正义等。因此,历史政治学的政治功能是其长处,也是其纠结之处。认识到这一点至关重要,至少可以让我们更加审慎。在发挥其功能价值时,要时刻不忘历史政治学的分析性价值。话又说回来,研究历史而产生的永恒性、分析性作品并不多见,否则为什么每一代人都要书写自己的历史呢?这是因为史观变了,所以才有诸如“新清史”之类的“新发现”,从中就能看出历史分析的政治功能。

第三,历史社会学主要研究宏大议程且成就斐然,当其用于中观分析时,其固有的学术魅力则大打折扣。历史政治学不但可以用于分析宏大的历史结构,更可以用在研究实体性的中观议程乃至微观议程,中观议程的研究甚至更能彰显其生命力,比如中国现行吏治与古代吏治的关系、古代协商政治与现代协商民主的关系、宗法政治与村民自治的关系等,诸如此类的中观议程非常多,都可以被纳入历史政治学的研究范畴,这同样是因为历史政治学的本体论属性。当然，从最根本上来说，历史政治学是为中国政治研究而量身定制的理论和方法。

第四，历史政治学对于中国政治的特殊意义意味着，历史政治学的"历史观"("时间观")是一种长周期、稳定性史观，因为作为中国政治源头的周秦之变，一开始就具有现代性政治的属性，此后的几千年几乎都是在丰富初始的制度形式。这并不是黑格尔说的"中国没有历史"，而是中国历史未曾中断，在连续变迁中得到丰富和强化。主要用来研究西方社会的历史社会学的历史观是短周期进步史观，但可以算是跳跃式的进步史观，因为西方国家的历史一直处在灾变中或发生质变。

这几种维度上的区分，就是历史政治学存在的意义。历史政治学除了具有历史社会学的认识论、方法论意义，还是一种本体性存在，因而很可能形成一门学科，历史社会学则不会成为一门学科。这种联系和区别决定了，历史政治学具有和历史社会学一样的学术功能，即在历史研究中发现理论和检验理论；历史政治学拥有历史社会学所没有的政治功能，即研究历史与当下政治的关联性，论述当下政治的历史合法性。政治学理论具有特定的政治功能，这本是其应有之义，也是作为研究路径容易引起争议之处，但其学术价值和政治价值并未因此而受损。这种区别带来研究议程上的差别，历史社会学主要聚焦于宏观制度变迁，中观议程中研究趋势的历史社会学丧失了其本来的意义；而历史政治学可以研究宏观、中观乃至微观议程，比如前述的"治体"概念的发现。

（作者系中国人民大学特聘教授，中国人民大学国际关系学院党委书记、院长，
中央马克思主义理论工程首席专家）

文明传播视野中的“中国模式”与“中国故事”[①]

◇ 白文刚

自2004年美国学者雷默发表《北京共识》一文以来，“中国模式”迅速成为国外讨论中国问题时的一个热门概念。毫不夸张地说，十多年来，这个概念已经成为当代世界，尤其是西方国家观察和表述中国的迅速崛起的核心新话语之一，在众多学者的研究和各类媒体的报道中频频出现，直接影响着中国在海外的国家形象建构。与国外对这一概念的广泛使用不同，虽然中国已经有学者对“中国模式”进行了比较系统的研究，认为这个概念可以成立[②]，但不少学者却明确提出在对外传播中使用“中国模式”这个概念会有负面作用，要慎用或不用[③]。在我国的对外传播实践中，对这一概念的使用也非常罕见。

笔者认为，在中国改革开放已经成功走过40年历程，中华人民共和国已迎来成立70周年纪念，而世界正面临百年未有之大变局的重要历史时刻，特别是在中国面临的国际形势日益复杂的背景下，我们可以而且也有必要在对外传播中运用“中国模式”这个概念讲好“中国故事”，提升中国的国际传播能力，改善中国的国家形象。问题的关键是要在全面了解国际社会关于“中国模式”主要观点的基础上，牢牢把握“中国模式”的话语权，即解释权，以高度的文明自信阐明“中国模式”的历史必然性，并以文明对话的新世界史观回应国际社会，尤其是西方大国的焦虑。

深刻理解运用这一概念的必要性，并运用好这一概念开展对外传播，需要从文明传播的视野来考察和思考相关问题。所谓文明传播，这里指的是基于区分最大的人类社会

---

① 本文初刊《新闻与传播评论》2019年第6期，收入本辑时略有删改。

② 政治学者郑永年前几年曾批评说：“(在中国)除了媒体对‘中国模式’概念的传播，还没有严肃的学术研究。”(郑永年.中国模式：经验与挑战[M].北京：中信出版集团，2016：前言XXVI.)但事实上这几年已经出现了一些学术研究成果，除了郑著，代表性的学术专著还有成龙的《国外中国模式研究评析》(人民出版社2018年版)、潘世伟等的《中国模式研究》(上海社会科学出版社2016年版)等，论文也日渐增多。俞可平等著名政治学者也对相关问题做过探讨。

③ 李君如，赵启正，等.慎提“中国模式”[N].学习时报，2009-12-7.

单位——文明来考察相关传播和交流活动，即把文明作为传播的主客体来考察相关现象。[①] 从这样的层级考察传播活动，不仅是因为亨廷顿所言的“人类的历史是文明的历史，不可能用其他任何思路来思考人类的发展”[②]，更是因为今天中国的对外传播，尤其是对西方的传播，必须置于文明传播的视野才可能真正享有平等的话语权，从而讲好真实的“中国故事”，让世界更准确地了解中国。

需要说明的是，作为人类最大社会单位之间的传播，文明传播的主客体的超宏大性、内容的超丰富性和过程的超复杂性，使我们很难在一项具体研究中全面完整地剖析其方方面面的要素和特点，因而必须选择合适的分析视角。不论何种传播，都是始于传播主体的编码，终于传播客体的解码，而编码和解码会受到多种因素，包括心理因素的影响。[③] 鉴于不同文明文化结构差异的复杂性，从心理因素——主要是心态——出发考察文明传播应该是一条相对简捷和可操作的路径。因此，本文着重从中西文明在近代传播过程中的心态变化角度来讨论其对中西文明传播实践的影响。具体而言，本文对相关问题的研究主要基于文明自负、文明自卑、文明自信、文明自慎四种文明传播的心态来展开。从人类文明传播史来看，前三种心态在文明传播实践中是普遍存在的，而且极大地影响了不同文明的传播活动，而第四种心态，则是笔者认为防止一种文明在文明传播中从文明自信滑向文明自负的关键心态。下文对“中国模式”的讨论，正是基于这样的理论认识展开的。

一、西方国家关于“中国模式”的主要观点及采用文明传播视角的原因分析

“中国模式”这个概念首先由西方学者提出，并迅速流行起来。因此讨论是否要使用这一概念开展对外传播、讲述“中国故事”，首先要准确把握国际社会，特别是西方国家关于“中国模式”的评价及采用此概念的深层原因。

---

① 白文刚. 文明传播中的受众动机与传播效果[J]. 南京社会科学，2016(12)：92-99. 把文明作为主客体来讨论相关传播现象，是笔者在此文中最先提出的。简单来说，所谓文明传播，指的是文明之间的信息交互流动。这是一个国内外传播学者尚少关注却非常重要的传播现象。事实上，文明传播既对从传播视角理解人类历史发展具有重要的价值，也对拓展传播研究的领域、提升传播研究处理重大历史问题的能力具有重要意义，非常值得学界关注。需要说明的是，早在 2005 年，学者毛峰等出版了《文明传播的秩序——中国人的智慧》一书，这是笔者所见国内学者最早使用“文明传播”这一术语的著作。但书中的“文明”指的是人类发展的进步程度或者文化的代名词，与笔者把文明视为最大的社会单位与传播主客体不同，换言之，彼“文明传播”非此“文明传播”。

② 亨廷顿. 文明的冲突与世界秩序的重建[M]. 周琪，译. 北京：新华出版社，2010：19.

③ 霍夫兰，等. 传播与劝服：关于态度转变的心理学研究[M]. 北京：中国人民大学出版社，2015.

(一)西方国家关于“中国模式”的基本观点

从现有研究来看,西方国家对“中国模式”的评价主要有以下三种观点。第一种观点对“中国模式”持积极肯定的态度:不仅承认其存在,而且对其前景和意义持积极肯定的态度。前文已经指出,就成为描述中国的热门话语的“中国模式”而言,这个概念最早来自美国学者雷默的《北京共识》,从现有研究和相关资料来看,自 2004 年以来,确实有一部分中国问题专家或者研究涉及中国的经济学家和政治学家认为已经出现了“中国模式”,并对其持积极态度。除雷默外,代表性学者还有:世界银行前驻中国经济学家 A. 盖保德(Albert Keidel)、美国库恩基金会主席 R. L. 库恩(Robert Lawrence Kuhn)、英国伦敦经济学院亚洲研究中心客座研究员马丁·雅克(Martin Jacques)、美国约翰·霍普金斯大学教授 D. 兰普顿(David Lampton)、美国未来学家约翰·奈斯比特(John Naisbitt),[①]以及中国人非常熟悉的著名日裔美国政治学家福山等。此外瑞典、意大利、法国、日本等国也不乏对“中国模式”持肯定态度的学者。

值得指出的是,相比于西方发达国家,俄罗斯以及亚洲、非洲乃至拉丁美洲的不少国家对“中国模式”持更积极的态度,这种肯定不再局限于部分学者的研究,而是扩展到政府和媒体层面。比如俄罗斯从政府、学者到媒体都对“中国模式”有相当积极的评价。而巴基斯坦前总理曾公开赞扬:“‘中国模式’是发展中国家的希望。”[②]英国学者里奥·霍恩(Leo Horn)则发现,发展中国家领导人正将目光转向中国,寻找他们自身发展困境的解决之道。从委内瑞拉到越南,均被“中国模式”吸引,伊朗、叙利亚和其他中东国家也邀请中国官员和学者前去授课。[③]

第二种观点承认“中国模式”的存在,但对其持否定态度。这种观点又可以细分为三类。第一类认为“中国模式”难以为继,必将走向崩溃:中国经济发展内有不稳定的结构性因素影响,外有美国的制约,只要中国国内不稳定性加剧,或者美国加强对中国的打压,甚至回到贸易保护主义,中国的经济就会崩溃,因而也就不能维持所谓的“中国模式”。第二类观点认为“中国模式”对世界的影响力很有限:中国独特的国情决定了“中国模式”难以复制与输出;中国经济发展的不足和缺陷则限制了“中国模式”输出的可能性,其他国家最多可以学习中国的经验,但还到不了复制的程度。[④] 第三类观点认为“中国模式”威胁到了西方模式,并持激烈批判态度。这大概是西方,尤其是美国对“中国模式”的主要观点。他们炮制了“中国模式威胁论”,宣称“中国模式”的兴起将损害西方

① 潘世伟,等. 中国模式研究[M]. 上海:上海社会科学院出版社,2016:8-10,29-32,33-34.
② “中国模式是发展中国家的希望”——访巴基斯坦总理基拉尼[N]. 光明日报,2009-05-11.
③ 成龙. 国外中国模式研究评析[M]. 北京:人民出版社,2018:50-53,322.
④ 潘世伟,等. 中国模式研究[M]. 上海:上海社会科学院出版社,2016:8-10,29-32,33-34.

国家的经济利益，会挑战西方在全球意识形态领域的主导地位，甚至引起东西文化之争。①

第三种观点从根本上否定“中国模式”的存在。一部分人持这种观点是因为态度谨慎，但更多人是出于西方的傲慢和对中国特色社会主义道路取得的成就及其影响力的刻意打压，正如郑永年所言，这些人“是在意识形态上敌视中国，他们希望中国解体和崩溃。在这些人看来，中国根本不配产生一个模式”②。持这种观点的人或者致力于发现中国存在的问题，或者认为中国的道路不过是东亚模式的变种，并不具有独特性，声称用“中国模式”来概括中国发展的道路与制度，不过是一种时髦术语。③

（二）不同观点背后的深刻原因——基于文明传播视野的分析

一个概念存在争议本来是正常的，但是，如果仔细研读学者们关于“中国模式”的观点，不难发现这些不同的观点并不是单纯的学术判断，而是意识形态和文明立场的折射。因此要深刻理解或者说把握产生这些争议的深刻原因，必须从文明传播的视角着眼。

按照学界一般的说法，“中国模式”概念的兴起源于雷默提出的“北京共识”，而“北京共识”是针对“华盛顿共识”提出来的。从狭义来看，不论是“北京共识”还是“华盛顿共识”，关注的都是经济发展的道路问题，似乎只涉及经济发展模式问题。但是这种讨论不可避免地与政治和文化纠合在一起，因此很自然地就上升到对道路与制度的讨论，并最终上升到文明竞争的高度。因此“北京共识”与“华盛顿共识”的对弈，也很自然地被视为“中国模式”与“西方模式”的比拼。

如上所述，关于是否存在“中国模式”以及“中国模式”影响好坏的不同观点，固然有不少是出自单纯的学术判断，但任何人文社会科学的所谓客观的学术判断其实都不可避免地建立在某种文明和价值观的知识体系之上，而且很多观点本身就鲜明地展现着意识形态和文明的立场。具体而言，对“中国模式”持肯定态度的学者和政治家的相关言论背后其实也不乏文明因素的影响，而持否定态度的观点则更直率、鲜明地展现了特定的意识形态和文明立场。更进一步地说，对 21 世纪的欧美学者、媒体和政治家来说，这种观点不仅是意识形态和国家竞争的自然反映，更是其独特的文明立场和文明观念的必然产物，同时体现了西方国家的文明优越感和文明衰落焦虑。

所谓西方的文明优越感，是指欧美国家对所属西方文明的高度认同和荣耀感，在与其他文明的比较中有高人一等，乃至把自身文明视为文明本身的心理状态。在这种心理状态支配下，他们把自己的制度模式视为普世的真理和“历史的终结”，并否认存在可以与西方模式并立的其他模式。在他们看来，如果西方之外还有模式，那也只能是日韩等

① 潘世伟，等. 中国模式研究[M]. 上海：上海社会科学出版社，2016：8-10，29-32，33-34.
② 郑永年. 中国模式：经验与挑战[M]. 北京：中信出版集团，2016：前言 XII，I，XVI.
③ 成龙. 国外中国模式研究评析[M]. 北京：人民出版社，2018：50-53，322.

国的所谓“东亚模式”,其实质上还是走向西方的模式。毫无疑问,这样的心态已经超越文明自信,走到文明自负的地步了。

文明衰落焦虑,是指西方某些人对中国崛起带来的中国与西方,尤其是中国与美国国家实力对比的结构性变化产生的忧虑。从历史来看,衰落焦虑是西方文明特有的一种忧患意识,这种情绪至少在18世纪就深深根植于西方文明,而当代以西方文明捍卫者自居的美国也从20世纪80年代就产生了严重的衰落焦虑,[①]21世纪10年代以来,中国成为使其产生衰落焦虑的首要乃至唯一对象。[②] 2019年,当美国国务院政策规划办公室主任斯金纳代表美国国务院说出“这是我们第一次面临一个非白人的强大竞争对手”[③]时,我们不宜把这句话仅仅看作她个人的胡言乱语,而应该将其视为西方文明衰落焦虑的一种官方表达。正是基于这种衰落焦虑,不少美国学者和政治家才对“中国模式”持有强烈的敌意,把“中国模式”视为西方模式的威胁。[④]

那么,西方国家为何会产生文明优越感和文明衰落焦虑呢?回答这一问题,需要从文明传播的角度思考。优越感是比较而来的,没有比较,就没有优越感。从文明传播的历史来看,西方的文明优越感是自1500年以来,伴随着西方文明日渐强大及其全球扩张的过程形成的,而这一时期,中国文明、伊斯兰文明恰恰处于衰落之际。中国文明在器物层面落后于西方文明,西方以此延伸,认为中国在制度、精神等层面都全面落后于西方。简言之,西方国家认为是西方文明把人类带进了“现代”,而在近500年的世界历史发展中,伴随着西方文明前所未有地改变了人类世界,西方国家对自身文明的自信达到了极点,把其看作现代文明本身,而认为其他文明是传统、愚昧、落后和前现代的,它们的唯一前途或者宿命就是向西方转型。这是西方产生文明优越感的深刻历史原因。

文明衰落焦虑与文明优越感其实是西方高度自信的一体两面。西方的文明衰落焦虑传统历史悠久。如果说20世纪初斯宾格勒写《西方的衰落》时,焦虑的还是西方文明出于内在原因的衰落,那么20世纪90年代亨廷顿提出“文明冲突论”之后,西方的文明衰落焦虑开始正式从文明力量对比的外在原因着眼,而21世纪以来,中国成为西方文明衰落焦虑的首要乃至唯一假想敌。

极度的自信,就难免导致自负的心态。人是这样,文明也是这样。美国等西方国家的某些人对“中国模式”与中国道路的批判和否定,从文明传播的深层原因来看正是文明自负作祟,可惜他们自己缺乏反思,而国内学界也缺乏自觉地从文明传播角度考虑相关问题的研究成果问世。

---

① 肯尼迪.大国的兴衰[M].王保存,等译.北京:中信出版社,2013.

② 白文刚.美国的“衰落焦虑”与中国对美传播话语创新的新世界史观基础[J].现代传播,2019(7):42.

③ LI Z. Clash of civilizations' narrative dangerous[EB/OL].(2019-05-27)[2019-06-18]. http://www.ChinaDaily.com.cn/cndy/2019-05/27/content_37474044.htm.

④ 郑永年.中国模式:经验与挑战[M].北京:中信出版集团,2016:前言XII,I,XVI.

二、从文明传播的视角理解运用“中国模式”讲述“中国故事”的必要性

既然如上文剖析的那样，分析西方对“中国模式”的立场和态度需要从文明传播的视角才能发现其深层次的原因，那么，运用“中国模式”讲好“中国故事”的必要性论证同样需要从文明传播的视角展开。具体而言，从文明传播的视角来看，在对外传播中运用“中国模式”这个概念，既是回应国际话语、争夺话语解释主动权的需要，更是讲清楚中国发展方向、展示中国文明自信的需要。

（一）回应国际话语、争夺话语解释主动权需要“中国模式”

依据传播学的象征互动理论，只有传受双方拥有共同的意义空间，传播才能成立，而扩大双方共同的意义空间则有益于双方的深入理解。① 概念作为一种语言符号，是构成意义空间的重要中介，因此双方共享的概念越多，越有利于传播效果的提升。

具体到本文的讨论，笔者之所以主张我国有必要在对外传播中运用“中国模式”这个概念来讲述“中国故事”，是因为近十几年来这个概念已经成为国际社会，特别是西方国家讨论中国问题的核心话语之一。或者说相比于我们在对外传播中经常使用的“中国道路”，“中国模式”这个语言符号在西方更流行，也更符合西方语言习惯。正如学者指出的：“‘模式’这个词在国际上更通用，一讲人家就明白，‘道路’这个词在国际上不怎么用，用于国际沟通的难度也更大。”②

更重要的是，当中国避免使用这个概念的时候，事实上是放弃了对国际社会正在广泛使用的这个概念的解释权，也就放弃了相关的话语主导权。这对讲好“中国故事”，建构良好的中国形象是非常不利的。上文已经梳理了国际社会，特别是西方国家对“中国模式”的三种态度。在本文看来，缺失了中国自主的阐释，不论是哪种态度与立场，对中国向世界讲清楚“中国故事”、建构良好的国家形象都是不利的。

譬如，有不少国际人士，包括部分西方学者不但认为现在已经出现了“中国模式”，而且认为这个模式可以超越或取代西方模式。这类观点一般很受国人的欢迎，被认为是对中国友好的态度，是对中国发展成就的肯定，相关的著作和言论也往往会在中国得到迅速翻译。比如马丁·雅克的著作《当中国统治世界》就曾经在中国受到热捧，很多著名学者热情推荐。但是，中国的今天及未来真的适合用马丁·雅克的一些观念和话语描绘

---

① 郭庆光. 传播学教程[M]. 北京：中国人民大学出版社，2011：44.

② 张维为. 中国超越：一个“文明型国家”的光荣与梦想[M]. 上海：上海人民出版社，2016：98，3.

吗？比如：把21世纪称为“中国的世纪”一定对中国有利吗？我们真的有野心让北京做“未来的世界之都”吗？中国真的追求恢复朝贡体制，乃至建立“全球朝贡体系”吗？① 这些看似赞誉中国的话语，对中国的国家形象建构到底是有利还是有害呢？这些并不符合中国价值和中国事实的话语在中国受到热捧，会如何影响中国的国家形象呢？

如果以肯定的语调来谈论“中国模式”对中国的国家形象建构也可能不利的话，那么以敌视的口吻来批判“中国模式”或者否定“中国模式”的存在，对中国国家形象的建构就更为有害了。前文已经指出，批判是西方对“中国模式”的主要态度，这些批判或者渲染“中国模式”对西方文明的威胁，或者认为“中国模式”缺乏自由，或者干脆宣称“中国模式”不能持久，或者说中国根本就不配拥有模式，所谓“中国模式”，不过是“东亚模式”的变种。不论这些批判如何相互矛盾，它们围绕“中国模式”这个概念做出的论断都给中国建构良好国际形象的努力造成了极其负面的影响。

综上，“中国模式”这个概念已经成为近10年来国际社会，特别是欧美国家讨论中国问题的一个核心话语，但是由于中国在对外传播中刻意避免使用这个概念，事实上把对“中国模式”的定义权、解释权拱手让给了西方。在传播活动中，概念的定义权和解释权是话语权的基础，因此现在这种在对外传播中避而不用“中国模式”这个概念的做法无疑严重影响了中国在对外传播中的话语主导权，影响了中国真实故事的对外讲述和中国国家形象的建构，给“中国威胁论”“中国崩溃论”等论调提供了市场，甚至被某些人用来讨论其所谓“文明冲突”的观点。因此在未来的对外传播中非常有必要主动运用“中国模式”这个已经广泛流行且符合国际表达习惯的概念，以便回应国际话语，掌握“中国模式”的解释权，驳斥西方特别是美国某些人运用这一概念对中国的污蔑和抹黑。

(二)讲清楚“中国故事”、展示中国的文明自信更需要“中国模式”

相比于回应国际话语、争夺“中国模式”概念的解释权，讲好“中国故事”、展示中国的文明自信是中国在对外传播中应该使用这一术语的深层原因。理解这一原因，也需要从文明传播的视角切入。

传播的本质是一种信息交流。文明传播虽然由于其主客体的宏大和过程的复杂而呈现出诸多不同于一般传播的特点，但也是一种信息交流，具有传播的共性。信息交流的最理想的状态无非是主体能够准确地编码信息，而客体能够准确地解码信息。但我们都知道，由于各种原因，事实上获得理想传播效果非常困难。其中困难之一就是双方的话语体系或者说概念体系不一致。正因如此，对传播主体来说，选择什么样的概念和话语来准确表达自己并使传播对象较为准确地解码就成为传播活动至关重要的基础。从

① 雅克.当中国统治世界：中国的崛起和西方世界的衰落[M].张莉，刘曲，译.北京：中信出版社.2010：119，295，334.

这个意义出发，要“讲好中国故事”，首要和根本的是“讲清楚中国故事”。而要“讲清楚中国故事”，首先需要把握“中国故事”的实质，其次需要选择好讲述“中国故事”的话语。

那么什么是“中国故事”的实质呢？从长时段或者文明传播的大视野来看，所谓“中国故事”，从根本上来说就是中国在近代遭受西方文明侵略和冲击之后，由传统走向现代，由衰落走向复兴的故事。“讲好”或者说“讲清楚”“中国故事”，就是准确阐释现代中国在这一转折和复兴历程中的发展逻辑和未来方向。

从对外传播的角度来看，“中国模式”这个概念，不仅更容易被国际社会理解，而且能够更全面、清楚地涵盖中国发展的道路和方向，展示中国文明发展和复兴的内在逻辑，因此是讲清楚“中国故事”应该运用的合适概念。

为了阐释清楚这一观点，我们有必要比较一下“中国模式”和我国在对外传播中常常使用的“中国道路”的内涵。就二者的内涵广狭关系而言，学界目前主要有三种观点。第一种观点认为“中国道路”与“中国模式”是并列的，“中国道路”指中国特色社会主义的整个发展过程，“中国模式”指中国特色社会主义的制度模式和发展模式。① 第二种观点认为，“中国模式”和“中国道路”几乎是同义语，“在广义上，‘中国模式’和‘中国道路’是相通的，两者表述了大致同样的东西，只是侧重点不同”②。第三种观点认为，“中国道路”是“中国模式”中改革模式层面的内容。例如著名政治学者、新加坡国立大学教授郑永年在《中国模式：经验与挑战》一书中，就把中国的改革模式视为“中国模式”的第二个层次的内容，指出人们所说的中国道路可以归为这个层次。③ 当然，还有其他关于“中国道路”与“中国模式”关系的讨论。不过整体而言，我们可以看出学界主流的观点是认为“中国模式”包含“中国道路”，或者等同于“中国道路”，即使认为“中国道路”比“中国模式”范围更广泛，也认为后者是前者制度化的或者说模式化的表达。

值得指出的是，除内涵更广泛，可以囊括“中国道路”之外，“中国模式”还有更明确的一层内涵，即基于文明的特性，中国的现代化模式——包括其发展道路和最终形态——注定有不同于西方的特征。相比较而言，“中国道路”其实有一种中外可能都未意识到的隐喻，而这种隐喻的实质体现了西方的关于现代化的主导性话语权。但“中国模式”的内涵受到中国文明对中国现代化发展道路与方向的规定性影响，从文明传播的特点来看，中国的现代化当然会有诸多源自西方的现代因素，但一定不是西方的翻版，而是传统中国文明在经受了西方文明的强烈冲击之后自主的现代化。正是在这个意义上，“中国模式”比“中国道路”更能讲清楚“中国故事”。

当然，相比于讲清楚“中国故事”，运用“中国模式”还有一个更重要的作用，那就是展示中国的“文明自信”。

---

① 张福军，程恩富. 在落实“四个全面”中完善中国道路与中国模式[J]. 思想理论教育导刊，2015，4：50.

② 张维为. 中国震撼：一个“文明型国家”的光荣与梦想[M]. 上海：上海人民出版社，2016：98-99.

③ 郑永年. 中国模式：经验与挑战[M]. 北京：中信出版集团，2016：前言 XII，I，XVI.

习近平主席在“亚洲文明对话大会”开幕式的主旨演讲中呼吁亚洲要“增强文明自信,在先辈铸就的光辉成就的基础上,坚持同世界其他文明交流互鉴,努力续写亚洲文明新辉煌”。[①] 这句话包含了两个重要的判断:其一是亚洲文明包括中国文明的“文明自信”尚显薄弱;其二是缺乏自信的文明很难真正在文明传播中做到与其他文明平等地交流和互鉴。

先来说第一点。单就中国而言,如果说古代中国不免有天朝上国的自大和自负,那么近代以来在屡次遭受西方文明的冲击之后,中国逐渐产生了文明自卑的心态,这种心态在19世纪末20世纪初达到极点。20世纪初“全盘西化论”、废除汉字等奇谈怪论的出现,就是这种文明自卑心态的极端呈现。中国在这种心态的主导下成为西方各种理论和意识形态的试验场,而西方则成为真理和标准的唯一制定者。新中国成立以来,尤其是改革开放40年来,随着中国经济物质力量的迅速增强,中国的文明自信心也逐渐增强,但文明自卑心理并未完全祛除。自卑心理最重要的表现是不少人依然不能以平和的心态看待东西方文明的差异,把差异都理解为中国与西方的差距,对西方理论和概念依然有迷信的一面。具体到“中国模式”这个概念,有学者认为:“羞于提‘中国模式’实际上反映了一种政治不自信……一些只认同西方模式的人甚至认为中国不朝西方模式演变,只能是死路一条。”[②]我们必须指出,这样的观点有偏颇之嫌,但不能不承认其也在一定程度上反映了某种客观现实。

就第二点而言,从近代中西文明的传播实践来看,当一种文明在文明传播中抱有文明自卑心态时,虽然其学习或者接受其他强势文明的积极性可能会很高,但也不可避免地会形成对强势文明的误读,并最终影响到自身的价值追求。近代中国在富强中心观主导下对西方文明的“选择性认同”和“特色式解码”充分证明了这一点[③],而这显然不是一种理想的文明传播效果。与之相反,只有在文明自信的基础上,文明之间才能真正做到平等交流、互鉴与融合。中国古代本土的儒家文明与来自印度的佛教文明之间的交流和互鉴算是一个比较成功的案例。

中国共产党在领导中华民族实现伟大复兴的历史进程中,致力于在推进物质文明迅速发展的同时,不断提升中国的文明自信心。继十八大提出“道路自信”“理论自信”“制度自信”三大自信之后,十九大又特别强调了“文化自信”。如果说前“三个自信”表达了我党的“政治自信”[④]的话,那么十九大在此基础上增加的“文化自信”这个提法,事实上就是向世界明确表达了中国的“文明自信”。因为文明是以文化划分的社会单位,文化不仅

---

① 习近平. 深化文明交流互鉴 共建亚洲命运共同体[N/OL]. 中国新闻,2019-05-14[2019-06-20]. http://www.ChinaNews.com/shipin/spfts/20190514/2124.shtml.

② 张维为. 中国震撼:一个“文明型国家”的光荣与梦想[M]. 上海:上海人民出版社,2016:98-99.

③ 白文刚. 文明传播中的受众动机与传播效果[J]. 南京社会科学,2016(12):92-99.

④ 荆学民. 当前我们需要的是政治自信[J]. 人民论坛,2012(11上):17-19.

是其最鲜明的标识，也是其最深厚的基础。所以说在“三个自信”的基础上增加“文化自信”，其实反映了经过40年改革开放，今天的中国已经具备了文明自信的心态。

自信的心态需要合适的话语来表达。“中国模式”这个概念，不仅能够涵盖中国的道路、理论、制度自信，而且还可以涵盖基于更深层的文化因素的中国发展内在逻辑和方向。它表明中国文明在经历了近代的衰败、冲击和艰难探索之后，今天已经有信心坚持自己找到的发展之路的意义，一扫近代的文明自卑心态，展示了高度的文明自信。因此，以“中国模式”来讲述“中国故事”不仅恰如其分，而且恰逢其时。

三、运用“中国模式”讲述“中国故事”须建立在文明对话的新世界史观基础上

如果主张使用“中国模式”是为了用国际通用概念更好地讲清楚“中国故事”、展示中国文明自信的话，那么在与西方共享“中国模式”这一语词的能指的同时，必须自主定义这一语词的所指，或者说必须调整围绕这一概念展开的历史叙事框架。其中最根本的就是要突破近代以来西方主导的大国竞争和文明冲突的世界史观，从文明对话的新世界史观出发确立“中国模式”的所指和历史叙事框架。为了论证这一观点，我们需要了解历史观对历史认知的影响、两种历史观的特点及其对“中国模式”话语的影响。

（一）历史观的重要性

学界普遍认识到了历史认知对人们价值判断和立场选择的重要性，就国内而言，特定的历史认知深刻影响着人们的政治认同；就国际而言，特定的历史认知则会影响人们对国家的敌友判断及对世界未来图景的预估。正如“修昔底德陷阱”概念的提出者艾利森引用的美国历史学家霍华德的话：“我们对现在的所有信念都取决于我们对过去的看法。”①但我们必须指出，从根本上说，是特定的历史观而不是历史事实影响着人们对历史的认知。

从理论上讲，历史是过去的事实，求真是历史学最宝贵的精神。但不得不承认，我们能看到或者讲述的一切历史都不过是特定视角即特定历史观主导的历史镜像，用经典的历史学理论表述，即“一切真历史都是当代史”②。这还不包括政治权力对历史叙述和记忆直接粗暴的干涉。就算是以求真为己任、坚守所谓“价值中立”原则的历史学家，事实上也无法脱离其时代精神或者国家、文明立场来叙述历史。他们必须在一定的历史观指

① 艾利森.注定一战：中美能避免修昔底德陷阱吗？[M].上海：上海人民出版社，2019：296.

② 克罗齐.历史学的理论与实际[M].傅仁敢，译.北京：商务印书馆，1997：2.

导下,或者在一定的范式、框架下才能思考和叙述历史。他们只是囿于时代的主题和某种话语的强大,把某种角度的历史叙述当成了历史本身。这个事实一方面提醒我们历史观是如此重要,另一方面也告诉我们历史观不过是一种研究范式或者说叙事框架。换言之,特定的历史观及其主导的历史叙事只不过从一个特定角度揭示了部分的历史真相,没有哪种历史观能揭示历史的全部真相。因此随着时代的发展和历史事实的发掘,当一种历史观越来越难以解释新的历史研究发现的问题,或者越来越难以适应时代的新需要时,必然会有新的历史观出现,而历史叙事也会因此具有新的范式、新的话语、新的发现。

(二)大国竞争世界史观叙事框架下"中国模式"的话语困境

本文反对在大国竞争的世界史观下运用"中国模式"这一概念讲述"中国故事",这不但是因为这个基于西方文明特点和500年短时段历史形成的历史观并不能完整准确地表述世界历史、揭示文明传播的本质,而且其特定的倾向和叙事框架,会给"中国模式"的叙事带来负面的影响。

西方文明从1500年以来依靠强大实力,前所未有地改变了世界,也主导了世界历史叙述的话语权。迄今为止,人类对世界历史的理解和叙述,主要还是基于西方主导的历史观。但由于近代西方文明好战的特点[①],这套历史观是以敌我、竞争、霸权等概念来建构历史的叙事框架的。正如学者赵汀阳所言:"如果找不到异己或者敌人,西方政治就好像失去了风向标,甚至失去了激情和动力。"[②]从西方具体的历史研究来看,几乎都是依据这种历史观、围绕这套话语体系展开的。我们熟知的在现代世界影响重大的著作,如肯尼迪的《大国的兴衰》[③]、亨廷顿的《文明的冲突与世界秩序的重建》[④]、弗格森的《世界战争与西方的衰落》[⑤]、安东尼·帕戈登的《两个世界的战争:2500年来东方与西方的竞逐》[⑥]等,都是这种历史观的产物。显然,这个名单可以无限延展下去。这是由西方独特的文明追求和历史观决定的。我们必须承认,这样的历史观把人类文明不断冲突,或者说在冲突和战争中苦涩进步的一面揭示得非常充分。但是,这依然不过是揭示了人类文明传播史的一个面向而已,并没有全面叙述人类文明的发展史。

更重要的是,历史认知具有自我预期功能。如果认为世界历史的主线是竞争和冲突,人类就会不可避免地走向竞争和冲突,这样的事例在历史上比比皆是。修昔底德所撰写的《伯罗奔尼撒战争史》深刻地揭示了这一规律,而西方国家之所以从威胁论的角度讨论"中国模式",并由此得出中美未来很可能发生冲突的历史判断,也是基于这样的历

---

① 麦克法兰.现代世界的诞生[M].管可秾,译.上海:上海人民出版社,2013:24.
② 赵汀阳.天下的当代性:世界秩序的实践与想象[M].北京:中信出版集团,2016:5.
③ 肯尼迪.大国的兴衰[M].王保存,等译.北京:中信出版社,2013.
④ 亨廷顿.文明的冲突与世界秩序的重建[M].周琪,译.北京:新华出版社,2010.
⑤ 弗格森.世界战争与西方的衰落[M].喻春兰,译.广州:广东人民出版社,2015.
⑥ 帕戈登.两个世界的战争:2500年来东方与西方的竞逐[M].方宇,译.北京:民主与建设出版社,2018.

史观。不论是亨廷顿的“文明冲突论”、艾利森的“修昔底德陷阱”理论，还是前美国官员关于西方首次面临非高加索人种和文明的挑战的胡言乱语，其历史观都是一样的。显然，当西方国家在这样的历史叙事框架中理解和讲述“中国模式”时，中国的国家形象很难不是负面的。

值得注意的是，国内不少学者虽然强烈反对西方国家对“中国模式”的恶意中伤，力图为“中国模式”辩护，但由于其本质上共享西方国家的世界史观，因此其关于“中国模式”的话语充满了超越、第一、取代等词语。这样的叙述不但不能消减国际社会对“中国模式”的忧虑，而且还为西方的忧虑和批评提供了口实。比如前段时间有研究报告很自豪地宣布“中国已经全面超越了美国”，引起了全国的热议。又比如有的著作以“中国超越”为标题，充满了“中国第一”的自豪，宣称中国的崛起“不仅在物质财富上，而且在制度安排上、文化理念上也是超越西方和西方模式的，并一定会深刻地影响世界未来的格局和秩序”。[①] 坊间和网络上的相关话语更是处处可见，展现出一派重回汉唐盛世、天下万国来朝的自负。这些研究和论著的问题不在于其结论是否准确、中国是否超越了美国，而在于其在显示文明自信的同时流露出令人担忧的文明自负心态，对一个尚在复兴过程中的文明来说，这恐怕不是一件好事。

（三）从文明对话世界史观讲述“中国模式”的必要性及话语要义

本文提出要从文明对话的世界史观讲述“中国模式”，主要是因为文明对话的世界史观能更深刻地揭示文明传播与世界进步的内在关系。从长时段的文明传播史来看，冲突和战争确实促进了文明之间形式上的交流，但人类文明的真正进步依靠的是文明之间的相互学习、相互借鉴和融合创新，而不仅仅是形式上的传播。并且每一种文明都对人类历史的进步和其他文明的发展有过积极的作用，某种文明始终优越于其他文明的神话不过是因为缺乏历史眼光而产生的文明自负。

从文明传播的长时段历史视野来看，西方文明对近代世界的影响是不言而喻的，世界是在西方文明的引领和推动下步入现代的。但在人类发展的历史中，文明的传播从来不是单向的。中国文明不论在技术层面还是在文化层面都曾对西方文明产生过深刻影响，而位于西方文明和中国文明之间的伊斯兰文明不仅对人类文明发展有自己特有的贡献，在漫长的时期里还是中西文明交流的桥梁。西方文明、伊斯兰文明、中国文明之所以不断发展，重要的因素之一就是它们在各种形式的文明交往和传播中吸收、借鉴和内化了其他文明的许多有益因素，这些因素成为推动本文明发展和进步的重要元素。正因如此，单单从竞争和冲突的视野描述世界历史的主线是片面的，遮盖了文明发展进步最根本的原因。如果我们承认只有文明的互鉴和融合才能真正促进人类历史的

---

① 张维为. 中国超越：一个“文明型国家”的光荣与梦想[M]. 上海：上海人民出版社，2016：3.

进步，那么文明对话的世界史观就有了其事实基础，而不再是一种空洞的口号。除此之外，核武器等现代毁灭性武器技术的发展，也使运用文明对话的世界史观有了现实的必要性。

文明对话的世界史观内在地要求各文明自信平等，这是文明传播最理想的心态。因为自信的文明才能更自主地开放，也才能更平等地学习、交流。但从人类历史来看，由于缺乏自觉的文明对话世界史观指导下的历史认知，文明传播很难始终真正在文明对话的平等状态下展开，强大的文明往往容易自负，而弱小的文明常常表现出自卑。越来越走近世界舞台中央的中国，首先要彻底摆脱近代以来的文明自卑心态，树立真正的文明自信，其次要做到文明自慎，防止滑入文明自负的老路。

具体而言，从文明对话的世界史观讨论“中国模式”、讲述“中国故事”，关键是要把握“现代中国”的文明内涵，讲清楚“现代中国”的历史定位和价值追求。为此，需要明确讲清楚如下两个关键问题。

第一，“现代中国”首先是“中国的现代”。现代中国建立在中国五千年文明的基础上，有其内在的发展理路，因此必然不会照搬西方模式，成为西方亦步亦趋的忠实学徒，一定会有自己明显区别于西方的道路、制度、理论、文化特征。这是文明自信的表现，也是“现代中国”的传统基因。

从长时段的文明传播史来看，这几乎是一个不言自明的道理——很难想象在西方文明冲击之前已经屹立于世界东方五千年，有自己独特且从未中断的文明特征和传统的庞大中国，会因为西方文明的冲击而尽弃中国文明的传统，通过全盘接受完全异己的理论、概念和价值观而走向现代。但是，近代以来由于严重的文明自卑情结，这样的思路几乎成为中国现代化的主流思路，中国传统被无限矮化、污名化，曾经创造出辉煌灿烂的文明成果的中国古代文明被用“封建”“专制”“野蛮”等一套来自西方的话语描述。关于中国现代化发展方案和历程的描述，也尽量避免与中国古代文明发生关联，反而在西方主导的现代话语体系中艰难寻求中国的表达，即使偶尔提及并赞誉中国传统，也只是在非常枝节的层次上展开。对五千年文明的宣扬事实上仅限于将其视为博物馆的辉煌陈迹，甚至在内心或者公开抱怨她为什么会在开始时即走上了一条不同于西方的道路。

究其原因，这些言论都震怖于近代西方的强大，在西方话语体系的统摄下，以一种自卑的心态来对待西方文明，从实际效果看，其不但未能客观、准确地评价中国古代文明，而且也未能真正理解和认识西方文明，从而在实践上给中国的现代化带来了不良的影响。

人的认识不可避免地会受到时空影响，如果说近代中国的艰险处境使当时的思想者充满文明自卑和焦虑情绪，未能以平和的心态理性看待文明传播的特征，并深刻发掘古代中国对于现代中国的规定性影响，认识到“现代中国”从根本上来说是“中国的现代”，那么在经过70年艰苦奋斗，特别是在改革开放40年后迅速发展的今天，中国的经济、科技实力已经获得了长足的发展，中国在世界的地位和影响力有了迅速提高，正在越来越走近世界舞台的中央之时，我们可以也必须在“中国模式”的叙事中把这个特征明确讲清楚，那就是“现代中国”首先是“中国的现代”，是中国文明的现代复兴，中国古代的相关制度、理念、价值观会通过创造性转换和创新性发展深度介入“现代中国”。

第二，“现代中国”也必然是“现代的中国”。“现代中国”的历史定位不同于古代中国，它是在经受了起源于西方的现代文明的全面洗礼之后形成的新中国。就国家发展而言，这样的新中国必然具有现代文明的普遍特征，不论是其基本的价值观还是生活方式，都要具备现代的基因。相对于古代历史的悠久，中国的现代历史还比较短暂，因此我们不论取得多么伟大的成就，一定会以开放的胸怀、谦虚的心态自主地学习人类现代文明的一切优秀成果。“中国模式”其实是“现代中国”的发展模式，具有汲取一切有益现代因素、体现现代基本特征的含义，显然这样的模式还不够完善，还在学习和调整之中。

强调这样一个基本观念，是为了防止中国随着实力的增强，重蹈西方文明由自信走向自负的覆辙。从人类历史来看，若一种文明产生了自负的心态，就难以以真正平等、开放的心态与其他文明交流、对话，汲取其有益的成分。古代中国和现代西方都是明显的例证。在以“中国模式”表达的“现代中国”的发展模式中，把中国视为现代世界的新兵和后来者，认真理解现代世界的本质，遵循现代的规则和观念，充分汲取现代各文明的优秀因素以建设自己，然后再参与现代世界的治理、贡献中国的智慧和力量应该是题中极要之义。

就国际秩序而言，这样的“现代中国”虽然脱胎于古代中国，但绝不可能再简单沿用古代中国的“天下观念”或用中央王国的眼光来看待与他国的关系，一定要在现代文明的基础上，从文明平等对话的立场推动国际新秩序的构建和维系。这种秩序不同于大国争霸的旧秩序，当然更不可能是恢复所谓的朝贡体制，“将中国视为宇宙的中心”①。

中国国家主席习近平在“亚洲文明对话大会”上系统提出了中国关于文明对话的四个主张，即“坚持互相尊重，平等相待”“坚持美人之美，美美与共”“坚持开放包容，互学互鉴”“坚持与时俱进，创新发展”。② 从文明传播的视角来看，这无疑体现了中国坚持文明对话的诚意，也充分展示了中国的文明自信与文明自慎。这样的心态，其实就是我们今天运用“中国模式”讲好“中国故事”最应有的文明心态。

四、结语

2500 多年前，孔子的学生子路问孔子：如果卫国君主用孔子来治理国家，孔子会先做

---

① 艾利森. 注定一战：中美能避免修昔底德陷阱吗？[M]. 上海：上海人民出版社，2019：164.

② 习近平. 深化文明交流互鉴 共建亚洲命运共同体[N]. 中国新闻，2019-05-14[2019-06-20]. http://www.ChinaNews.com/shipin/spfts/20190514/2124.shtml.

哪件事。孔子回答说:"必也正名乎!"[①]在此之后,"正名"成为中国古代思想家讨论政治问题的一个核心概念。从传播的角度来看,"正名"与话语理论的"能指"与"所指"颇有相似之处。"名"是能指,为传播所需的共同的意义空间带来了可能,而"正"就是要纠正"名"的不准确的所指,准确表达"名"本来的所指。将这个概念运用到"中国模式"也是一样,我们不能因为西方国家在运用"中国模式"概念时没有准确表达"中国模式"应有的内涵就放弃使用,而是要给"中国模式"正名,讲清楚其准确的内涵。有所不同的是,中国古代思想家"正名"依据的是当时的礼法制度,目的是讲清楚应然的统治秩序,追求儒家理想的政治善治;而今天给"中国模式"正名依据的则是我们对文明传播规律及"现代中国"的历史定位与价值追求,目的是祛除近代以来的文明自卑心态,以自信的心态面对西方世界,讲清楚具有"中国传统文明"和世界现代历史双重基因的"现代中国"的故事,谨防落入大国竞争和文明冲突的陷阱,并最终在全世界塑造良好的中国形象。

(作者系中国传媒大学政治传播研究所、中国传媒大学政府与公共事务学院教授)

---

① 钱穆.论语新解[M].北京:九州出版社,2011:306.

中国电视法治节目的历时演进与社会情境考察(1980—2004)[①]

◇张 健

2018年8月以来,“昆山反杀案”“赵宇见义勇为案”“涞源反杀案”等与“正当防卫”相关的多个热点案件不断触动公众神经,引发空前讨论。从舆情爆发到偃旗息鼓,这些热点案件有几乎一样的演进路径:短视频/微博发布或爆料→民意汹涌→相关部门跟进→网民追问→案情反转→电视报道→民意大潮平息。这些案件固然使“本来分化的、差异性的乃至冲突性的不同话语”得到了一定程度上的“有效缝合”,“让意识形态在滑动和流动中固定,从而实现了社会从对抗到和解的可能”[②],但在网络上被反复点击、评说、戏仿乃至谐谑的多种仪式化展演再次凸显了一个自21世纪以来业界、学界就持续讨论的重要议题:网络与新媒体语境中,曾经以“新媒体”面目称雄于传统媒体的电视该如何自处?尤其电视法治节目[③]在多维渠道、多元意见、多极利益“众声喧哗”“万舟竞发”之时,该如何自处?战略定位该落在何处?

众所周知,网络与新媒体对法治节目的冲击是一个不争的现实,并成为新闻传播学界最有魅力的主题之一,关于电视法治节目“何为”与“出路”的分析可谓繁复,研究往往以“创新”“突围”“提升”等命名,从传播观念、内容设置、采编人员素质等方面进行较为全面的探讨。[④] 比如由中广联合会法制电视节目工作委员会组织的2016年“全国优秀电视法制论文评选”共收到120多篇论文,稍加区分就会发现,这些成果多为“案例式”或“展望式”研究。“案例式”与“展望式”研究“不重视前因后果的复杂和关联,只关注‘此地此刻’的现象和所谓‘前沿’”,“电视研究也被莫名地渲染上一层‘明日黄花’似的底色,学者们忙不迭

---

① 本文节选自张健.中国电视法治节目的历时演进与社会情境考察(1980—2004)[J].现代传播,2019,41(7):94-100.

② 曾一果.意识形态的“缝合”:后意识形态社会语境下“昆山反杀案”的批判性思考[J].探索与争鸣,2019,351(1):78-85,145,147.

③ “电视法治节目”与“电视法制节目”中的“法治”与“法制”两个概念在社会语境、使用年代与意指上存在着明显的差异。参见肖扬.见证中国法治四十年[J].中国法律评论,2018(5):1-9.受主题与篇幅所限,本文暂不涉及其中的差异,除引文中保持原文不变外,一律写成“电视法治节目”。

④ 王秀敏.《今日说法》的新媒体运营研究[J].中国广播电视学刊.2018(3):50-52.

地思考着诸如'电视是否已经失去了生命力''电视如何通过新媒体复活'等问题"[①]。

本文拟翻转目前大多数论者一味"向前看"的习惯,把麦克卢汉所谓的"后视镜理论"作为思考方向,将研究视线转向刚刚过去的、曾经号称"第一媒体"的电视,将麦克卢汉所谓的"我们透过后视镜看到现在,我们倒退着步入未来"作为一种审视媒体现在和未来的思考方式[②],通过现有眼光去回望历史,试图对"中国电视法治节目"这一关键词的演进与生成历史进行"反方向"与"横向"追踪,比较"作为新媒体"的电视和"面对新媒体"的电视,重新明确网络与新媒体语境下的电视法治节目应有的价值指向与战略定位。

值得注意的是,本文的"后视镜式"回望仅仅截止到2004年,原因有二:一是2004年前后,"法治类电视节目收视率很高,几乎占整个专题类节目的19%"[③],法治节目"成为上至中央领导层下至普通民众所共同认知的节目类型",甚至"可以毫不夸张地说,中国电视法制节目的规模、影响和作用超出了当代世界上任何国家"[④];二是在2004年前后的研究文献中,多数学者将电视法治节目作为一种独特的节目类型,"从外部形态来看,它的特征、影响、创作队伍、社会认知都已经相对明晰;从内部属性来看,电视法治节目由普法功能性获得产生与发展契机,逐渐形成了独有的内在结构和表现形式,集中体现为特殊的叙事方式和阐释方式"[⑤]。

一、"法律共同体"赋予电视"新媒体"的功能(20世纪70年代末80年代初)

从社会与政治环境而言,中共十一届三中全会的召开标志着"以经济建设为中心"代替"以阶级斗争为纲"成为党和国家新的工作重点,实现"四个现代化"即农业、工业、科技和国防的"现代化"成为国家的愿景目标和伟大构想。这种愿景与构想主导了中国的大规模国家转型、社会转型或所谓整体性的社会结构变迁,中国开始了从总体性社会向分化性社会转变的过程。[⑥] 通过法律建设重建此前混乱的社会秩序是这个阶段社会转型的当务之急,"要实现安定团结,必须发展社会主义民主,健全社会主义法制,决不允许任何人破坏民主与法制"[⑦]。在这种逻辑的导引下,"民族国家是一种关于身份建构、地缘政

---

① 徐帆.电视研究正当时:基于社会转型、媒介演进和理论纵深的思索[J].现代传播,2012,34(11):55-59.

② 刘玲华.理解"反环境"——麦克卢汉媒介观的一个新链接[J].首都师范大学学报(社会科学版),2015(6):44-52.

③ 董春昕.浅谈电视法制节目制作的人性化[J].当代电视,2007(9):60-61.

④ 范愉.电视法制节目评析[J].中国广播电视学刊,2004(7):7-9.

⑤ 胡智锋,尹力,等.电视法制节目:特质、创作与开发[M].北京:中国广播电视出版社,2003;尹力,张小琴.论中国电视法制节目的文类概念与文类特征[J].现代传播,2003(5):50-56;范愉.电视法制节目评析[J].中国广播电视学刊,2004(7):7-9;白广富.电视法制访谈节目探析[J].中国广播电视学刊,2004(5):49-50.

⑥ 孙立平,王汉生,王思斌,等.改革以来中国社会结构的变迁[J].中国社会科学,1994(2):47-62.

⑦ 刘政.我国社会主义法制史上的一个壮举:"一五"普法决议出台前后[J].中国人大,2006(9):26-27.

治、民族认同及其文化单元的普遍主义的法律结构”,现代民族国家由此化身为一个“法律共同体”[①]。到1992年中国共产党“十四大”召开前夕,全国人民代表大会及其常委会共通过法律129部,关于法律的决定75个,同时,具有地方立法权的地方人大及其常委会共制定地方性法规3000多部,基本建立起以宪法为基础和核心、适应改革开放和现代化建设的法律体系,法治逐步成为国家治理的核心。

作为愿景与构想的“法律共同体”要落地生根,既需要共同体主导者们的高瞻远瞩与超前判断,更需要共同体成员的认同。于是,塑造“法律共同体”急需的成员——“社会主义新人”自然就成为题中应有之义,“法治作为一种新型治理技术既是通过一套形式理性的制度载体来实施运作的,也是通过对新的法律主体的塑造来体现的。新法治的建构不仅意味着一套制度体系的确立和法律技术的运用,更包括法律知识的传播和对新法律主体的想象与设计,以及主体伦理实践原则的转型”[②],因而法治宣传、法制教育以至“让人民掌握法律武器”就成为国家决策者推进大规模法律建设不可缺少的主要环节之一,所以“邓小平同志最先提出,既要加快立法,又要严格执法,还要加强法制宣传教育”,并在1980年12月的中央工作会议上指出:“在党政机关、军队、企业、学校和全体人民中,都必须加强纪律教育和法制教育。”[③]1982年9月,中国共产党十二大报告提出:“要在全体人民中间反复进行法制的宣传教育,从小学起各级学校都要设置有关法制教育的课程,努力使每个公民都知法守法,特别要教育和监督广大党员带头遵守宪法和法律。”[④]1984年,彭真也“一再强调,要开展法制宣传教育活动,把法律交给十亿人民”[⑤]。

从传媒环境而言,20世纪70年代末80年代初,作为新媒体的电视正积极而又富有成效地回应“法律共同体”的召唤,在舆论引导体系之中地位日隆。20世纪60年代以来,作为首要宣传工具的媒体正在由传统的《人民日报》《解放军报》《红旗杂志》等“两报一刊”,以及《光明日报》《文汇报》和中央人民广播电台等逐渐转移到声画兼备的电视,电视日益“成为党和政府得心应手的助手,广大人民群众可以信赖的朋友”[⑥]。兹列举20世纪70年代末80年代初的六次重要行业会议,可见高层决策者对电视业迅速壮大并堪当大任的迫切希望:1979年8月的“第一次全国电视节目会议”、1980年2月的“全国广播事业规划会议”、1980年6月的“第二次全国电视节目会议”、1980年10月的“第十次全国广播工作会议”、1981年4月的“第三次全国电视节目会议”、1981年的“全国电视新闻工作会议”。密集召开的六次会议的最重要的成果就是,“电视开始在中国的国家政治和日常生活中扮演无法替代的重要角色。对于党和国家而言,影响力逐渐扩大的中央电视

---

① 许章润.论现代民族国家是一个法律共同体[J].政法论坛,2008(3):3-14.

② 王康敏.国家转型的法理[D].武汉:武汉大学,2011:28.

③ 刘政.我国社会主义法制史上的一个壮举:“一五”普法决议出台前后[J].中国人大,2006(9):26-27.

④ 刘政.我国社会主义法制史上的一个壮举:“一五”普法决议出台前后[J].中国人大,2006(9):26-27.

⑤ 邹瑜,夏莉娜.“五年普法”的由来[J].中国人大,2016,405(9):30-31.

⑥ 一次锐意兴革的会议[J].现代传播,1983(2):27-28.

台，尤其是举全国之力打造的《新闻联播》节目，已经可以发挥和新华社、人民日报、中央人民广播电台等老牌中央级宣传机构同等重要甚至更加重要的作用。在逐渐富裕起来并热衷于享受消费文化带来的身心愉悦的民众心中，深入家庭内部的电视所具有的强大的娱乐功能，也是当时任何大众媒介所不能比拟的”①。

当然，在20世纪80年代初，与老牌的报纸、杂志、广播、电影等相比，电视作为新媒体仍显生涩，但在最抽象的意义上，电视独特的形式化媒介特征——“最普及、最有群众性、最有影响力”与推行法治建设的最高决策者产生了强烈的逻辑勾连。恰如麦奎尔所言，电视作为总的媒体“类型”是“一种特定的公式化网络，这种网络能够将一种有保证性的产品送到期待中的受众手上。通过控制观众与叙事以建构形象之间的关系来保证产品的意义”②，决策者希望通过电视将种种“有保证性的节目”输送给“有80%的农民，文化程度很低，很多都是文盲”③的公民。时任文化部副部长陈荒煤提出：“电视是最普及、最有群众性、最有影响力的有力的宣传工具，也是最重要的文化工具。”④时任司法部副部长蔡诚认为“新闻战线，包括报纸、广播、电视、通讯社等，要和普及法律常识工作的整个部署，也就是要和普及法律常识工作五年规划中的三个阶段密切配合，同步进行”，同时他提醒媒体“在普及法律常识工作的宣传报道中，要增强指导性，强调知识性，富有趣味性和注意真实性”⑤。1985年6月，中共中央、国务院正式转发了《关于向全体公民基本普及法律常识的五年规划》。这一文件直接针对“社会风气、社会秩序、社会治安”问题提出“要通过正反两方面的典型，特别是通过大力宣扬和表彰正面的典型，在全体人民中树立各种遵纪守法的榜样，创造依法治国、依法办事的良好气氛。要引导人们不仅学法、知法，更要自觉守法、用法”⑥。

“学法”是按照“法律共同体”构想，通过大众传媒以及开大会、文艺宣传、送法下乡、司法考试等其他手段，对共同体成员进行知识启蒙与法律人格塑造，使其成为“配合立法的政治动员，是长程‘建国’运动在晚近的侧翼支应，力图‘一竿子插到底’，将大、小传统缀缀起来，整合一体，而蔚为一种法律共同体”⑦，而电视之人民“喜闻乐见的方式”与“一竿子插到底”的“普法”之“普”可谓“一拍即合”，结构与功能之间的耦合性实现了“命定式”统一。

---

① 常江. 中国电视史[M]. 北京：北京大学出版社，2018：147.

② 麦奎尔. 麦奎尔大众传播理论[M]. 崔保国，李琨，译. 北京：清华大学出版社，2006：282.

③ 邹瑜，夏莉娜. “五年普法”的由来[J]. 中国人大，2016，405(9)：30-31.

④ 常江. 中国电视史[M]. 北京：北京大学出版社，2018：147.

⑤ 蔡诚. 关于普及法律常识宣传的几点意见[J]. 新闻战线，1986(2)：4-7.

⑥ 中共中央、国务院转发《关于向全体公民基本普及法律常识的五年规划》的通知[EB/OL]. (2001-07-28)[2019-04-15]. http://www.86148.com/onews.asp? id=688&Page=1，2001-7-28.

⑦ 许章润. 普法运动[J]. 读书，2008(1)：41-46.

二、法治节目要“自己走路”却一味“板着面孔”(1985—1993)

作为当时的“新媒体”的电视位列“报刊、广播、电视、电影、文学艺术等各种宣传文化阵地和各种手段”之中，普法逻辑决定了“社会主义法制教育需要电视”，而作为新媒体的电视应该如何普法？传媒符号学认为，“语言、视觉和其他各种符号不只是简单地被用来表示某物，同时也带来一系列和符号有关的内涵”，“这种符号与其内涵共生而形成特殊信息的社会现象被称为‘神话’的制造”，“神话并非指通常意义上的传统神话故事，而是指被建构为文本，向读者或观众传送特别信息的关于人群、产品、地点和思想的思考方法”[①]。“法”如何在电视中“普及”，这是一个命题作文，是“内容寻找形式”并走向制造“神话”的过程。

初创阶段的电视节目不可能“无师自通”，只能“师夷长技”，从传媒史上的现成技术武库进行平行移植，从广播、报纸、新闻纪录片、戏剧和电影中学习、借鉴和模仿，[②]因为“在电视新闻工作岗位上的一批年龄稍大的同志，大多是从报社、电台、新闻纪录电影制片厂转过来的，他们往往难以摆脱报纸、广播、电影的影响和模式，制作的电视新闻或多或少带有这些传播媒介的烙印”[③]。1980 年 7 月中央电视台创办的《观察与思考》曾报道了《冯大兴的下场》：冯大兴上大学后，忽视政治学习和思想修养，最后走上了杀人犯罪的不归路。节目通过对这一事件的分析、评论以及召开座谈会，告诉广大观众不重视思想修养和政治学习的危害性。《观察与思考》的报道内容中包含了政治、经济、文化、法制、道德等方面，“它出现的意义并不仅在于监督舆论和普及法律知识，更重要的是给人们传达一种信息”[④]。通过类似“示众”的方式将案例、介绍性资料、专家评论连缀成节目成为萌芽阶段的电视法治节目的主要形式，接近于报纸专栏。

1980 年 11 月 16 日至 12 月 29 日，中华人民共和国最高人民法院特别法庭开庭审判“林彪、江青反革命集团”，史称“两案审判”[⑤]。据《中国电视史》记载，为了实况报道“两案”审判，中央电视台组织了 42 人的报道班子，从 9 月 25 日就拟订宣传报道计划，对“审判”全程录像。在 46 天的审判过程中，《新闻联播》以及紧随其后的“两案”特别专题报道都及时对最高人民法院特别法庭和最高军事法庭的审判情况进行了详尽转播。当时电

---

① 比格奈尔. 传媒符号学[M]. 成都：四川教育出版社，2012：13.

② 胡智锋，周建新. 从“宣传品”、“作品”到“产品”：中国电视 50 年节目创新的三个发展阶段[J]. 现代传播，2008(4)：1-6.

③ 施天权. 电视新闻，走自己的路吧！：参加全国电视新闻评选归来谈感受[J]. 新闻大学，1985(11)：102-107.

④ 宋维才. 中国电视法制节目发展论略[J]. 中国广播电视学刊，2001，12：31-33.

⑤ 李海文. “两案”的审理及其历史经验[J]. 当代中国史研究，2001，5：84-93.

视机还属于普通家庭很难拥有的奢侈品,而这是目前有据可查的《新闻联播》发展史上的首轮收视高峰,有人甚至用“万人空巷”四字形容。正如《中国电视史》所指出的,“两案”审判报道“成功打破了重大政治事件的神秘感,可以说是在增强政治透明度方面的一次成功尝试,为以后重大政治事件、政治生活的报道开创了新思路”,“就影响力而言,是这次报道拉开了电视法治节目建设的序幕”①。人民“喜闻乐见”的电视的声画兼备、现场感强等符号特性得到张扬。

电视影响力的攀升,使人们对电视之新媒体特性的认识与求索变得极为迫切。1979年8月召开的“全国电视节目会议”提出电视要“不吃现成饭”“自己走路”②。1983年春召开的“第十一次全国广播电视工作会议”再次明确提出:广播电视节目要以新闻节目为主体、骨干,以新闻改革为突破口,推动广播、电视各类节目的改革,提出的口号是“汇天下之精华,扬独家之优势”③。人们对有上百年或数十年传播经验的报刊、广播与电影的“精华”很清楚,但作为新媒体的电视“优势”何在?“面对电视媒体如此之快的发展,当时大家就有一个想法,就是电视这个东西是什么。不知道。于是大家就要学,学什么?”“学报纸、学广播、学电影”,比如“按照电影的模式、电影的制作方式、电影的剪接方式和电影的一套术语和观念,用电影美学原则来指导电视的制作”,人们制作电视节目还“习惯于老专题片的思路——主题先行和画面加解说词”,“对社会生活的呈现是经过了主体加工的,而这种主体加工又有非常多的、非常强的指令性和主观导向性色彩,达到极端可能会出现主观粉饰现实的情况”④。

在电影观念的束缚下,20世纪80年代和90年代初开办的法治节目的主要形式有法治教育、法治小品、案例分析和法治信息报道等。虽然也出现了向服务功能拓展的动向,比如江苏台《法与大众》的子栏目《法律宣传》开始为观众提供法律资讯,但整体而言,这一类法治节目可视性并不强,更多的是将报纸、戏剧、教科书的内容转载到了电视这个媒体上。被称为“中国第一个电视法治栏目”的《法律与道德》此时尚未采取固定的模式,曾先后使用过案例报道、人物专访、小品、模拟法庭等形式,甚至还举办了“法律知识竞赛”等特别节目。虽然《法律与道德》“想走自己的路”,但是“声画脱节,画面和解说形成了‘两张皮’”⑤的问题并未完全解决。专题节目往往主题先行,电视晚会和电视剧等娱乐性较强的节目类型也成为宣传“主旋律”的另一种方式,传媒角色可以简单地定位为“喉舌”,传播信息、服务受众等成为传媒的附属功能。⑥

从符号学视角来看,作为新媒体的电视在传统的报刊、广播和电影的巨大阴影下,虽

① 刘习良.中国电视史[M].北京:中国广播电视出版社,2007:177.
② 张香山.在全国电视节目会议上的讲话[J].现代传播,1979(2):1-9.
③ 葛娴.以宣传为中心改革广播电视:记第十一次全国广播电视工作会议[J].新闻战线,1983(5):15-20.
④ 胡智锋,韩运荣.中国当代电视观念的演革[J].现代传播,1999(4):1-9.
⑤ 施天权.电视新闻,走自己的路吧!:参加全国电视新闻评选归来谈感受[J].新闻大学,1985(11):102-107.
⑥ 尹力,张小琴.论中国电视法制节目的文类概念与文类特征[J].现代传播,2003(5):50-56.

然力争“走自己的路”，却在主题先行的宣传观念下，将“声画兼备”直接肢解为声画“两张皮”，往往“宣传性、政教意味过于浓厚，而电视媒体的特性，即形象、生动、充满感性、善于传情达意等特点没有得到很好的表现，被过分压制”①。从这个意义上说，1985 年到 1993 年的电视法治节目明确了其“只是电视节目众多题材中的一种，与其他节目只是题材的不同，而没有本质的区别”的定位，但是“宣传特性压过电视本性，使其发展缺乏一种内在推动力”②，电视法治节目独具的阐释话语与形式风格仍然有待形成。

三、市场机制下法治节目成为影像化的“思考方法”(1994—2004)

如前所述，从符号学的角度而言，法治节目要走向成熟，就必须在叙事结构与形式表达上将法治的信息、观念、情感与思想电视化、“神话”化，最终发挥电视的声画兼备与现场感强的本性，形成独具媒介个性与风格特色的影像化“思考方法”。其内驱力来自社会主义市场经济体制的确立。

1992 年初邓小平的南方谈话以及同年中国共产党“十四大”的召开，使得人们对“社会主义能不能搞市场经济”的质疑逐渐消散，社会主义市场经济体制的建立与完善成为当时最为前沿也最为时尚的主流话语之一，成为衡量各种政策和社会发展的重要指标之一。一般将 1992 年视为中国第二次改革浪潮的起点，将 1992 年邓小平的南方谈话视为第二次“思想解放”③。这一观念巨变，“无疑令有着党和国家宣传工具身份的大众传媒得以卸下长期以来的政治和思想负担，中国电视产业化征程蓄势待发”；也止是在“国家全面调整自身与电视业关系的背景下，中国电视业在 20 世纪 90 年代经历了一个结构巨变的过程，从一种职能较为单一的文化事业逐渐转型为规模庞大、功能多样的综合性信息与文化服务产业”④。

从文化事业转型为信息与文化服务产业意味着电视节目是“产品”，其评价标准也转变成市场价值，比如较高的收视率、较强的广告拉动能力或者市场回收能力、开发能力，能否形成产业链、创造市场价值等。⑤ 电视媒体由此需要面对紧密相连却又截然不同的两个消费群体。一是媒介产品的直接消费者，即被称为观众或受众的社会大众。他们对传媒产品的需求和消费成为传媒市场扩大化再生产的初始动力，电视收视率从此成为高

① 赵雪杉. 中国电视法治节目发展研究[D]. 成都：四川大学，2006：14-15.
② 宋维才. 中国电视法制节目发展论略[J]. 中国广播电视学刊，2001(12)：31-33.
③ 中国经济 1992 十大变化[N]. 新闻出版报，1993-2-27.
④ 常江. 中国电视史[M]. 北京：北京大学出版社，2018：301.
⑤ 胡智锋，周建新. 从“宣传品”、“作品”到“产品”：中国电视 50 年节目创新的三个发展阶段[J]. 现代传播，2008(4)：1-6.

悬于电视节目制作者头上的达摩利剑。比如北京电视台的《法治进行时》开播时的收视率仅为0.2%,而5年后的节目平均收视率为10.9%,在北京地区的平均占有率为46%。[①] 二是传媒产品的间接消费者,即广告主。广告主以付费的形式传播商业信息,在媒介供不应求的情形下,传媒获得了谋取自身发展的巨大的资金来源。中央电视台从1995年开始的"黄金资源广告招标会"成为"中国经济发展的晴雨表",甚至在一段时间内"广告招标会"被称为"标王广告拍卖会"。"如果考察20世纪90年代中期的中央电视台广告招标就可以发现,一个覆盖面广大的、有效的、权威的、具有重大影响的传播机构对广告主或商家来说,是多么具有吸引力和诱惑力。"[②]

在市场化以及21世纪之交传媒业产业化、集团化的氛围下,20世纪90年代的中国电视历经纪实观念、栏目化观念、谈话节目观念、直播观念、游戏娱乐观念以及制片人制等各种观念的竞相"演革",而1994年"中国电视法治节目委员会"的成立"结束了初创期电视法制节目探索发展的局面","电视法制节目建设进入了一个有序、有组织、重视自身类型特征的新阶段"[③],法治节目"板着的面孔"终于变得柔和了,纪实、主持人、故事化、直播等能够充分发挥电视媒体特性的符号学特征成为节目制作人的共同追求。

一是现场采访与过程化报道。江苏电视台一位记者通过自己的实践体会到,法治节目取胜的秘诀是"以情喻理、以情言理",让"观众在体验的过程中,自然接受某种论点。或者说,观众不仅理解了某种道理,还感受了这种道理"[④]。其实,电视纪实节目最突出的特点就是能给受众提供一个身临其境的现场,包括直击类现场、可以预知的现场、媒体工作者制造的现场。中央电视台的《法治在线·第一现场》以警方破案推理进程为逻辑结构展开节目,重在建构法治事件的解决过程。警方接警、搜索犯罪现场、寻找目击证人、警方遇到难题以及破解难题,一波三折,从不平衡走向平衡,再走向新的不平衡,一切都在电视记者的掌握之中,并形成了节目结构的主线。[⑤]

二是强化主持人的叙述者、引导者、采访者、体验者以及评论者的节目角色。主持人是电视新闻故事特有的嵌入体[⑥],表面看他或她仅仅以"观众朋友,你们好"之类的问候语,在冷冰冰的电视节目中建构起虚拟的人际交往情境,使故事的展示具有日常生活语境,但其实节目主持人在不同的法治节目中所扮演的角色是复杂的,随着节目定位的不同而变化。北京电视台《法治进行时》的主持人徐滔曾经一次次深入险境,一次次乔装打扮深入暗访、揭露黑幕,一次次随警作战,拿下一个又一个独家新闻。凤凰卫视的《文涛

① 黄海星.试析《法治进行时》的节目形态[J].中国广播电视学刊,2005(2):45-46.

② 蔡敏,殷俊.二十世纪九十年代中国传媒文化转型的三个视阈[EB/OL].(2001-07-28)[2019-04-15]. http://www.86148.com/onews.asp?id=688&Page=1.

③ 胡智锋,尹力,等.电视法制节目:特质、创作与开发[M].北京:中国广播电视出版社,2003:12,29.

④ 谢玉盛.纪实手法在电视法制节目中的运用[J].视听界,1995(2):18-19.

⑤ 张健.复合焦点叙事视角的形成与得失——新闻生产社会学视野中的《法治在线》[J].中国电视,2006(10):26-29.

⑥ 石长顺.电视新闻报道学[M].武汉:华中科技大学出版社,2004:145.

拍案》则借鉴了我国传统艺术——评书的形式，以新颖的说书风格，深入浅出地解构古今中外各种离奇莫测的案例。在语言上，典型的“说话”主持人窦文涛，发挥自身特色优势，被塑造为一个说书人，以说书的形式演播中国乃至国际上的大案、要案、新案、旧案、奇案、名案；在形式上，基于原始素材，窦文涛运用各种表现手法凸显情感元素，他的风格被称为“新派电视评书体”①。

三是叙述的故事化风格。所谓故事化，并没有一个公认的定义，一般是指在坚持纪实性节目之非虚构特性的前提下，移植和借鉴剧情片的结构方式，有意识地塑造人物，设置故事情节，设计高潮与悬念，并在后期剪辑中打乱原先的采访节奏，使事件的发展进程显示出鲜明的戏剧效果。美国传播学者约翰·菲斯克就力主电视节目应当冲破客观性与社会责任感之类的阅读文本概念束缚，从大众生活的相关性出发，“不要将自己表现为已发生的事件的记录，因为这是书籍和电影的文学化叙述，而要表现为肥皂剧正处于进行状态的悬而未决的叙事，这才是口头叙事的电视中的等价物，从中可以理解我们的日常生活”②。重庆电视台的《拍案说法》深得其中三昧。该节目吸收“三言两拍”的叙事风格，按照“悬念开场—讲述故事—评论收场”的总体模式，借用“一刻拍案”“二刻拍案”“三刻拍案”，把故事划分为三个阶段，在叙事上突出悬念，让三次“拍案”构成三大悬念，并在每次“拍案”中设置若干小悬念。整个节目的“设悬”与“解悬”环环相扣而又层层递进。③

历经二十余年的“上下求索”，“普法”与“学法”的“内容”终于找到了适合媒体特性的“电视形式”，由最初“以一种相对保守和‘正统’说教的面目登场”，到“今天它们却以强大的生命力演化为一种‘时尚’”④，并被建构为“电视符号与其内涵共生而形成特殊信息的社会现象”，成为给观众传送法律知识、法治意识、人生情感的影像化“思考方法”。

四、讨论与结语

网络与新媒体语境下，微信、微博、短视频已经将 2004 年前后日渐成熟与繁荣的法治节目之叙事模式与节目生态彻底颠覆，“随着网络和新媒体的普及，公众通过网络和新媒体获取法律知识、解读法治事件所包含的法律内涵，在政府、学校和主流媒体主导的政府普法传播场之外，形成了以网络和新媒体为平台的公共普法传播场”⑤。

在此情境下，以“后视镜”回望某些节目类型具有特别的意义。丹尼斯·麦奎尔曾

---

① 翟延峰.《文涛拍案》的节目特色[J]. 青年记者，2007(20)：47-48.

② 菲斯克. 解读大众文化[M]. 南京：南京大学出版社，2001：212.

③ 韩鸿. 法无定法，创新为本：浅析重庆卫视法制节目《拍案说法》的三个创新点[J]. 中国电视，2009(5)：35-36.

④ 范愉. 电视法制节目与法制建设的互动关系[J]. 南通师范学院学报(哲学社会科学版)，2003(2)：22-31.

⑤ 林凌. 新媒体普法传播模式创新研究[J]. 当代传播，2018，202(5)：91-93.

经就传媒产品的“类型”分析说,“类型可能被认为是一种特别的动力,这种动力能够帮助任何大众媒介进行一致性和效率性的生产,并且让它的生产符合受众的期望”①。这意味着,在电视市场崛起的新型节目如果要稳固地建立起自己的样式、类别和程式,即类型化的结构与形式,起码需要在一个循环性流程中模式化以下要素:制作者→内容与内容框架→观众与收视预期→节目结构→与观众的必要沟通。这个说法在一定程度上得到了阿伯克龙比的回应。他认为,观众的需要与电视节目的提供之间有一个紧密关联的互动过程,在互动中形成和固化了电视节目“类型”的概念,“类型是制作人与观众达成的某种共识。观众知道自己要了解什么内容。事实上,观众的部分愉悦在于知道类型的要求是什么,了解在类型框架下该节目需要解决的问题以及想弄清问题是如何解决的”②。

但本文的“后视镜”考察表明,在我国的社会历史与媒介生态下,类型与制作人、电视观众的关系仅仅体现在节目类型的“前台”部分,更隐秘、更具有意识形态意义的是节目类型“后台”的国家转型与市场力量的支配性影响。从这个意义而言,当我们讨论或言说中国国内传媒机构制播的法治节目时,始终要加上“中国”这个限定词,必须使用完整的表述——“中国电视法治节目”,同时还需要加上一个双引号,以示其独特性、唯一性。换言之,在本文的概念史视域中,电视法治节目是指由中国、美国、法国等所有国家的传媒机构制作与播出,“以宣传法律和为受众进行相关服务为主题,以法制与社会生活方方面面的密切联系为切入点的各种形态的节目”③,属于全球化、普泛化的全称性概念,而“中国电视法治节目”则是一个仅仅适合于“中国”语境的历史性概念,是一个区域性的、非全球化的特称性概念,它具有独特的功能属性、内容取向乃至叙事形式。正如有学者指出的,“电视法制节目作为我国的一种特有现象”④“具有中国特性、电视特性与法制特性”⑤。“中国电视法治节目”的一切属性其实首先来自这类节目的“中国属性”,是“中国”情境和社会政治逻辑下,由党和政府、传媒机构、电视制作者、公众、广告主等共同建构起来的,具有特定题材取向和国家意识形态意义的影像化“思考方法”,从属于建构现代民族国家认同这一宏大社会工程。

“后视镜”式回望还表明,“中国电视法治节目”在通过符号与内涵的共生而成为独特的影像化“思考方法”之时,必须随时承受国家转型与市场经济所给予的多重压力。胡智锋教授早在2004年就观察到,法治节目“成为近年来成长速度较快、质量稳步上升和品牌建设走在前列的一个重要的电视节目类型”,但尚存“普遍性的问题与不足”,如“雷同

---

① 麦奎尔.麦奎尔大众传播理论[M].崔保国,李琨,译.北京:清华大学出版社,2006:282.

② 阿伯克龙比.电视与社会[M].张永喜,鲍贵,陈光明,译.南京:南京大学出版社,2001:44.

③ 游洁,郑蔚.电视法制节目新论[M].北京:中国广播电视出版社,2007:1.

④ 范愉.电视法制节目与法制建设的互动关系[J].南通师范学院学报(哲学社会科学版),2003(2):22-31.

⑤ 胡智锋,尹力,等.电视法制节目:特质、创作与开发[M].北京:中国广播电视出版社,2003:29.

化与同质化，法理、情理与道理欠平衡，电视媒介与执法司法关系欠斟酌”等。[①] 同样在2004年，范愉教授充分肯定“法制节目是中国电视媒体的一种历史创举”，但其也存在“内容时效性差，题材内容重复，缺乏新闻性；对法律、司法、诉讼以及法与社会、法与道德、法与情理的理解比较简单；偷拍的限度掌握不严；追求收视率或猎奇”等“障碍”。[②] 法治节目的观察者们这种“成就—问题”的话语模式恰恰反映了法治节目面对的普法宣传、公民精神培育与满足消费市场多元需要之间的悖论：法治节目的制作主体——广播电视机构是事业单位还是企业？电视法治节目是“宣传品”还是“产品”？节目观众是“法律共同体成员”还是节目的消费者？法治报道是“意见表达”还是“媒介审判”？法治节目如何平衡精英“理想”与大众“现实”之间的“知识沟”？如果说电视节目类型本身具有大卫·麦克奎恩所谓的“意识形态意味”，具有准制度约束意义[③]，那么“事业单位还是企业”“宣传品还是产品”“法律共同体成员还是消费者”“意见表达还是媒介审判”“精英与大众”等各种内生张力就成为限定法治节目制播的隐形力量，深刻地影响了法治节目的决策者、制作者、研究者、观众以及其他参与方。即使三十多年过去了，在全程媒体、全员媒体、全息媒体、全效媒体垄断传媒话语的今天，这种张力与准制度约束仍是法治节目应对网络与短视频冲击时挥之不去、如影随形的“路径依赖”。

中共中央、国务院2016年4月转发的《中央宣传部、司法部关于在公民中开展法治宣传教育的第七个五年规划(2016－2020年)》明确提出：充分运用互联网传播平台，加强新媒体新技术在普法中的运用，推进“互联网＋法治宣传”行动，开展新媒体普法益民服务，组织新闻网络开展普法宣传，更好地运用微信、微博、微电影、客户端开展普法活动。[④] 从普法视角而言，这意味着，类似“昆山反杀案”“赵宇见义勇为案”“涞源反杀案”之类的重大舆情事件可以成为普法宣传的重大契机，也是消除社会歧见、重建社会认同的难得机遇。在“两个普法传播场并存兼容”的情况下，各类制播主体的社交平台、传播通道皆可以“各显其能”，唯有作为所谓传统媒体节目的“中国电视法治节目”，尤其是法治新闻报道类节目应该时刻谨记：“电视法制节目的中心任务就是要提高人们的法律意识，弘扬科学的法律精神，推进国家的发展与法制建设，为社会进步作出贡献。”[⑤]

概而言之，保持自己偏于审慎与稳重的媒介品格，固守自己的价值指向与战略定位，恪守媒体责任，是“中国电视法治节目”二十多年历史演进的逻辑结果。只有在这个总体战略定位的引领下，法治节目才可以“有所为，有所不为”，在热点、难点与焦点中把握政

---

① 胡智锋. 中国电视法制节目现状及发展之我见[J]. 中国广播电视学刊，2004(7)：5-6.

② 范愉. 电视法制节目评析[J]. 中国广播电视学刊，2004(7)：7-9.

③ 张健. 视听节目类型解析[M]. 上海：复旦大学出版社，2018：9.

④ 程宏毅，杨丽娜. 中央宣传部、司法部关于在公民中开展法治宣传教育的第七个五年规划(2016—2020年)[N]. 人民日报，2016-4-18(01).

⑤ 尹力，王新中，张国飞. 以推动公民素质的提高为己任——中国电视法制节目的使命[J]. 中国记者，2000(6)：26-27.

治、社会与历史进步的脉搏;才可以不唯“新”,不唯“快”,而唯理性、唯冷静、唯审慎、唯平衡;才可以进一步强化法治新闻的准确性、权威性及公信力方面的“优势”,甚至可以“在第一落点抢不到的情况下,沉下心来做调查,打第二落点,靠深度取胜”①。在“昆山反杀案”中,中央电视台的《今日说法》与《法治在线》栏目在执法机关权威发布裁断结果、舆情一片“叫好”之际“该出手时就出手”,顺势而为,跟进报道,显示了“中国电视法治节目”审慎与稳重的媒介品格。

(作者系苏州大学传媒学院教授)

① 张振.融媒环境中电视法制节目的创新与突围[J].中国广播电视学刊,2018(S1):6-7.

论古代"风闻言事"的信息监控策略及当代启示

◇陈 谦

在中国古代王朝的监察活动中,"风闻言事"的制度与策略值得关注。

"风闻言事"是指监察官员可将已证实的事实或未经证实的传言上报给君主或据此对不法官吏进行弹劾,且不必说明信息来源,如果所言经查有不实之处,君主一般不予追究治罪。也就是说,监察官员在监察官吏不法行为时,不一定非得完全掌握真凭实据,有时依据传闻便可立案、查证直至纠举、弹劾。

然而,在中国古代王朝的监察活动中,"风闻言事"与其说是一种制度,不如说更像是一种由君主掌控、拿捏的信息监控策略。有学者认为,"政治过程与传播过程实际上互为表里,彼此不可须臾分离"。[①] 在笔者看来,古代的"风闻言事"正反映出监察活动的信息传播(或沟通)特征,一定程度上体现了政治活动的信息传播(或沟通)本质,而且它对当今做好舆论监督、监察工作具有启示、借鉴意义。

一、"风闻言事"的起源

御史"风闻言事",在中国古代可谓由来已久。《国语·晋语》中范文子的言论,不妨被视为"风闻言事"思想的一条线索。范文子云:

> 而今可以戒矣,夫贤者宠至而益戒,不足者为宠骄。故兴王赏谏臣,逸王罚之。吾闻古之王者,政德既成,又听于民,于是乎使工诵谏于朝,在列者献诗使勿兜,风听胪言于市,辨妖祥于谣,考百事于朝,问谤誉于路,有邪而正之,尽戒之术也。(《国语·晋语》)

---

① 张昆.从《君主论》看马基雅维里的政治传播观念[J].新闻与传播研究,1999(2):31-39,95.

粗略地看，范文子的表述与《国语·周语》中邵公关于弭谤和舆论的言论①有相似之处。细究之下，二者有所不同。范文子所言君主要“风听胪言于市”“辩妖祥于谣”“问谤誉于路”等，隐隐约约地透露出收集“风闻”信息的观念。宋人吴曾指出“风闻”一词的出处，认为“风闻二字，出《汉书》，尉佗曰风闻老夫父母已坏削。贾逵的《国语注》曰：‘风，采也，采听商旅之言’，故沈约弹王源曰：风闻东海王源嫁女与富阳满氏。”②唐杜佑的《通典》称，汉代以后历朝御史察考弹劾官员时，一般可称“风闻访知”③，这大体说明“风闻言事”在汉代以后属正常的监察行为。宋代学者洪迈认为，御史“风闻言事”始于晋宋④，自此以后，御史即拥有这一特殊权力。北魏孝明帝时的元澄就认为：“御史之体，风闻是司。”⑤孝庄帝时的御史中尉高道穆也说：“窃见御史出使，悉受风闻。”⑥唐代有“风闻访知”的说法，《唐会要》载：“故事，御史台无受词讼之例，有词讼在门，御史采有可弹者，即略其姓名，皆曰风闻访知。”⑦在此须特别强调，所谓“风闻”并非查无实据的道听途说，而是指御史听取揭发人陈述后，在弹奏文书中略去其姓名，但言“风闻访知”而已，以保护揭发人，使其避免遭到打击报复。

从信息传播的意义上说，“风闻访知”与“风闻言事”意义相接，前者指监察官收集、掌握风闻信息，后者指将这些得于风闻的信息汇报给君主以纠弹不法行为，二者组成了从“风闻访知”到“风闻言事”的传播运作程序。虽具体地看，“风闻访知”与“风闻言事”有别，但总体上看，它们均系监察官员根据风闻信息，对政治、社会及官吏等实施监控的一种制度与策略。本文笼统地称之为“风闻言事”。

二、历代的“风闻言事”

“风闻访知”及“风闻言事”虽为古例，但非定制，历代虽有此说，却界定不一，松紧宽严皆有。在唐代，“风闻言事”的信息监控方式并未被贯彻到底。比如唐玄宗开元十四年(公元726年)曾对“风闻访知”严加限制，云：“始定受事御史，人知一日，收状遂题告事人

---

① 邵公曰：“是障之也。防民之口，甚于防川。川壅而溃，伤人必多，民亦如之。是故为川者决之使导，为民者宣之使言。故天子听政，使公卿至于列士献诗，瞽献曲，史献书，师箴，瞍赋，矇诵，百工谏，庶人传语，近臣尽规，亲戚补察，瞽、史教诲，耆、艾修之，而后王斟酌焉，是以事行不悖。民之有口，犹土之有山川也，财用于是乎出；犹其有原隰之有衍沃也，衣食于是乎生。口之宣言也，善败于是乎兴，行善而备败，其所以阜财用、衣食者也。夫民虑之于心而宣之于口，成而行之，胡可壅也？若壅其口，其与能几何？”(《国语·周语》)

② 吴曾.能改斋漫录：卷2事始[M].上海：上海古籍出版社，1987：522c-522d.

③ 杜佑.通典：卷24职官六[M].北京：中华书局，1988：660.

④ 洪迈.容斋随笔[M].长沙：岳麓书社，1994：506.

⑤ 魏书：卷19元澄传[M].北京：中华书局，1974：478.

⑥ 魏书：卷77高道穆传[M].北京：中华书局，1974：1717.

⑦ 唐会要：卷60御史台[M].上海：上海古籍出版社，1987：766c.

姓名。”[①]微妙的是，如果监察官员明确说明了信息来源，从道理上说也就无所谓“风闻”了。历代虽然宽严限制不一，却不时将“风闻言事”作为一种理念来传扬、传承。

宋代的信息监控政策在原则上允许“风闻言事”，不少学者认为宋代始终允许“风闻言事”，且范围不受限制。贾玉英等则认为，“宋代御史‘风闻言事’不但范围有限，而且有些时期还禁止短卷，要求言事须有出处”。[②] 的确，宋代文献中有不少允许御史“风闻言事”的记载，但也有“不许风闻弹奏，违者坐之”[③]等规定，因此要具体分析。比如太祖、太宗、真宗三朝，御史“风闻言事”的风气较盛。然而，为了抑制将风闻作为相互攻讦的手段，仁宗曾下诏规定御史“风闻言事”的范围：“自今言事者，非朝廷得失，民间利病，毋得以风闻弹奏，违者坐之。”[④]这表明御史“风闻言事”仅限于朝廷得失、民间利病等重要的政治信息。后来仁宗再次下诏说：“戒上封告讦人罪或言赦前事，及言事官弹劾小过或不关政体者。”[⑤]南宋时，朝廷曾几次禁止类似匿名信的短卷，规定“纳短卷者，罪至徒配”。这说明宋代虽原则上允许御史“风闻言事”，但不仅有范围上的限制，而且还要求有证据可凭（信息来源），御史如果言事不实，有时还要受到惩罚，不少监察官员就因所据风闻有误而受到处分。

金代大致允许“风闻言事”，金世宗的监察御史梁襄因为对案件失察而受到处分，金世宗斥责他说：“监察，人君耳目，风声弹事可也。至朕亲发其事，何以监察为？”[⑥]至少在金世宗看来，风闻弹奏是监察官员作为人君耳目的分内之责。

到了明代，“风闻言事”时开时禁，即便是“开”也受到很大限制。史称明初言路甚广，制度规定“专其责于科道，使之封驳诸司，风闻言事”。[⑦] 监察御史在弹劾时，可以“露章面劾”，也可以“封章奏劾”，但明制规定：“诸御史纠劾，务明著实迹，开写年月，毋虚文泛诋，讦拾细琐。”[⑧]统治者的一时好恶也会决定“风闻言事”是否可行，比如明太祖朱元璋就曾坚决反对监察官员以“风闻言事”邀功。有一位御史奏劾陶安有“隐微之过”，朱元璋却认为自己很了解陶安的为官及为人，不相信这个御史对陶安的指责，便问这个御史如何知道陶安有过。御史答曰：“闻之于道路。”朱元璋大怒道：“御史但取道路之言以毁誉人，以此为尽职乎？”随即命令中书省罢黜了这个御史。[⑨]

虽然明代“风闻言事”之制时开时禁，但在具体做法上有所发展，如万历时给事中萧彦在奏疏中要求科道官“得之传闻者，必覆查其所闻之事，举劾务求其当”“赃私务得其

---

① 唐会要：卷 60 御史台[M]. 上海：上海古籍出版社，1987：766c.

② 贾玉英，等. 中国古代监察制度发展史[M]. 北京：人民出版社，2004：81.

③ 宋会要辑稿・仪制八[M]. 北京：中华书局，1957：1981.

④ 续资治通鉴长编：卷 166 皇祐元年[M]. 上海：上海古籍出版社，1987：651d-652a.

⑤ 续资治通鉴长编：卷 191 嘉祐五年[M]. 上海：上海书籍出版社，1987：203b.

⑥ 金史：卷 96 梁襄传[M]. 北京：中华书局，1975：2137.

⑦ 刘长江. 略论明代科道官的“风闻言事”[J]. 黑龙江社会科学，1999(5)：64.

⑧ 明史：卷 73 职官志二[M]. 北京：中华书局，1974：1770.

⑨ 林代昭. 中国监察制度[M]. 北京：中华书局，1988：173.

真”“擅刻谤版者,仍如重治”,即要求得到风闻后要从速核实,如擅自散布风闻应受惩处。也就是说,风闻可以,但要保密,不能一有风闻必“劾”,应将风闻作为“劾”的线索,待进一步查证、坐实后才可以“劾”。明代还对四品以下官员的考察实行“放单”制度,即由吏部制作一种带有民意测验性质的调查表,在考察前将此表发给调查人员,鼓励臣民评议受察官员的才德、揭发不法官吏的劣迹,按时收回,且不署调查人的姓名,以备参考。[①]

清太宗皇太极、世祖福临、圣祖玄烨诸朝发展了前代“风闻言事”制度,允许都察院官员风闻奏劾。崇德元年,太宗皇太极下诏说:“都察院各官,皆朝廷谏诤之臣,朕如有不亲政务、忠良失职、奸邪得位、有罪者录用、有功者降谪等事,尔等有所见闻,即行规谏。”[②]皇太极认为,“风闻言事”可以使“贪官似有儆畏”。圣祖玄烨更明确规定,科道官言事不实,不治其罪,但如果知情不报,以误国罪论处。

三、“风闻言事”的价值

总体来看,“风闻言事”的做法有利有弊。利在鼓励臣下大胆直言,不求事事皆有依据;言事者也可以将事实清楚、证据确凿的案件信息以风闻为名,拒绝说明依据,保护揭发者不受报复。弊在言事者可能借机诬陷诽谤、党同伐异,或不负责任地上报虚情,造成是非不清、真伪难辨,而且助长轻浮不实之风,影响政局稳定。[③]

东汉徐干言:“人之耳目尽为我用,则我之聪明无敌于天下矣。”[④]其实“风闻言事”策略,体现出君主希望通过尽可能多地掌握信息从而掌控全局的强烈愿望。作为人君之耳目,监察官在收集各种信息时,不可能事事落实,如果等到落实后再行举报,可能为时已晚,不利于对事态的及时处置,不利于防患于未然。然而,这样做的代价是,会出现奏报纠举不实、互相攻讦的情况,给君主造成一定程度的困扰。当然,“风闻言事”的纠举原则或做法,必须有一些先决条件。首先,权力高度集中于君主之手,皇权的威慑力足以使监察之臣尽职于“风闻言事”。否则一旦监察职权成为宰执人臣手中的政争工具,“风闻言事”就有可能走向君主初衷的反面。其次,对“风闻言事”的鼓励与限制之间,正是君主治术权谋的施展空间,如果君主将之拿捏得当,自然能够达成信息监控的目的。最后,监察官员的个人品质和收集信息的能力也部分决定了“风闻言事”能否很好地发挥作用。

虽然历代“风闻言事”的实际效用有利有弊,但从信息传播的角度看,笔者以为这种信息监控策略自有其先进性。理由是:在古代的传播技术条件下,在君主专制政治制度

---

① 刘长江.略论明代科道官的“风闻言事”[J].黑龙江社会科学,1999(5):65.

② 贾玉英,等.中国古代监察制度发展史[M].北京:人民出版社,2004:211.

③ 贾玉英,等.中国古代监察制度发展史[M].北京:人民出版社,2004:396.

④ 群书治要·中论[M].厦门:鹭江出版社,2004:750.

下，并不存在自下而上、独立的信息反馈、制约机制，君主掌握各种信息主要依靠自上而下的主动收集、调查。只有更多地依靠自上而下派出的“耳目”，才能使“贪官似有儆畏”，君主才可以有了解、察知各种信息的机会而尽可能少受蒙蔽，它可以在一定程度上起到类似近现代新闻传播的舆论监督作用。比如清代实行的密折奏事制度，皇帝似乎并不要求这些密折所奏之事句句确凿，只要求信息覆盖面广，便于扩大视听。雍正要求臣僚“非但本省庶务，凡天下有关吏治、民生、兴除、劝惩各事，宜一切罄言毋隐”“凡有骇人听闻之事，不必待真知灼见，悉可以风闻告也”。[①] 其目的就是通过这些信息的传递以广视听，免遭蒙蔽。同时，通过“访知”风闻进而“言事”，可以加快信息传递的速度，形成初步的信息预警。如果事事坐实，信息传递的速度必将大为减慢，不利于君主掌控政局、快速应对。胡宝华在评论唐代“风闻言事”时，就是从信息传递速度的角度出发的，他指出：“唐代的风闻奏事，主要是指简化弹劾与进谏前的审查程序，这样可以使皇帝尽快了解与掌握国家治理中的问题，以便及时处理。”[②]由此可见，明智的君主不但认识到了闭目塞听的危害，更认识到了广泛而迅速地掌握信息的重要性。

近代西方资本主义发展时期，新闻记者对腐败渎职情况的采访报道客观上起到了监督的作用，也出现了类似“风闻言事”的不提供新闻原始来源的新闻报道，这些报道引发过一些法律纠纷，但有些记者坚持不提供新闻来源以保护消息提供者不受侵害，这种做法得到了社会民众一定程度的支持，甚至在不少国家形成了“新闻隐匿权”概念并得到相应的立法保护。[③] 甚至新闻记者报道、揭露行政要员的失职、违法行为时，即便报道内容有些许偏差、不实，法院也不判定其构成诽谤、侵权，如“沙利文案”[④]，这对监督政府及官员起到了巨大的作用。从各方面的情况看，在中国古代不可能产生这种相对独立的新闻传播媒体，信息传播的主导权牢牢地掌控于君主或权臣之手。因而，自上而下的强力信息监控就成为反映社情民意、督责违法官员、保证政权顺畅运行的重要手段。“风闻言事”在这种特定的政治制度条件下，应该是一种先进的信息传播策略，同样起到了“无处不在的眼睛”和“耳朵”的作用。

不过的确应该看到，统治者在“风闻言事”的实行与禁止之间存在着摇摆。从道理上讲，实行“风闻言事”，可以起到洞察下情、震慑贪墨的作用。然而，风闻信息过滥，反而有蔽障、混淆人君视听之嫌。更有心术不正之人，利用这一制度为一己之私行打击报复之

① 吴予敏. 无形的网络：从传播学角度看中国传统文化[M]. 北京：国际文化出版公司，1988：111.

② 胡宝华. 唐代监察制度研究[M]. 北京：商务印书馆，2005：31.

③ 陈力丹，曹文星. 论新闻隐匿权[J]. 新闻前哨，2012，1：23-25.

④ 1964年3月，美国亚拉巴马州蒙哥马利城警察局长沙利文状告《纽约时报》，认为该报在报道警方平息小石城骚乱时说其滥用武力，损伤了其名誉，并要求《纽约时报》赔偿50万美元。然而官司打到联邦法院后沙利文被裁定败诉。败诉原因主要有两个：一是公众人物的隐私权问题。尽管美国强调对个人隐私的法律保护，但是它同样强调公众人物需要让渡个人的部分隐私。作为警察局长，沙利文必须以公众人物的身份接受舆论监督，因为国民的知情权高于公众人物的隐私权；二是联邦法院认为，只要媒体报道不构成“实际恶意”，而且对事实有过查证，那么不论事实真相如何，这一切都不构成故意的恶意中伤。

事。面对两难局面,君主有时难以取舍。清初"风闻言事"的时废时兴,一定程度上就是君主这种两难心态的反映。清太宗(皇太极)在设置都察院之初,就规定了其监察职能:"凡有政事背谬,及贝勒大臣骄肆慢上,贪酷不法,无礼妄行者,许都察院直言无隐,即所奏涉虚,亦不坐罪,倘知情蒙蔽,以误国论。"顺治时,鉴于"风闻言事"之弊,规定"所纠举必须明具实迹,奏请按问,有挟私妄奏者抵罪"。康熙初年规定:"凡事不据实陈奏,或并无可据风闻具题者,降一级调用。"①康熙亲政后,礼科给事中姚缔虞上疏指出,自禁止"风闻言事"以来,"言路气靡,中外多所顾忌"②,请求解禁"风闻言事"。不过康熙当时没有采纳姚缔虞的意见。由于禁止"风闻言事",言官对朝政得失不敢轻易开口,甚至得知严重违法事件后也不敢上报,造成了政治空气沉闷的局面。面对这种情况,康熙改变了初衷,遂于康熙二十六年决定重开"风闻纠弹之例"。他说:"凡参劾贪官,其受贿作弊处,因身未目睹,无所对据,恐言事不实,不行参劾者甚多。今间有弹意,亦止据风闻参劾者。苟非通同受贿,何以深知?天下岂有通同受贿,而尚肯题参者乎?自来原有风闻之例,世祖皇帝及辅政大臣停止。今再行此例,贪官似有畏惧。若有挟仇参劾者,必须审明。果系挟仇,自有反坐之例。"③此例一开,政治气氛马上活跃起来,一些贪污受贿、结党营私的重大案件被揭露出来,所涉及的高官多被革职查办,吏治得到一定程度的整肃。

从上例可以看出,是否实行"风闻言事",与一时的政治需要有很大关系:如果对君主专制有利则被采用,如发现易造成政局纷扰甚至有威胁统治的苗头则被禁止。说到底,"风闻言事"的信息监控策略的运用是君主治术能否发挥作用的一种反映,也就是对"耳目"这一信息传播"器官"调动与掌控能力的反映。从"风闻言事"问题上,我们不难看到中国古代政治"人治"的一面。

四、"风闻言事"与当代的反腐及舆论监督

据实而论,古人的一些政治理念与当今的并非决然有别,希望收集更为广泛的信息以考察各级政府及官员施政之善否,古今几乎一致。当然,较之古代中国,当今中国正在向民主、法治迈进,新闻媒体与传播技术已发展到相当高的程度。面对种种社会不公与官员贪腐、怠政渎职现象,为保证社会良性运行与发展,政府加强纪检监察、舆论监督成为刻不容缓之要务。不论是作为古代监察百官的信息监控理念,还是曾经实行的制度策略,"风闻言事"依然对当今纪检监察、舆论监督有启示、借鉴之处。

第一,我们应该看到,古代监察制度中的"风闻言事"是经君主授权后的独立行为,这

① 贾玉英,等.中国古代监察制度发展史[N].北京:人民出版社,2004:396.

② 清史稿:卷274姚缔虞传[M].北京:中华书局,1976:10048.

③ 康熙起居注·二十六年[M].北京:中华书局,1984:1682-1683.

对于广泛获取各级政府和官员的施政良否、是贪是廉等信息及维护政治稳定来说，总体上起到了相当重要的监控作用。当然，我们也应该看到这种采择风闻并上报或弹劾的做法毕竟只是“自上而下”的一条线。相比较而言，古代民间社会主动向上传递信息的渠道总体较少，难以形成上下联动的另一条线。在当今，我们已经拥有了强大的新闻媒体，其采风闻以言事的舆论监督功能自然不应当被忽视。专业新闻媒体出于新闻职业伦理，一般不可能传播未经证实的传言。不过，随着互联网、移动数字媒体的兴起，出现了另一种超越新闻事业的新闻媒体。在网络媒体中，理论上每个网民都可以成为新闻采访、编辑及传播者，网民在网上传递信息的情景就如我们日常谈话聊天一样，与专业新闻媒体自然有别，其中不免涉及未经证实的传言，尤其是关于政府施政不当、官员贪腐的传言。移动互联网时代使得信息的传递更为便捷。面对严峻的、令人深恶痛绝的官员贪腐现象，众多网民加入网络反腐队伍。在网络反腐过程中，相关信息往往以迅雷不及掩耳之势一夜之间传遍大江南北，传播过程伴随着民众的猜忌、指责、评判，民众成为知情者和围观者，其威力甚至有“舆论倒逼真相”的效果。[①] 对于来自民众的种种关于政府机关施政不力及官员贪腐渎职的传言，纪检监察部门，在得知传言后应立即核实调查，从速还原事实真相，如果事实准确，那么对于监督、惩治不法行为将产生积极意义；如果传言失实或部分失实，则可以还当事者以清白。笔者在此建议，扩大纪检监察队伍的编制，加强纪检监察机构建设，这样就可以拥有足够的人力、物力去验证风闻，更快地消除传言的不确定性。另外我们知道，目前很多人忧心于传统专业新闻媒体的日趋衰落，但与网络媒体比较，传统新闻媒体有自身的优势——准确、公正，拥有专业技能与专业精神。笔者以为，配合网络媒体，迅速追踪、求证传言，应当是今后传统专业新闻媒体非常重要的工作任务。

第二，由于各级政府机关和官员掌握着公权力，他们应该将自身置于公众监督的视野之中；一些公众人物（包括所谓“明星”）也许不掌握公权力，但他们具有社会影响力，理应成为民众的表率。诚然，官员与公众人物也是公民，他们也应该享有免受不实言论侵害名誉的权利，但是他们又与一般公民不一样。从理论上说，政府是人民的政府，官员的官位来自人民的授权，而公众人物的名气和影响力源自公众的支持。因此，政府为了防止施政不力及官员滥用权力、腐败而接受人民的监督是自然之理。依照社会交换的逻辑，他们也应舍弃一些东西，比如接受民众的关注甚至监督。当年美国“沙利文案”的判决，就是基于以上政治理念与法理的判例。笔者以为，在以民主、法治、平等、公正等为核心价值的当今中国，这一判例依然具有参照意义。因此当社会上出现对政府及官员不利的传言，而传言被证明失实或部分失实的时候，若无确切的证据证实传言有明显的恶意，那么我们的纪检监察、司法机关总体上应对传言采取宽容的态度。只有这样才有可能将官员与公众人物置于民众的全方位的监督之中，使他们有所敬畏、有所慎诫。

---

① 杨东．“风闻言事”对当代网络反腐的启示[J]．改革与开放，2014，8：33．

第三,《商君书·禁使》说:“夫驺、虞以相监,不可”[①],大意是说不能让养马的人和养鸟兽的人互相监督,因为他们都是君主后宫的力役,其利益具有一致性,只有利益、权责不一致的人之间的相互监督才有成效。简单说,就是“利益一致不相监察”。新修订的《中华人民共和国宪法》专门设置了相对独立的监察机关,明确表明其是一个独立于行政机关的机构,这有利于其行使监察职权。然而长期以来,我们的监察、信访活动的信息监控独立性不足是一大缺陷。信访制度效果不彰有多种原因,而信访机构因附属于行政机关而缺乏独立性是效果不彰的最大原因。我们知道,信访举报的对象有时是掌握行政权的政府或官员,但由于信访部门与行政机关的隶属关系,很难保证信息不被泄露,进而可能导致解决不力、相互推诿等情况。有论者建议:“最好是在监察机构拥有独立体系的前提下,将信访部门下设于监察机构,监察官员与信访的第一手资料接触,引入主管监察官员负责制,以真正解决人民的实际问题。”[②]因此,一定要依据“利益一致不相监察”的原则,广开言路,让民众向独立的监察机关检举不法行为,并对信息来源保密,保护民众利益。

总之,行于古代的“风闻言事”制度、策略总体上对纠举不法行为、澄清吏治、维护统治秩序发挥了重要作用。在当今中国,纪检监察机关善于采择风闻并从速落实、查证,对于反腐治贪同样会发挥巨大的效果。我们应当看到,在当今传播媒体高度发达的环境下,民众通过各种媒体广泛传播风闻,未免会在风闻未经证实的情况下使事态扩大化,导致“伤人”“害事”,这就要求我们的专业新闻媒体和纪检监察机关能够迅速查证,还原事件真相;同时对于恶意传播失实风闻者一定要迅速惩戒,最大限度地阻止“博眼球”或“用心险恶”者。古人所言“得之传闻者,必覆查其所闻之事,举劾务求其当”“擅刻谤版者”“仍如重治”,正是希望通过对风闻的真实性的查证核实,惩罚恶意诽谤者。而在当代网络反腐进程中,我们也应该加大法律[③]的宣传力度,使民众周知恶意侵犯他人权益的后果,从而审慎对待、审慎传播各种传言。

笔者以为,若有关各级行政机关及官员的贪腐、不法行为的风闻或传言失实,总体上应取宽容态度,以保障民众发表言论的权利及对各级行政机关和官员进行监督的氛围,这不但在国外司法实践中有案可循,于中国古代“风闻言事”活动中更有可借鉴之例。

(作者系青岛大学新闻与传播学院教授)

---

① 蒋礼鸿.商君书锥指[M].北京:中华书局,1986:135.

② 刘畅.“风闻言事”制度及其对现代的借鉴意义[J].长春大学学报,2012(1):108.

③ 比如《中华人民共和国侵权责任法》第三十六条规定“网络用户、网络服务提供者利用网络侵害他人民事权益的,应当承担侵权责任”等。

全球文明传播中的“意识形态交往”①

◇ 徐惊奇　郭　可

“文明因交流而多彩，文明因互鉴而丰富。文明交流互鉴，是推动人类文明进步和世界和平发展的重要动力。”这是中国领导人在联合国总部演讲时提到的关于文明的重要论断。文明是“对人类最高的文化归类，是人们文化认同的最广范围”。“人类命运共同体”作为中国提出的一个“全球公共理念”，就是为“探索能解决不同国家及不同文明的和平共处、和谐发展之道”，这一理念也归属全球文明传播的范畴。文明在全球传播中占有重要地位，全球传播的实质是文明的沟通与交流。在全球文明传播话语体系中，意识形态是其重要组成部分。在全球文明传播的具体领域内，伴随着不同文明之间的交流互鉴，不同国家地区之间的文明交往也包含着意识形态的交往。需要说明的是，本文讨论的意识形态并非狭义的政治意识形态，而是包含政治、文化、文明等因素在内的广义的意识形态。

一、“意识形态交往”概念的提出

意识形态这一概念具有“多重用法的历史特点”②，“任何一个国家都有正式与非正式的意识形态的存在，这是不争的事实”③。意识形态的英文 ideology 来自希腊文的 idea（观念）和 logos（学说），是“有关观念的学说”。法国哲学家特拉西在《意识形态的要素》中首次使用“意识形态”一词，认为它就是观念的科学，试图为一切观念的产生提供真正科学的哲学基础。④ 意识形态的形式多样且涵盖范围极广，马克思曾在《〈政治经济学批

① 本文系 2018 年度上海外国语大学校级重大科研项目“公共外交视野下的亚洲文明传播范式与融通机制”的阶段性成果。

② 汤普森. 意识形态与现代文化[M]. 高铦，译. 南京：译林出版社，2012：30.

③ 周庆安. 超越有形疆界：全球传播中的公共外交[M]. 北京：中国传媒大学出版社，2018：228.

④ 俞吾金. 意识形态论[M]. 上海：上海人民出版社，1993：8-11.

判〉导言》中列举过,包括“法律的、政治的、宗教的、艺术的或哲学的”[①]。

不同时代的学者对意识形态的理解也各有差异。“非中性化”是最为典型的一种理解。马克思说,意识形态的本质是扭曲乃至遮蔽真实的人类史和现实生活。霍克海默认为,所有掩盖以对立面为基础的社会真实本质的人的行为方式,皆为意识形态的(东西)。古尔德纳则认为:“意识形态并不是社会学在其成熟过程中所超越的某种特定条件。更确切地说,它仍然是一堵有人把守、有人看守、有人反复维修的边墙。”[②]正是这堵“边墙”,成了不同国家抱团或结盟甚至相互干涉的重要作用方式。在国际交往中,这堵“边墙”同时也是无法回避且必须跨越的障碍。

和“非中性化”相对,“中性化”也是意识形态概念发展过程中的一个重要阶段。马克思、恩格斯、列宁、卢卡奇和曼海姆等人都在概念中性化过程中发挥了作用。[③] 曼海姆认为:“‘意识形态’这个词没有固定的本体论意义,它并没有确定不同现实领域的价值观,因为它最初只表示思想理论。”[④]仅从最初单纯的思想或理论来看,意识形态无疑是中性的,只是它被不同的阶级或者利益集团采用时,带上了主观色彩。不同文明的发展过程中,意识形态也发挥了重要的作用。各种文明在交往过程中,都曾面临小到误解大到战争的不同级别的冲突。冷战期间,美苏两国以及北约、华约两大集团所面临的,就是最高级别的意识形态领域的冲突。伴随各国交往及文明传播的不断推进,人们有必要在关于意识形态的认识上达成基本的共识,那就是意识形态不是洪水猛兽,它是文明形态赖以存在的众多基础条件之一。

在不同文明的融通过程中,意识形态是一个无法回避的关键词。这个词语的高频出现,凸显的是意识形态和身份认同之间的密切关系。比如,每个国家在国际交往过程中的身份定位,既有自认的身份,也有对方认为的身份,一旦两种身份出现较大差异,意识形态便会成为争论的焦点议题之一。认同的基础或前提是对话关系的存在,无论双方的观点差异是大是小,有了对话,就有了认同的可能性。周恩来总理在万隆会议上提出的“求同存异”原则就是对意识形态与认同关系的最佳诠释。即使只是让双方知道差距,也是认同的开始。以“一带一路”为例,自2013年至2019年,“中国同‘一带一路’国家共建82个境外合作园区,上缴东道国税费20多亿美元,带动当地就业近30万人”[⑤]。这些经济数据既反映了各国人民在多层面的广泛交流,也是意识形态层面的交流与彼此认同的最好注脚。文明之间的相互认同,“是在两种不同文明中寻找交汇点,并在此基础上通过互相借鉴、互相阐发推动双方文明的进一步发展”[⑥]。

---

① 马克思,恩格斯.马克思恩格斯选集:第2卷[M].北京:人民出版社,1995:33.
② GOULDNER A. The dialectic of ideology and technology[M]. London:Macmillan,1976:10.
③ 闫方杰.自媒体时代意识形态工作研究[M].北京:人民出版社,2018:16-17.
④ 曼海姆.意识形态与乌托邦[M].黎鸣,等译.北京:商务印书馆,2000:72.
⑤ 王毅.开启“一带一路”高质量发展新征程[J].求是,2019(9):20.
⑥ 曹顺庆.比较文学的问题意识:以“和而不同”的尴尬现状为例[J].外国文学研究,2003(3):6.

交往是什么？要回答这个问题需要先从不同文本中“交往”的选词和翻译说起，其中德语的 kommunikation 是认同度最高的。翻译方面，虽然在“沟通”和“交往”之间有所选择，但“交往”是认可度较高的。马克思和恩格斯在著作中提到“交往”时，除了用 intercourse，还用了 verkehr 和 kommunikation 两个词，陈力丹在《精神交往论》的英译书名中采用的是 intercourse。陈力丹特别强调了 verkehr 和 kommunikation 的含义：“在马克思和恩格斯的著作里，kommunikation 这个词的含义与 verkehr 几乎等同，经常在一段话里交替使用，只是 kommunikation 的使用，相比较而言，指具体的物质与精神交往多一些。”[①]哈贝马斯《交往行为理论》的中文译者曹卫东将 kommunikation 翻译为“交往”。曹卫东从马克思主义发展的角度进一步阐述：“把 kommunikation 一词翻译成汉语的‘交往’或‘沟通’，只是字面上的差别，而没有什么实质上的不同。这里之所以坚持选用‘交往’，主要是想强调哈贝马斯作为‘后马克思主义者’的特征，强调这本书中所理解的 kommunikation 概念与马克思在《德意志意识形态》和《政治经济学批判》中所提出的 kommunikation 概念之间的内在联系。”[②]结合前述解释，“交往”一词既体现了对马克思主义的广义上的传承，也包括具体的物质和精神层面的交往。

提出“交往”，主要是基于对保守的回应。作为一个“宏观的社会性概念”[③]，“马克思和恩格斯在分析交往从狭隘到广泛、从民族到世界（的发展过程）时，主要的标准是看是否有利于人类走向世界交往”[④]。萨姆瓦认为：“人们再也不能互相回避或坚持闭关自守的孤立主义政策。不断增强的流动性，现代化的交通电信技术的发展，以及对全球范围的共同问题的意识，似乎在迅速地打破不同文化间的时空关系。”[⑤]尤其在媒体技术发达的当代社会，时空关系的打破已是既成事实，交往早已成为一种发展趋势。

本文提出的“意识形态交往”的说法建立在马克思、恩格斯的交往理论以及哈贝马斯的交往行为理论的基础之上。恩格斯认为：“由于交往手段的惊人发展——远洋轮船、铁路、电报、苏伊士运河——第一次真正地形成了世界市场。”[⑥]由于技术手段的发展以及媒介的普及，各地区、各国、各民族等不同主体间的交往越发普遍。“交往一旦展开，就会冲破阻力，最终发展为世界的普遍交往，使各个民族的交往日渐同步化。”[⑦]世界范围内的交往对于人类社会的演进和变革具有重要意义，在交往的过程中，交往的内容和方式是重中之重。无论是马克思、恩格斯提到的交往，还是哈贝马斯提到的交往，精神都是交往的核心组成部分。“就精神交往而言，一定历史时期的人的精神需要与满足这种需要的手

① 陈力丹. 精神交往论：马克思恩格斯的传播观：修订版[M]. 北京：中国人民大学出版社，2016：3.
② 哈贝马斯. 交往行为理论：第一卷[M]. 曹卫东，译. 上海：上海人民出版社，2018：译者前言 2.
③ 陈力丹. 精神交往论：马克思恩格斯的传播观：修订版[M]. 北京：中国人民大学出版社，2016：2.
④ 陈力丹. 精神交往论：马克思恩格斯的传播观：修订版[M]. 北京：中国人民大学出版社，2016：31.
⑤ 萨姆瓦，等. 跨文化传通[M]. 陈南，等译. 北京：生活・读书・新知三联书店，1988：2-3.
⑥ 陈力丹. 精神交往论：马克思恩格斯的传播观：修订版[M]. 北京：中国人民大学出版社，2016：83.
⑦ 陈力丹. 精神交往论：马克思恩格斯的传播观：修订版[M]. 北京：中国人民大学出版社，2016：4.

段的发展是相互影响和制约的,这些手段本身又是社会的生产和生产结构决定的。”①以“一带一路”倡议为例,“一带一路”倡议实施以来,中国与沿线国家开展了一系列经济和人文方面的合作,促进了各国之间的“文化的双向与多向互动交融”②。“民心相通是我国‘一带一路’建设的重要内涵,而文化交流、文明对话则是促进沿线国家和地区民心相通的必由之路。”③民心相通的背后正是文明的传播与对话,以社交媒体为代表的新媒体正在使这样的传播和对话更加顺畅。

二、意识形态交往对全球文明传播的重要意义

意识形态交往和文明传播中的新闻建构密切相关。“现代世界的社会运动既是意识形态的运动,又是新闻建构的运动。”④在全球传播领域,意识形态运动和新闻建构的过程是紧密联系的。哈贝马斯的交往行为理论认为,一致和共识是通过语言媒介来达成的。以2018年3月23日开始的中美贸易摩擦为例,中美两国各自的媒体在报道新闻事实的同时也并不回避本国的立场,但中美之外的各国媒体同样因为贸易摩擦本身足够重要的新闻价值而跟进报道,各媒体对于贸易摩擦的态度和感情色彩既是新闻的组成部分,同时也是意识形态运动的重要表现。建立在文化文明交流基础上的全球传播,无法简单规避狭义意识形态的斗争,但接受“意识形态交往是全球文明传播的重要组成部分”将成为研究全球文明传播的基本前提。总体上,全球文明传播涵盖的领域较为宽广,建立在意识形态交往基础上的价值和价值观交往都属于全球文明传播的组成部分。荆学民认为:“意识形态、政治思想、政治价值、政治文化彼此之间是有联系和区别的,但是跳出特定的语境与语义,它们都可以被视为一种价值和价值观。”⑤

意识形态交往是文明传播过程中达成共识的基本前提。交往过程和认同过程是同时进行的,认同和渗透的程度会表现出差别。“历史进程本身似乎有一个固有特点,限制一个观点的狭隘性和局限性往往会在和相反的观点的冲撞中得到纠正。”⑥建立在意识形态基础上的交往都试图让双方的观点最终走向接近以及相互理解。“交往行为意味着参与者对置身其中的生活世界背景及其根据有着共同的理解,并且接受其有效性要求。只有这样才不会引起争论。”⑦比如佛教在古丝绸之路上所获得的共识,串联起了相关国家

---

① 陈力丹.马克思、恩格斯论“需要的体系”和精神交往[J].新闻与传播研究,1990(4):5.
② 史安斌.从“跨文化传播”到“转文化传播”[J].国际传播,2018(5):3.
③ 鲍雨.发挥文化“走出去”在“一带一路”建设中的引领作用[J].公共外交季刊,2018(1):12.
④ GOULDNER A W. The dialectic of ideology and technology[M]. London:Macmillan,1976:100.
⑤ 荆学民.国际政治传播中政治文明的共振机制及中国战略[J].国际新闻界,2015(8):18.
⑥ 曼海姆.意识形态与乌托邦[M].黎鸣,等译.北京:商务印书馆,2009:80-81.
⑦ 郑召利.哈贝马斯的交往行为理论:兼论与马克思学说的相互关联[M].上海:复旦大学出版社,2002:203.

与中国的文明联系。总体而言,“从意识形态的角度来看,各国之间不同的观念需要相互碰撞和交汇,这样才能够真正达成共识,或者找到必须弥补的差距”①。建立在意识形态交往基础上的共识,是全球文明传播得以有效开展的重要保证。无论双方之间的关系是否紧密,交往的过程终归是彼此认同的过程。“没有认同感的双方或多方的交往通常是以各种对立的形式进行的,各方之间的真正沟通比较困难,造成的误解也比理解要多。但是,只要有这种交往存在,就会发生相互影响,即认同的相互渗透。”②日本就是一个典型的范例,它作为亚洲最早步入现代化的国家,“在古代接受了中国的儒家文明,在近代又接纳了西方现代文明,成为文明融合的典型案例”。③ 从日本的文明融合经历中可以发现,文明在全球传播中的行进线路是自由的。“任何一种文明,不论产生于哪个国家、哪个民族的社会土壤,都是流动的、开放的。这是文明传播和发展的一条重要规律。”④

意识形态交往是全球文明传播的助推器。作为全球文明传播的主要表现形式,意识形态交往一直在文明交流互鉴领域发挥着重要作用。在全球文明传播的过程中,意识形态交往成了一个必经阶段,正确对待意识形态交往一定程度上决定着文明传播的效果。以文明传播中的政党对外交往为例,中国共产党自 1921 年成立以来,在近百年的发展历程中经历了多个不同的对外交往阶段:从革命战争时期以共产国际和苏共为主要交往对象,到后来主要以各国共产党和工人党为交往对象;改革开放后,对外交往的范围扩大到各国各类政党和其他相关政治组织。对外交往对象的扩大,固然和时代背景密切相关,但同时也是文明交流互鉴的必然结果。“意识形态、社会制度和发展道路,归根结底,应当由各国人民自己来选择,分歧和差异不应当成为谋求这种合作的障碍。”⑤“超越意识形态的差异,谋求相互了解和合作”⑥既可以作为中国在对外交往中一以贯之的重要原则,也可以作为全球文明传播和各文明间交流互鉴的基本原则。“不同的意识形态、不同的信仰、不同的文明最终都会归为同一个方向,那就是‘真理’与‘和平’。”⑦包括意识形态在内的各种交往,正在推动着全球范围内的文明传播。

---

① 周庆安.超越有形疆界:全球传播中的公共外交[M].北京:中国传媒大学出版社,2018:228.

② 陈力丹.精神交往论:马克思恩格斯的传播观:修订版[M].北京:中国人民大学出版社,2016:371-372.

③ 孟建,于嵩昕.传播的逻辑:寻求多元共识的亚洲文明对话[J].现代传播,2016(7):18.

④ 习近平:在纪念孔子诞辰 2565 周年国际学术研讨会上的讲话[EB/OL].(2019-09-24)[2019-09-26].http://www.xinhuanet.com//politics/2014-09/24/c_1112612018.htm.2014-9-24.

⑤ 胡耀邦.超越意识形态的差异 谋求相互了解和合作——胡耀邦总书记在欢迎勃兰特主席宴会上的讲话[N].人民日报,1984-5-30(3).

⑥ 1984 年 5 月 29 日,胡耀邦同志在欢迎勃兰特主席率领德国社会民主党代表团访华的宴会上,提出了“超越意识形态的差异,谋求相互了解和合作”的重要原则。

⑦ 2019 年 5 月 19 日上海外国语大学举办了“亚洲文明与国际传播:范式与融通机制”学术沙龙,来自印度的印中友好协会主席塔伦·伟杰(Tarun Vijay)先生在参会期间接受主办方访谈时提到上述观点。

三、全球文明传播中意识形态交往的特点

当前全球传播领域的种种表现，归根结底还是文化和文明的交流。“让人类创造的各种文明交相辉映，让各种文明和谐共存，让人人享有文化滋养，是全人类共同的责任。”[①]文明的共存与共享需要由文明传播来完成。在全球传播作为研究领域开始兴起之前，文化和文明的交流历史早已存在。“在和谐辩证法的逻辑里，不同文化以非冲突的方式互动，无论是空间上的不同文明形态(比如基督教文明、伊斯兰文明和中华文明)，还是时间上的不同文明形态(比如现代文明与后现代文明)，都在互动转化为一个相互包含而非同质的新的合体。”[②]无论是空间还是时间的互动转化，意识形态都在其中串联起了全球文明传播秩序的发展主线。在哈贝马斯的论述中，交往概念“既是行动，也是社会关系的体现，同时还是社会关系结构的体现”。[③] 我们把交往范围放大到全球就会发现，国家间交往以及意识形态的交往因此具有了行动层面的含义。具体而言，在全球文明传播视域下，意识形态交往的过程主要具有以下三个方面的特点。

(一)国际组织和跨国公司是意识形态交往的重要参与主体

依据哈贝马斯交往理论的“行动”概念，意识形态交往的行动涵盖了政府和非政府两个层面。政府层面主要指国家间关系发展过程中所涉及的意识形态领域的合作与对抗，这其中也包括以联合国为代表的国际组织所参与的相关活动。非政府层面则主要指全球范围内数量庞大的非政府组织所参与的相关活动。

通过国际组织这一视角可以发现传播对意识形态和价值体系的影响。无论是政府间国际组织还是数量众多的非政府国际组织，都在全球文明传播中起着重要的纽带作用。这些国际组织在处理涉及多国、地区或团体的相关事务时，不可避免地要面临意识形态和价值观的冲突。亨廷顿认为：“二战后不久成立的大部分主要国际机构，都是依据西方的利益、价值观和实践建立的。当西方的权力相对于其他文明衰落之时，这些国际机构将在压力之下进行重组，以适应其他文明的利益。”[④]随着国际组织的工作与传播活动的进一步紧密结合，意识形态交往的普遍性将得到深入展示。联合国教科文组织发展历史中出现的美英等国退出事件就是意识形态交往的极端表现之一，即使是在21世纪的今天，联合国系统下的大型国际组织也依然面临着意识形态层面的冲突

---

① 本刊编辑部. 文明交流互鉴的正确态度和原则[J]. 求是，2019(9)：14.

② 秦亚青. 文化、文明与世界政治：不断深化的研究议程[J]. 世界经济与政治，2010(11)：13.

③ 欧阳英. 关于交往概念的综合理解：由哈贝马斯交往理论引发的深入思考[J]. 世界哲学，2018(2)：118.

④ 亨廷顿. 文明的冲突与世界秩序的重建：修订版[M]. 北京：新华出版社，2018：292.

与协调。

跨国公司也可以被看作这个层面的组成部分。大型跨国公司是技术与意识形态之间产生深层关系的重要中介,“跨国公司用高超的技术树立起生产效率的样板。它们的高利润率,刺激着(投资者)对交流工业进一步投资”[①]。关于跨国公司在意识形态宣传方面的作用,有学者认为是因为“长期以来,跨国公司成了国家对外活动的代理人和共谋者”[②]。“全球化公司成了国家对外意识形态传播的桥头堡。尤其是在美国,跨国公司成了美国国际公共外交的执行者。”[③]以新闻集团为例,其正是通过不断的投资和并购行为对包括英美在内的各国人民产生了不同程度的影响,除了资本、技术、理念,意识形态也在其中起着举足轻重的作用。包括新闻集团在内的几大跨国传媒巨头“在与东道国进行跨国贸易时,不仅输出媒介的先进技术和管理,同时还不可避免地主动或被动地输出母国的文化模因”[④]。需要指出的是,在全球传播的大趋势下,文明要打破“唯技术”现象,就要将文化、文明、意识形态等因素与技术合理融通,这样全球文明传播格局才能达到一个新的高度。

(二)文化层面的意识形态交往能有效化解冲突

作为文明的重要组成部分,文化是建立在媒体和技术基础上的更为隐性的部分。葛兰西认为:“军事力量不一定是为统治阶级保留权力的最佳工具,但更有效的行使权力的方式是通过意识形态对文化生产和分配的控制来达成共识的。”[⑤]当今世界,文化冲突业已成为影响文明传播和世界稳定的重要因素。中国政府提出的“人类命运共同体”就是建立在文化层面上的“基于中国文明的全球公共理念”,“其包含的中国元素和中国智慧决定了在国际信息秩序重塑过程中肯定、突出‘和合’文化,坚持共商、共建、共赢、共享原则”。[⑥] 人类命运共同体理念“配合了中国文明和中国语境的道义内涵”[⑦],对人类未来和谐发展提出了理论和实践层面的观照。

文化和意识形态关系甚密。亨廷顿认为:“意识形态概念和狭义的文化概念在内涵上本来就存在着相互重叠的部分。”[⑧]资本主义意识形态根植于核心文化产业的交易结构、营销和战略规划之中。[⑨] 葛兰西还提出过“夺取意识形态文化主导权”的主张。由于

① 国际交流问题研究委员会.多种声音 一个世界[M].北京:中国对外翻译出版公司,1981:149.
② 朱振民.理解国际传播:问题、视角和阐释[M].北京:中国广播电视出版社,2013:106.
③ 朱振民.理解国际传播:问题、视角和阐释[M].北京:中国广播电视出版社,2013:105.
④ 韦依娜,肖华锋.“模因理论”视域下美国传媒型跨国公司文化传播[J].新闻大学,2013(6):93.
⑤ THUSSU D. International communication:continuity and change[M]. Oxford:Oxford University Press,2002:68.
⑥ 郭可,姜绳.人类命运共同体理念:提升我国全球话语权的道义高峰[J].对外传播,2018(2):8.
⑦ 郭可,姜绳.人类命运共同体理念:提升我国全球话语权的道义高峰[J].对外传播,2018(2):6.
⑧ 汪行福,俞吾金,张秀琴.意识形态星丛:西方马克思主义的意识形态理论及其最新发展态势[M].北京:人民出版社,2017:3.
⑨ MCPHAIL T. Global communication:theories,stakeholders,and trends[M]. New Jersey:John Wiley & Sons,2014:20.

包括经济、政治、军事等在内的多种因素的影响,国家之间的实力差距依然客观存在,全球传播范围内文化层面的战争仍然是相当严峻的。福山认为:"(国家之间)差异的持续存在可能意味着,国际生活将逐渐被视为不同文化之间的竞争,而不是敌对意识形态之间的竞争——因为大多数经济上成功的国家将沿着类似的路线组织起来。"[①]随着近年来中国话语在国际社会被广泛讨论,中国也开始面临来自国际社会的多种形式的挑战。高新技术被封锁、孔子学院被质疑甚至层出不穷的关于中国形象的"固定成见"和"妖魔化",这些表现都可以被视为不同文化之间竞争的延伸。在被国际舆论高度关注的同时,既要让中国形象得以全面传播,同时还要注意其中的意识形态因素不被解读为负面或贬义的,这是中国参与全球文明传播工作面临的艰巨任务。

文化层面的意识形态交往有利于化解冲突。"从传播的层面来看,非正式的意识形态,往往在社会文化中形成,并且带有一定可文化传承的内容,易于为公众所接受,或者在参与对话的过程中更容易找到认知基础。"[②]以地处亚洲的两个世界人口大国——中国和印度为例,虽然在两国关系史上曾出现过局部性冲突,但基于地缘、文化、经贸等多方面的联系,两国在文明对话方面表现得较为活跃,尤其是两国近年来在电影交流方面的表现可圈可点。意识形态交往正是建立在包括文化、艺术等诸多形式的交流之上的,我们可以在此基础上将其推广到更多亚洲国家,去"寻找更多的文化契合点和更大范围的合作领域,开展多方面的融合合作,进行一定程度的价值共建和互利互惠的文化交流,进而形成有一定影响力的国际传播格局"[③]。虽然亨廷顿强调"不同文明集团之间的冲突将成为全球政治的中心"[④],但通过建立在意识形态交往基础上的多类型合作,将大大增加化解此类冲突的可能性。"一带一路"倡议就是一个各文明良好合作的开端,这个倡议既关注各国经济的协同发展,也关注沿线国家之间广泛的人文交流,强调在各国交往的过程中开展文明对话。

(三)媒体和技术层面的意识形态交往能有效助益全球文明传播

媒体在意识形态的传播中起着至关重要的作用。大部分精神层面的思想或理念,无论是否成体系,都会通过大众媒体的途径传播。以海外华文媒体为例,无论这些媒体和中国政府有无紧密关系,它们都在传播中华文明和文化方面作出了重大的贡献。意识形态因素始终贯穿于传播过程中的信息交流环节,并对海外华人和对中国感兴趣的读者起着潜移默化的作用。"散居在外的媒体参与了全球和主要国家媒体以及主流国家和国际

---

① FUKUYAMA F. The end of history and the last man[M]. London: Macmillan, 1992: 234.

② 周庆安. 超越有形疆界:全球传播中的公共外交[M]. 北京:中国传媒大学出版社,2018:228.

③ 廖卫民. 亚洲主义:国际传播的战略构想与发展机遇[M]//邵培仁,等. 亚洲传播理论:国际传播研究中的亚洲主张. 杭州:浙江大学出版社,2017:67.

④ 亨廷顿. 文明的冲突与世界秩序的重建:修订版[M]. 北京:新华出版社,2018:108.

政治舞台之外的意识形态和表现形式的发展”①，这是媒体层面意识形态交往的主要表现。在全球文明传播中，国家间通过大型的合作活动来展开交往，意识形态是主要内容，媒体的传播活动是重要的载体。大众传播的流行及广泛运用通常被认为是文明的标志之一，“大众传播媒介这一西方现代工业文明要素，发挥着作为现代西方工业文明体系交流中枢的作用”②。

技术在文明传播中意义重大。“媒介技术和话语网络的相互作用，推动着人类文明的变革。”③一直以来，西方技术都在媒介发展史中占据主导地位。“从马可尼到微软，我们可以发现一种连续性，那就是西方技术主要是如何设定国际传播的议程的，它是在给世界布线、向国际观众广播，还是通过互联网创建一个虚拟地球。”④世界进入互联网时代以来，传统媒体和新媒体都面临着传播范式的革命。达雅·屠苏认为：“计算机媒介传播的日益普及可以进一步减少意识形态在日常生活中的影响，但另一方面，互联网的强大潜力可以创造新的跨国意识形态联盟形式。”⑤在技术进步和意识形态多样化的基础上，文明形态逐渐形成并完善。“每种文明将在技术的混合中形成，然后作用于文化。”⑥也有关于技术的一些悲观性思考，山崎正和认为：“电子媒体更为深刻的文明上的问题是人们已习惯了这种感性的、片段的信息泛滥，其结果将会导致认为逻辑性、体系性的思考是一种麻烦的思想倾向。”⑦逻辑性和体系性的思考是全球文明发展过程不可或缺的基础准备，通过优化电子媒体使用习惯，推出更多可读性较高的内容，才可以正确应对山崎正和提到的思想倾向。

在文明传播领域，媒介技术和媒体实力的变化将带来信息流动的变化，进而影响意识形态的运动状态。哈贝马斯指出：“科学与技术本身成了意识形态，是因为科学和技术同意识形态一样，具有明显的工具性和奴役性，发挥着统治人和奴役人的社会功能。”⑧在意识形态的漫长传播过程中，技术一直扮演着重要的角色，技术促成了交流的进一步深化，同时也提高了社会交流的质量。交流的神话意味着信息量的增加，以及对于如何“理解世界”的深入思考。近年来，“全球新闻传播领域出现了由‘全媒’‘融媒’向‘智媒’‘浸媒’的更新迭代”⑨，媒介融合带来了资本的进一步活跃，同时带动了新兴媒介领域的进

---

① THUSSU D. Media on the move：global flow and contra-flow[M]. London/New York：Routledge，2007：31.

② 姜飞. 18 世纪以降文化与文明的话语博弈[J]. 华中师范大学学报(人文社会科学版)，2013(6)：148.

③ 张昱辰. 媒介与文明的辩证法：“话语网络”与基特勒的媒介物质主义理论[J]. 国际新闻界，2016(1)：76.

④ THUSSU D. International communication：continuity and change[M]. New York：Oxford University Press，2002：75.

⑤ THUSSU D. International communication：continuity and change[M]. New York：Oxford University Press，2002：75.

⑥ 麦克高希. 世界文明史：观察世界的新视角[M]. 董建中，等译. 北京：新华出版社，2003：345.

⑦ 山崎正和. 世界文明史：舞蹈与神话[M]. 方明生，等译. 上海：上海译文出版社，2014：335.

⑧ 哈贝马斯. 作为“意识形态”的技术和科学[M]. 李黎，郭官义，译. 北京：学林出版社，1999：中译本序 3.

⑨ 史安斌，王沛楠. 2019 全球新闻传播新趋势：基于五大热点问题的全球访谈[J]. 新闻记者，2019(2)：41.

一步发展,“历史和现实都已经证明了新兴媒介成为当今文明演进和文化变迁的重大系数”①。

四、结语

全球文明传播的目标是在沟通、对话和协商的基础上,“以文明交流超越文化隔阂,以文明互鉴超越文明冲突,以文明共存超越文明优越”②。文明之间有冲突并不可怕,相互理解和对话,直面问题并主动交往才是冲突的解决之道。在全球文明传播的过程中,各国在意识形态交往方面面临着传播主体的变化、传播内容的变化以及复杂的现实挑战。正确认识和重视“意识形态交往”,将有助于提升全球文明传播效果。

以多元化思维应对主体变化。目前全球文明传播的主体已经不再单纯依靠国家层面,而是变得更加丰富多元。如前所述,数量众多的非政府组织、跨国公司也已经在有意无意中成为文明传播的主体。此外,在个人层面,活跃在媒体驻外机构中的记者、数量庞大的留学生群体,以及各种语言文化类传播组织的从业人员和广大志愿者都积极主动地参与了文明传播。中美贸易摩擦期间,美国福克斯商业频道的主持人翠西·里根和中国国际电视台主持人刘欣在电视上的访谈与交流也属文明传播的范畴,刘欣强调“只要我们用心去说、去做,中国的声音就会有人听到,就会有人听懂”③。文明传播主体的丰富化给全球传播带来了更多的机会与活力,在意识形态交往层面,同样要以多元化思维来应对文明传播的主体变化。文明的互鉴并不单纯指各国或代表各种文明的文物的世界巡回展,更多的还在于从“人”的层面进行的跨越国界的意识形态层面的交往。交往的频率越高,涉及面越广,全球文明传播才可能获得理想的效果。

以“和而不同”的智慧应对内容变化。随着5G时代的全面来临,人工智能时代文明传播形式变得多样,算法引领下的传播技术得到革新,可以预见的是,全球文明传播在意识形态交往层面将迎来内容方面的巨大变化和突破。“‘和而不同’的文化原则,曾在中国古代文明的建设与发展中发挥了很大的作用,是中国传统文明中的可贵的思想财富。”④将“和而不同”所包含的伟大智慧运用到全球文明传播中,有其独特的思想价值。以目前在5G技术方面领先的华为公司为例,面对美国的“围堵”,华为公司、中国以及众多和5G技术有密切关联的国家都将卷入这场关于技术的争夺中。表面上是技术的争夺,实则是各国在意识形态方面的交往。“和而不同”智慧的伟大之处在于承认各国在意

---

① 姜飞,黄廓.论新时代中国特色社会主义核心价值观国际传播的新思路[J].中州学刊,2018(1):170.

② 本刊编辑部.文明交流互鉴的正确态度和原则[J].求是,2019(9):16.

③ 刘欣.我与美国主播翠西·里根“辩论”前后[J].全球传媒学刊,2019(3):118.

④ 曹顺庆.比较文学的问题意识:以“和而不同”的尴尬现状为例[J].外国文学研究,2003(3):6.

识形态等各方面的不同，正因为各国有不同，才有交往的必要。“和”不是你死我活的零和游戏，而是开诚布公的交流；将不同作为交往的前提，同时为了全人类共同发展的宏伟目标，将技术推广和人类的福祉紧密联系起来，共同推动人类命运共同体的进步和发展。意识形态交往活动的目的是在平等对话的基础上建立起“具有文化特色，包容内部差异，又超越理论的偏狭”[①]的普遍性观点。

以“世界主义意识”应对现实挑战。范・迪克认为：“从一个现代的、跨学科的视角来看，意识形态其实是一种为群体所共享的社会再现（social representation）的观念基础。”[②]社会再现的过程，就是我们面临社会全方位挑战的过程。全球传播时代，“文明互鉴是推动人类文明进步的重要动力，也是构建人类命运共同体的有效手段之一”[③]。在可以预见的将来，“未来媒体将朝着泛网络化、泛媒介化、泛数据化、泛可感化的方向发展”，[④]传播形态也将越发多元，“人类文明全面进入‘信息文明’‘传播文明’时代”。[⑤] 各行为主体有必要在“意识形态交往”的前提下，以“人类命运共同体为核心理念，以赋权（empowerment）的方式带动世界各国共同发展，促进文明的平等交流与互鉴”[⑥]。文明互鉴如何能在全球传播的大环境下表现出更强大的活力？回答这个问题，需要我们对中国参与全球文明传播过程所肩负的责任与发展战略做进一步思考。

（作者徐惊奇系上海外国语大学新闻传播学院博士研究生，四川外国语大学副教授；
作者郭可系上海外国语大学新闻传播学院教授、博士生导师）

---

① 李金铨. 传播纵横：历史脉络与全球视野[M]. 北京：社会科学文献出版社，2019：153.
② 常江，田浩. 托伊恩范迪克：批判话语研究是一种政治立场：新闻、精英话语与意识形态[J]. 新闻界，2018(5)：8.
③ 江时学. 人类命运共同体研究[M]. 北京：世界知识出版社，2018：164.
④ 贾文山. 未来的传播形态：思考与前瞻[J]. 学术前沿，2018(5)：79.
⑤ 蔡尚伟. 未来的传播形态与社会文明形态[J]. 学术前沿，2017(23)：57.
⑥ 史安斌. 从“跨文化传播”到“转文化传播”[J]. 国际传播，2018(5)：2.

媒体演进下政治传播的变革与新形态

新媒体语境中政治传播的实践形态与效力提升途径分析/谢进川

国外社交媒体推特中的“中国框架”

——基于“一带一路”英文话语分析 /王 菁 杨可昕

计算式宣传:全球社交媒体研究的新议题 /于家琦

网络公共舆论:环境变迁与路径选择/张桂芳

关注力与情感倾向:中国台湾地区社交媒体对政治选举的影响

——以“韩国瑜现象”为例 /艾明江

新媒体语境中政治传播的实践形态与效力提升途径分析[①]

◇ 谢进川

2019 年 4 月 30 日，习近平总书记在纪念五四运动 100 周年大会上的讲话指出："中国共产党立志于中华民族千秋伟业，必须始终代表广大青年、赢得广大青年、依靠广大青年，用极大力量做好青年工作，确保党的事业薪火相传，确保中华民族永续发展。"而赢得广大青年，并让青年不辜负党的期望、不辜负这个伟大时代，并不是自动实现的。从政治传播维度来说，需要构建有效的政治传播力，以促进青年更好地把握新时代中国青年运动的主题、新时代中国青年运动的方向与新时代中国青年的使命。

但在相当长的一段时间里，人们过于关注政治传播的政治性，对其传播性的把握尚不足。僵化地理解政治的优先性原则，导致政治性统摄并支配传播性的同时，又在一定程度上忽视了应有的传播性，导致传播举措无效。由于政治传播中的形式化、表面化等问题凸显，政治的正确性与传播的适宜性远未能实现最佳匹配。新媒体语境下需要我们从政治到传播、从传播到政治进行新的思考，以提升新时代国家政治传播对包括青年在内的公众的引导力。

一、政治传播的两种实践形态

习惯上，人们往往依据政治传播性质的不同将政治传播区分为政治宣传、政治沟通与政治营销三种形态。[②] 但这一区分方式如何在理论的逻辑、实践的逻辑与现实的逻辑中获得统一，尚需要进一步说明。而如果根据政治传播的实际发生源区分的话，广义的政治传播则可以直接分为"政治(的)传播"和"传播(的)政治"两种实践形态。前者表现

---

① 本文初刊于《现代传播》2019 年第 8 期，收入本辑时略有删改。

② 荆学民. 中国政治传播策论[M]. 北京：中国传媒大学出版社，2017：193.

为政府(以及执政党)主动地对特定政治内容(包括政治价值、意识形态、政治观念、政治制度、政治模式、政治形象等)进行的传播;后者通常表现为体现特定政治性的社会主体的自发传播行动。之所以“刻意”区分政治传播的两种实践形态,主要是因为新媒体语境强化了“传播(的)政治”这一实践形态在政治传播中的地位,凸显了“传播(的)政治”在整体民主政治生活中的介入能力。

“政治(的)传播”形态和“传播(的)政治”形态的主要区别在于三个方面。首先,“政治(的)传播”形态表现为从上至下的传播,“传播(的)政治”形态表现为从下至上或横向的传播。由于“政治(的)传播”形态是从上至下的传播,可以征用的传播资源相对比较广泛,能够在短期内迅速形成强大的传播声势,因此其国家的动员性传播特征明显。“传播(的)政治”形态具有自发的生成性与分散性,对传播资源的利用主要遵循就近、便利、日常化的原则,其形成一定的传播声势所需的时间有长有短。但“传播(的)政治”形态的特定传播声势一旦形成,包含衰减在内的传播周期的阶段性特征就会呈现出或隐或显的状态。“政治(的)传播”形态由于是高度组织化的,征用传播资源的能力较强,因此其传播周期的开始阶段往往意味着高潮阶段的初步形成。从这个意义上来说,“政治(的)传播”形态的传播周期是跨阶段的,其阶段性的区隔并没有人们想象得那样清晰和分明。

其次,“政治(的)传播”形态往往是被框定的、被邀请的传播实践,因此不乏仪式化传播意味。“传播(的)政治”的实践形态往往具有自发生成性,在当下中国语境中还时常以事件的方式生发并传播开来,从而具有媒介化事件的景观性特征,并在效果上显示出诸种不确定性。对于“政治(的)传播”形态,由于不同时期所呈现出的政治敏感度有差异,政治传播主体的自由弹性存在较大的不同,加之个别时期的特殊性以及对相关意识形态传播政策规制的执行偏差等,这一政治传播形态具有一定的政治风险性。出于规避风险的需要和犹过之而恐不及的心态,具体的传播实施者(特别是低层级传播实施者)往往会有意强化政治传播的强制性色彩,这会导致政治传播在落地过程中常常刚性有余但弹性不足,有时甚至导致大量僵尸型传播情形,即貌似声势浩大,但无法真正地入心入脑。

最后,“政治(的)传播”形态的传播主体是国家(政府及政党,或被特殊授权的相应社会机构),其本质是政治的社会化,其传播的过程强调政治的正确性,并表现为权威的意义揭示、一致化的规定和基于既有政治正确性的深入阐释。“传播(的)政治”形态的传播主体是社会(社会组织、公众)。因此,“传播(的)政治”形态的本质是社会政治①,它表现为对社会的政治发现,强调从社会性主体出发,重视社会的主体间性关系及其或同或异的传播阐释。就此而言,“传播(的)政治”形态并不总表现为对特定传播内容阐释的一致性政治。其具体实践效果主要取决于国家与社会之间多重的互动关系,并在现实的层面表现为抗争、规训、沟通、吸纳或治理等诸种可能的原因。

---

① 谢进川.微博发展的政治逻辑分析[J].中国青年研究,2013(10):25-28.

总体上看，强调“政治（的）传播”和“传播（的）政治”的区分的原因在于两种实践形态存在协同、错位等多种可能。当代中国政治传播需要在旧宣传观念与新宣传观念中做出新的抉择，以提高“政治（的）传播”和“传播（的）政治”的耦合度。当然，实现这一目标还需要适应新媒体语境下的传播发展逻辑，进而把握好未来政治传播效力的提升途径。

二、新媒体的传播发展逻辑

新媒体创造了传播即生活的沉浸式传播网络生态，具体表现为全时空传播、全感官体验与全对象连接的无间歇性的流态传播。随着各类媒介新形态不断植入人们的政治、经济与社会生活中，整个传播网络成为节点上的网络、意义与价值生成的网络，以及全面交往、多重行动与深度体验的网络。新媒体突破了传统大众媒体的线性传播特征，打破了其对传播权力的垄断，创造了广泛传播、巨量传播、自我传播的新传播环境。新媒体使传统媒体不得不进行新的转型，从而推进了从媒体融合走向全媒体的新进程。进一步来说，它重构了国家之间、国家与社会、个人与社会的关系，进而成为政治传播发展的重要媒介背景。总体上看，作为社会自我确认和改造的产物，媒介发展在很大程度上总是表现为刺激新的社会需求，或满足社会的新需求。“通过这些物化的冒险，宇宙达到一个新的水平，一个新的时代；在这个新的时代里，理性、渴求、意志、梦想和许许多多心灵的历险，都会越来越声势浩大地表现出来。”[①]而这样的需求显然同特定的群体联系更为紧密。中国互联网络信息中心（CNNIC）发布的《中国互联网络发展状况统计报告》显示：截至2018年6月30日，中国网民规模为8.02亿。其中，20—39岁群体占比50.3%，如果加上10—19岁群体，则二者占比更是达到67.8%。这一数据表明，25年来的互联网发展“将中国从过去的弱联结社会变成一个强联结社会，从根本上改变了中国的社会结构、运行方式和动力机制”[②]，作为传播网络节点主体的网民的青年化特征仍然明显。这也意味着，青年在很大程度上成为新媒体语境下“传播（的）政治”形态的重要实践主体，而不仅仅是“政治（的）传播”实践的重要对象。

新媒体使得传播网络的圈层化效应越发明显。特别是以微博、微信、微视频为代表的微传播，实现了新技术条件下熟人或半熟人社会的聚合，又在很大程度上保持了关系的开放性。新媒体传播网络关系的强度特征表现为强关系和弱关系并存。同时，关系圈也基于不同的关系类型生成，如亲缘关系、地缘关系、业缘关系、趣缘关系等。所有的个体被嵌入不同的关系圈，从而形成点状、圈状交互联结的关系网络。传统现实关系圈的

---

① 莱文森. 思想无羁[M]. 何道宽，译. 南京：南京大学出版社，2003：281.

② 方兴东，陈帅. 中国互联网25年[J]. 现代传播，2019，41(4)：1-10.

相对封闭、面对面的及时互动,以及现实地位的差异往往容易对直接交往产生影响。与之不同的是,新媒体下的圈层化交往关系使得个体驻留在特定关系圈的同时,又可以通过不变的形式保持实质性的脱离(如一言不发,设定“关系圈新信息不提示”功能等),或直接从特定的关系圈逃离并进入其他的关系圈,从而在某种程度上摆脱现实关系或地位的差异对传播交往所产生的影响。从传播意义上来说,基于地缘关系,特别是亲缘关系的圈子传播的内容更多是日常生活分享与情感慰藉,重视的是情感的按摩和一定的生活支持功能。在互动中,基于亲缘关系的圈子往往遵循长幼有序的传播秩序。其中的传播权威,往往在现实中也被确认为权威。但基于业缘关系的圈子和基于趣缘关系的圈子的成员的同质性弱于基于亲缘关系的圈子,在圈子规模的扩张能力、探讨话题的多样性与开放性方面都强于基于亲缘关系的圈子。由于整体性关系网络互相联结之故,圈子之间的吸纳、溢出与渗透等传播效应又总是在不同程度地发生着。“人们在这里相遇,交换行为或交换过程嵌入任意的瞬间,但彼此交换和产出的是非物质的情绪、氛围、意见和观点,这里充满了不可量化的欲望客体。”①这一传播情境意味着政治传播需要被欲望化,以适应网络传播交换的需求。由于任何进入新媒体网络的政治传播议题都会以或浸或润或洇的方式表现为新的液化传播形态,传统政治传播的强制性传播方式容易遭到柔软的“抵抗”,特定不符合需求者逻辑的政治传播议题往往会被新媒体传播圈层网络自动地拆解、过滤、隔离,直至被冷却和选择性遗忘,从而导致不同程度的政治传播中断与失效。

新媒体语境下的公众传播实践意味着社会监视力量的生成,政治传播需要重拾国家治理的群众路线。这种来自公众的社会监视不同于葛宇路盯着监控摄像头看这种行为艺术。按照后者的陈述,他质疑的是一种监控的权力,但并不能对它做出实质的改变:“我只是盯着它,争取盯几个小时把背后看我的人看出来,或者说我们之间能够有一瞬间的对视,我觉得那就很棒了”②。新媒体网络空间生成的社会监视权力形成了对权力的反向监视,这在一定意义上打破了传统权力格局的非对称性。监视的对象不仅包括对一般性公权力的运用,还包括意识形态的相关定义及其有效性问题。③ 出于对来自公众的监视权力的强调,以及对当下民主形态的反思,英国学者约翰·基恩(John Keane)将这类监视行动上升为一种新的民主形态——警告式民主或告诫式民主(monitory democracy)。④ 他认为这是后威斯敏斯特政治所界定的迅速增长的各种议会外的权力审核机制的变体。在他看来,警告者或告诫者(monitor)扎根在国家的政府和公民社会之中,同时也存在于由国家和商业组织控制的跨界机构中;它可以在不同的空间尺度上运作,从地

① 张念.自媒体、瘾及欲望生产力[J].探索与争鸣,2017(7):46-49.

② 详细内容参见央视《新闻周刊》2017年7月25日节目:《葛宇路重回“葛宇路”:以艺术的方式介入公共议题》。

③ 更多内容参见谢进川.媒介政治社会学分析[M].北京:中国传媒大学出版社,2017:166.

④ 谢进川.微博发展的政治逻辑分析[J].中国青年研究,2013(10):25-28.

方实体到全球网络都有所涉及。[①] 对此，我国领导人在政治传播的战略高度上已进行过多次回应。2014 年 2 月 27 日，习近平在中央网络安全和信息化领导小组第一次会议上的讲话中就指出，网络安全和信息化是一体之两翼、驱动之双轮，需要统一谋划、部署、推进和实施。同时，鉴于网络空间的自在性，网络话语在某种程度上又是民意的呈现，2016 年 4 月 19 日，他在网络安全与信息工作座谈会上的讲话中又特别强调："网民来自老百姓，老百姓上了网，民意也就上了网。"领导干部要到群众那儿去，学会通过网络走群众路线，了解群众的所思所愿。进而，他指出这是新形势下领导干部做好工作的基本功。2019 年 1 月 25 日，习近平在中共中央政治局第十二次集体学习时发表重要讲话，针对以前是"人找信息"而现在是"信息找人"的转变，他强调信息生产领域的供给侧结构性改革，主张通过创新理念、内容、形式、方法、手段等来提高宣传质量和水平。显然，这一思想要求探索政治传播效力的提升途径，以更好地缝合并整合"政治(的)传播"和"传播(的)政治"两种政治传播实践形态。

三、提升政治传播效力的主要途径

一是探索多样化的媒介形态以促成政治的有效传播。这种多样化包括媒介渠道的多样化、传播类型的多样化、传播圈子的多样化。新媒体传播在一定程度上实现了自我传播、人际传播、群体传播与大众传播的融合，这类亲民传播形式在被公众"愉悦"接触的同时，也增加了传播扩散的可能。"学习强国"已变成公众自主选择并乐于选择的移动学习平台，直接为"政治(的)传播"加了分。微视频《十三五》的形式同样让人们耳目一新，其将重大政治文本与民谣歌曲、拼贴画相结合，增加了一般社会人群接近政治文本的可能性。相关公开资料显示，抖音的月活跃用户规模达到 4.26 亿，35 岁以下人群的占比为 90%，且 60%的用户拥有本科及以上学历。[②] 而传统权威媒体纷纷选择进驻抖音，拓展接触人群。但解决政治传播的亲近性问题对于传统权威媒体而言，并非一蹴而就的。原因在于，政治传播的亲近性包含了兴趣(或利益)的相关性、话语的通俗表达，以及政治传播风格的亲民性等一揽子内容。在西方总统竞选过程中，特定竞选人与支持者互为背景的自拍图片在世界各国广泛传播，这本质上反映了政治传播中政治人物与公众关系的变革，并象征了"自家人"这一政治传播的新关系互动模式的生成。就政治传播的亲近性而言，当下中国公众的需求并不例外。

二是政治传播的生活化转向问题。应该说，媒介化策略主要还是基于技术性工具和

① KEANE J，吴小坤. 监督式民主：新媒体时代民主实践的新理念[J]. 开放时代，2009(2)：121-130.

② 2018 年抖音用户规模、用户画像回顾及 2019 年抖音行业发展趋势[EB/OL]. (2019-02-18)[2019-02-25]. http://www.huaon.com/story/404240.

平台的,它主要解决的是接触性问题。纵观20世纪90年代以来互联网在中国的发展,特别是21世纪以来微传播的崛起,其直接以生成新空间的方式启动了新的文化与生活空间的转向。在这里,人们有关注、有讨论、有思考、有疑问,所涉及的领域包括政治、经济、文化与观念,讨论的方式则是理性与非理性交织。鉴于空间的活跃程度及其带来的诸多影响,政治传播需要联通网络空间、交往圈层,关注该空间中的文化生态、争论性政治议题和日常关切,以便作出最及时的回应。近年来网络空间中关于英雄人物"邱少云的真假之辩"事件,借历史之说歪曲历史事实的"站在民国法律的角度看刘胡兰被杀"事件,以民生领域的矛盾问题否定制度合法性的"问题言说"曾一度大行其道。尽管"邱少云的真假之辩"事件从性质上被界定为"历史虚无主义","站在民国法律的角度看刘胡兰被杀"事件被定性为"歪曲近现代中国革命历史、党史、国史、军史","问题言说"被认为是"将局部问题放大,没有大历史的视角,以及对历史、现在与未来缺乏贯通",但从政治传播的应对角度来说,明显缺乏及时的回应,这导致这种以"科学争辩""历史评价""问题之说"为名的网络生活空间中的传播行为造成了极为恶劣的影响。政治传播需要打破空间的边界,通过传播网络走群众路线,了解群众(包括青年在内的社会人群)的所思所想,最终打破政治传播中的提供者逻辑思维,最大限度地符合需求者逻辑。我们在追求政治传播的系统性的同时,应强化政治传播的针对性及其对现实生活关切的回应力。当下国内的政治传播还表现为"需要从以往主要聚焦经济发展,转向更加关注社会发展、制度发展和人的发展,更加关注发展在区域之间、城乡之间以及人与自然之间的平衡"①。最终应通过政治传播促进政治与社会的有效变革,以多维度的发展效应为人们带来生活的满足感,增进其幸福的获得感、国家发展的认同感。

三是政治传播的知识化问题。针对性和回应力要求政治传播要做到不回避尖锐问题,并进行知识化的系统阐述。它需要避免这样一种情形,即简单地通过意识形态强制传播的方式实现对特定问题的简单"常识化",从而对社会中关于该常识的疑问视而不见或有意地采取模棱两可的处理方式。这种回避显然不能解决疑问本身,甚至在某种意义上提供了疑问存续的土壤,容易让持疑者变得更加理直气壮。新媒体语境下的青年一代思想活跃,这容易加深该群体直接面临的认知困境,从而削弱其对政治传播的认同。相反,如果一系列的敏感问题能够在政治传播过程中得到有效解释和权威说明,这将直接杜绝该问题在新媒体网络空间中的弥散传播,即便出现了相关议题的传播,这些习得者(特别是活跃的青年)也会通过各自的传播圈子予以回应,从而有利于在新媒体传播网络中形成某种意义上的自净化效应,并推动该政治传播空间秩序的生成。对于当下的中国政治传播而言,实践、价值、历史、文化等内容的传播,都需要有完善的知识谱系和通畅的知识逻辑,以消解传播话语与实践过程的非对称性导致的政治传播张力。

① 朱菊生,郭广银.我国社会主要矛盾的科学概括及其划时代意义[J].南京社会科学,2019(4):1-6,17.

四是强化政治传播的沟通与吸纳问题。针对新媒体网络空间的社会监视权力由于公众的监视实践本身具有多重社会政治效应，会影响公众对政治效能的判定、对政治观念的认知、政治偏好的形成和改变等。政治传播除了通过前述的方式增强公众的政治认同，还应当对新媒体网络空间中社会监视权力的表现、政治逻辑、动员策略、与国家的互动及产生的政治效应等进行深入阐释。如此一来，它就超越了传统网络空间治理中的事件性管控策略，强调通过理性言说、公众参与实践的方式来引起政治共鸣，促使公众超越感觉政治而获得实质性的政治认同，提升公众政治参与的效能感，从而有序引导公众在网络空间中的未来传播行动。同时，这也有利于国家与社会沟通政治的形成，减少国家应急性事件的不确定性。

五是政治传播的空间转化问题。鉴于新媒体网络空间思想生成与自我传播的变化，特定的政治传播议题在保持政治底线的前提下，需要政治传播实现公共空间与私人空间的传播转化，从而最大限度地维持其传播的生命周期。新媒体网络空间带来的传播交往的变化，使社会人群与社会人群相遇，这意味着这一传播实践将进入口碑政治传播时代。这些传播或以个体分子方式或以圈层交往方式分布于交互性空间，具有辨识、辩论、质疑与凝聚共识的功能。当然，鉴于新媒体网络时代的自媒体技术的本质是“自发、自主、自编、自演”①，中国政治传播要想与新媒体语境契合还需要更好地联通“自我”与“我们”，利用大数据治理技术把握好网络公众的流变，解决对政治权力的消极认知所导致的政治与社会信任危机，进而打造出一个具有高政治认同度的传播共同体。

四、结语

党的十九大强调掌握意识形态工作领导权，认为意识形态决定文化前进方向和发展道路，要求推进马克思主义中国化、时代化、大众化，以建设具有强大凝聚力和引领力的社会主义意识形态，从而实现全体人民在理想信念、价值理念与道德观念上的紧密团结。显然，这需要在认识到政治传播两种实践形态边界的同时，实现新媒体语境下两种实践形态的有效缝合。

“政治(的)传播”形态的政治性与价值性特征明显，涉及政治文明、政治价值、政治思想、政治制度、政治规范、政治观念等不同内容的传播。在新媒体环境下，为了实现主流意识形态的有效传播，需要柔化政治传播的“强制性”特征，在传播过程中不断强化理论性与实践性的贯通、理想性与现实性的关联、政治性对生活性的观照、知识性与趣味性的交融，真正实现面向大众的政治传播，从而增加政治传播的吸引力和引导力。

---

① 张念. 自媒体、瘾及欲望生产力[J]. 探索与争鸣，2017(7)：46-49.

由于“传播(的)政治”形态的社会性与生活性特征明显,它本质上是以生活化的方式言说政治,因此无论是政治的传播风格还是传播的政治内容都与“政治(的)传播”形态保持了一定的距离。但这丝毫不影响政治传播两种实践形态在某种程度上融合的可能性。一旦“政治(的)传播”形态真正实现向大众的转向,则意味着这一融合的进程前进了一大步。如果“政治(的)传播”形态与“传播(的)政治”形态实现了真正深层的共振,那么其所激发的民主政治传播潜能也将是巨大的。

伴随5G时代的来临,政治传播两种实践形态的融合更值得期待。但需要强调的是,这一融合进程需要我们主动加速,否则不进则退的效应在5G时代将会被放大。不过,由于新媒体发展进一步强化了人的信息化存在的趋势,而与传播赋权相伴的是公众兼具信息的使用者、消费者与生产者身份,但在消费的莫名快感中、在生产的自我狂欢中、在使用的自主幻象中,公众也容易陷入与消费合谋、与资本合谋,甚至是与特定势力合谋的境地。相应地,这就更容易拉大政治传播两种实践形态固有的裂隙。对此,同样需要保持必要的批判性审视。

(作者系中国传媒大学政治传播研究所、政府与公共事务学院教授)

国外社交媒体推特中的“中国框架”

——基于“一带一路”英文话语分析[①]

◇王 菁 杨可昕

一、引言

长期以来，西方媒体对中国的报道具有强烈的刻板性和意识形态特征，并形成了清晰的“中国框架”(China frame)[②]，在冷战时期主要表现为以反共框架强调中国腐败的、无能的社会主义体制[③]，在后冷战时期以威胁框架凸显中国崛起对其他国家的支配与负面影响[④]。尽管西方媒体认为他们是中立、客观和非意识形态的，但是大量的研究都表明在国际新闻报道中，英美主流媒体使用的国际新闻框架的变化与该国政府在外交政策上的转变是一致的，他们更像是政府的“哈巴狗”[⑤]。外国公众在传统媒体时代只能依赖本国的新闻媒体获得其他国家的新闻，因而他们对外国的看法在很大程度上取决于政策制定者和新闻媒体提出问题和“框架”他国的方式。因此，英美媒体的“中国框架”[⑥]构建了国外公众对于中国的想象，并且逆造了固有的具有强烈意识形态的中国形象——从早期的红色中国到近期的巨龙中国，从腐朽落后到经济威胁、政治地缘压制。在关于“一带一

① 本文为国家社会科学基金课题“中国民主国际话语体系建构研究”(项目编号：18XZZ012)的阶段性成果。

② STONE G C，XIAO Z W. Anointing a new enemy：the rise of anti－China coverage after the USSR's Demise[J]. The international communication gazette，2007，69(1)：91-108.

③ PENG Z J. Representation of China：an across time analysis of coverage in the New York Times and Los Angeles Time[J]. Asian journal of communication，2004，14(1)：53-67.

④ GOLAN G J. The rise of The dragon? framing China's global leadership in elite American newspapers[J]. The international communication gazette，2015，77(8)：753-771.

⑤ CHANGT K. The news and U. S－China policy：symbols in newspapers and documents[J]. Journalism quarterly，1988，65(2)：320-327.

⑥ AKHAVAN-MAJIDR，RAMAPRASADJ. Framing Beijing：dominant ideological influences on the American press coverage of the fourth UN conference on women and the NGO forum[J]. The international communication gazette，2000，62(1)：45-59.

路”倡议的国外新闻报道中，“中国框架”依然明显。英国广播公司认为“一带一路”倡议仅仅是“北京的崇高言辞”，《金融时报》认为“过度夸张的言辞”和“平淡无奇的现实”之间存在“巨大差距”，《华尔街日报》则称参与“一带一路”倡议的国家“是该地区志同道合的专制主义者”。英国、澳大利亚和美国的媒体更多地以“马歇尔计划”和“特洛伊木马”来隐喻“一带一路”倡议对其他国家的威胁和消极影响。①

社交媒体平台在过去十年呈现爆炸式发展，整个世界的媒体环境都发生了广泛的转变，传统媒体作为单一渠道提供新闻、设置议程的时代被颠覆，定制化、节点化、个性化成为社交媒体平台急速发展的重要因素，其通过日常网络交往、病毒性传播、共享行为等方式实现。② 于是，传统媒体机构、政治家、媒体人、企业、社会组织纷纷将新闻传播、公共关系的战场搬到了社交媒体。例如，《华尔街日报》《纽约时报》《雅虎金融》《财富》以及美国兰德公司、外交事务委员会等是美国社交媒体中对中国议题发声最多的媒体和机构。③ 美国政府更是在奥巴马时期就开展了全方位的“公共外交 2.0”行动，美国联邦政府，州、市政府和军队都在各个社交媒体平台上开设账号，并请专门的技术团队运营。尽管在社交媒体兴起早期，有评论认为传统的媒介效果理论将失效，包括框架理论、议程设置理论等，但是，正如美国著名传播学者麦库姆斯(McCombs)教授所说，这些媒介效果理论并没有过时，“好戏才刚刚开始”④。最近关于社交媒体与框架效应的研究成果表明，社交媒体与传统媒体的框架存在显著差异，并产生了不同的框架效果⑤，社交媒体上关于国外事件的报道更强调社会正义框架、人情味框架、技术框架，而不是冲突框架和经济框架⑥。那么，国外社交媒体关于中国的报道是否也出现了框架上的变化，还是说仍然存在传统的“中国框架”？如果有变化，国外社交媒体中的“中国框架”是否和传统国外媒体中的“中国框架”有差异，国外社交媒体中“中国框架”是否发生了内容改变？国外社交媒体中“中国框架”的效果如何，是否具有说服力和影响力？哪种类型的“中国框架”更有效果，影响因素有哪些？对这一系列问题的研究有助于我们深刻理解国外社交媒体舆论场对中国的认知和评价，丰富和发展社交媒体框架理论，有利于创新中国议题在国外社交媒体的传播方式，改善中国的国际形象。

---

① XIN J, MATHESON D. One Belt, competing metaphors: the struggle over strategic narrative in English—language news media[J]. International journal of communication, 2018(12): 4259.

② YU R. The relationship between passive and active non-political social media use and political expression on Facebook and Twitter[J]. Computers in human behavior, 2016, 58: 413-420.

③ 赵曙光，李海荣. 美国社交媒体关注的中国议题：基于 2015 年 Twitter 高影响力账号的描述性分析[J]. 新闻记者，2016(10): 71-77.

④ MCCOMBS M E, SHAW D L, Weaver D H. New directions in agenda setting theory and research[J]. Mass communication & society, 2014, 17(6): 781-802.

⑤ WASIKE B S. Persuasion in 140 characters: testing issue framing, persuasion and credibility via Twitter and online news articles in the gun control debate[J]. Computers in human behavior, 2017, 66: 1-31.

⑥ HAMDY N, GOMAA E H. Framing the Egyptian uprising in Arabic language newspapers and social media[J]. Journal of communication, 2012, 62(2): 195-211.

二、理论探讨与研究问题

(一)国外新闻媒体中的"中国框架"

1."中国框架"的变迁与效应

国际活动的新闻框架研究比较倾向于关注英美媒体对全球事件的报道,只有少数的学术研究关注中国议题。70年来,英美媒体报道中的"中国框架"始终一致:政治框架、意识形态框架和经济框架。政治框架指媒体与该国政府政策之间强烈的平行关系,在冷战时期主要表现为冷战框架。意识形态框架指美国新闻媒体关于外国的描写,反映的是美国的主流意识形态。[①] 经济框架强调一个国家的经济发展,而不是政治和意识形态冲突。[②] 在中华人民共和国成立后的三十年间,英美媒体都很少报道中国,并且冷战框架和意识形态框架也导致西方人对中国长期持有负面的刻板印象,即与他们的"自由、善良、民主"相悖的认知。[③] 随着中国改革开放的深入,英美媒体更多以经济框架报道中国,既有正面评价,与市场化、机遇论相联系,也有消极基调,强调中国经济发展对其他国家造成的冲击;政治框架与意识形态框架仍然非常显著,且往往是负面、消极的。"中国崛起"被"浪漫化"、媒介化为"责任中国"的全球期待,高速增长的经济被媒介架构为"污染制造者""地缘政治扩张者",最终被"妖魔化"为新"中国威胁论"。[④] 如果说中华人民共和国成立后的三十年间英美媒体报道中的中国笼罩着简单刻板的"红色""共产"等冷战框架,那么近四十年的有关中国的报道融汇了各种框架,冲突框架、责任框架、人情味框架掩盖了西方媒体固有的意识形态框架和他者框架。美国主流新闻媒体倾向于将国际新闻报道与政治和意识形态的偏见联系起来,纵观美国国际新闻学的历史,其习惯于"运用国内标准来解释外国文化,从而具有强烈的意识形态倾向"[⑤]。因此,美国新闻媒体关于中国的报道整体上使用负面框架,这与美国政府关于中国政府的立场基本一致。

事实上,"中国框架"(China frame)在学术界已经作为特定词语来指称西方媒体报道

---

① YU Y,RIFFE D. Chiang and Mao in U. S. news magazines[J]. Journalism quarterly,1988,66 :913-914.

② PENG Z J. Representation of China:an across time analysis of coverage in the New York Times and Los Angeles Time[J]. Asian journal of communication,2004,14(1):53-67.

③ HIRSHBERG M S. Consistency and change in American perceptions of China[J]. Political behavior,1993,15(3):247-263.

④ 郭小平. 西方媒体对中国的环境形象建构:以《纽约时报》"气候变化"风险报道(2000—2009)为例[J]. 新闻与传播研究,2010(4):26-27.

⑤ DOROGI T L. Tainted perceptions:liberal-democracy and American popular images of China[M]. Lanham:University Press of American,2001:79.

中以西方主流意识形态构建中国议题[①],以神秘性、差异化、对立化方式设置中国形象[②],以解救者、优越者的身份诊断中国问题,以国家利益和国际政策为导向架构崛起却野心勃勃、发展却不负责任的中国图景的认知模式[③]。传统"中国框架"本质上是偏见框架,是记者和编辑长期贯彻国家政策和意识形态意图的结果。这种偏见框架极大影响和破坏了中国在国际舆论中的国家形象,损害了他国民众对中国客观和全面的认知,进而影响了中国国际公共战略政策的推进。

2. 国外社交媒体中的"中国框架"

国外社交媒体的兴起打破了传统西方媒体报道国外新闻的话语控制权,使许多发展中国家媒体、国际组织、政治家等政治参与者能够直接面对受众,对国际事件设置议程、建构框架。当前关于国外社交媒体中国议题报道的研究主要集中在中国运用国外社交媒体开展文化软实力传播的特征与策略[④]、国外社交媒体中的中国形象等方面,如张兆卿分析了2017年下半年BBC与CNN在推特平台上的涉华推文,研究发现,两家媒体仍然在报道过程中对中国事件进行简单化叙述,对中国形象进行标签化处理,由此建构中国的"他者"形象。[⑤] 也有学者发现推特上涉华推文的情感极性多为积极正向的。[⑥] 现有研究极少从框架理论的角度分析国外社交媒体呈现的中国议题框架。基于上述理论分析,我们将对以下问题进行探讨:

研究问题1:国外社交媒体中的"中国框架"具有哪些类型和特征?其与传统媒体中的"中国框架"是否在内容上有变化?其是否仍然有显著的框架偏见?若有,深层次原因是什么?

(二)社交媒体与框架理论

1. 社交媒体中的框架类型

大量的研究和事实表明,社交媒体正在积极影响公民的政治态度和政治行为,它能

---

① STONE G L,XIAO Z W. Anointing a new enemy:the rise of anti-China coverage after the USSR's demise[J]. The international communication gazette,2007,69(1):91-108.

② 何海巍,包鹏程.东方主义框架里的中国——以美国2010年国会中期选举的广告为例[J].国际新闻界,2012(7):58-65.

③ 吴瑛.议程与框架:西方舆论中的我国外交话语[J].欧洲研究,2008(6):1-17.

④ 徐翔.国际社交媒体传播的中国文化及其类型特征——基于网络文本挖掘的实证研究[J].哈尔滨工业大学学报(社会科学版),2017,2:59-67.

⑤ 张兆卿.社交媒体上中国"他者"国家形象研究——以BBC、CNN在Twitter上的发文为例[J].新闻研究导刊,2018,5:5-9.

⑥ 肖明,易红发.社交媒体推特上的中国形象研究[J].北方传媒研究,2017(2):33-37.

构建更有效的沟通环境、提高透明度、增强公众参与感。[①] 这种政治说服力和社交媒体上的框架密切相关,这方面的研究成果集中关注社交媒体中的框架类型和框架效果。

框架类型根据框架内容不同分为一般性框架和特殊议题框架,一般性框架包括艾英戈的情节式框架和主题式框架,瑟门特科和沃肯伯格的人情味框架、责任归因框架、道德评价框架、经济后果框架和矛盾冲突框架;[②]特殊议题框架的分类则很多元,美国媒体对中国的报道主要采用冷战框架、主权框架[③]、他者框架[④]、负面框架和东方主义框架[⑤]等。社交媒体偏好的框架类型与传统媒介倾向采用的框架有所区别。瓦斯克(Wasike)发现美国媒体机构的社交媒体编辑通过推特强调技术和人情味框架,而不是冲突和经济框架,这两者都是传统媒体框架的主要内容。[⑥] 阿拉伯变局期间两种媒体的报道也有类似的显著差异:埃及政府报纸凸显国家安全和经济后果框架,而推特用户在强调自由和社会正义的同时构建了人情味框架。[⑦]

2.影响社交媒体框架效果的因素

影响社交媒体框架效果的因素与影响传统媒体的因素有显著差异。首先,在框架效果测量方面,由于社交媒体的传播机制,社交媒体受众会主动参与框架化过程,框架效果评估可以突破传统媒体框架效果测量方式而聚焦于实验室环境下受众采用框架的比值,直观地以受众在社交媒体中的点赞、评论、分享行为衡量框架效果。其次,从具体影响框架效果的因素分析,社交媒体编辑的新闻实践和价值观[⑧]、框架内容的可信度[⑨]、帖子的可辩论性等都是影响社交媒体框架效果的因素。例如社交媒体编辑更强调与技术相关的框架,因为大多数社交媒体编辑都是年轻人且精通技术,在增加母网站访问量的目的下,他们寻求个性与其他新闻的平衡,故人情味框架是社交媒体中另一个最常见的通用框

① WASIKE B S. Persuasion in 140 characters: testing issue framing, persuasion and credibility via Twitter and online news articles in the gun control debate[J]. Computers in human behavior, 2017, 66: 1-31.

② SEMETKO H A, VALKENBURG P M. Framing European politics: a content analysis of press and television news [J]. Journal of communication, 2000, 50(2): 93-109.

③ 黄敏."冷战"与"主权":中美南海对峙的媒体框架分析[J].新闻与传播研究,2009,16(4):61-72

④ 吴瑛.议程与框架:西方舆论中的我国外交话语[J].欧洲研究,2008(6):1-17.

⑤ 何海巍,包鹏程.东方主义框架里的中国:以美国2010年国会中期选举的广告为例[J].国际新闻界,2012(7):58-65.

⑥ WASIKE B S. Framing news in 140 characters: how social media editors frame the news and interact with audiences via Twitter[J]. Global media journal, 2013, 6(1): 5-23.

⑦ HAMDY N, GOMAA E H. Framing the Egyptian uprising in Arabic language newspapers and social media[J]. Journal of communication, 2012, 62(2): 195-211.

⑧ WASIKE B S. Framing news in 140 characters: how social media editors frame the news and interact with audiences via Twitter[J]. Global media journal, 2013, 6(1): 5-23.

⑨ WASIKE B S. Persuasion in 140 characters: testing issue framing, persuasion and credibility via twitter and online news articles in the gun control debate[J]. Computers in human behavior, 2017, 66: 1-31.

架。[①] 智利学者研究了不同框架类型对人们在推特和脸书上分享新闻这一行为的影响:冲突框架会减少新闻共享行为,因为这种框架违背了社交媒体用户的社交动机和情感需求;经济后果框架在脸书上会减少分享行为,在推特上则不会,因为推特上的用户对经济更关心;人情味框架虽然不是新闻共享的重要预测指标,但是访谈结果表明这种框架的确能够触发更多的反应;道德框架则显著增加了人们在社交媒体上分享新闻的可能性,这种框架更能使社交媒体用户产生心理上的共振,进而运用积极的身份建构呈现自己的价值观。[②] 基于此,我们提出:

研究问题2:在国外社交媒体推特中,哪种"中国框架"类型更具有框架效果?

综合社交媒体框架理论和传统媒体框架效果理论的研究成果,我们希望进一步探索影响社交媒体框架效果的因素。我们认为框架类型、传播主体属性、受众个体属性、推文影响力、框架倾向对框架效果有影响作用,并进一步提出:

研究假设1:国外社交媒体推特中的"中国框架"类型是框架效果的显著预测因素。

研究假设2:传播主体属性(机构、国籍、信源、立场)、受众个体属性(机构、国籍、信源、立场)、推文影响力是框架效果的显著预测因素。

研究假设3:框架倾向方面,负面框架比起正面框架更具有框架效果,即负面框架程度越深,受众越支持;正面框架程度越深,受众越不支持。

三、研究方法与数据

(一)研究样本

"一带一路"倡议自2013年提出以来,已经成为中国提供的重要全球公共产品,为中国与世界共同发展注入强大动力。国际新闻媒体给予了"一带一路"倡议大量的报道和解读,其中以"中国框架"叙述"一带一路"倡议的文本仍然在西方媒体中占据着主流。[③] 因此,"一带一路"倡议是分析当前国外社交媒体中是否有显著"中国框架"的关键议题。

国外社交媒体的政治传播以推特和脸书为主,其中推特上的大多数账户是公开可见的;推特的用法以主题为中心,转推功能促进政治信息在网络之外传播,而且推特的用户

---

① WASIKE B S. Framing news in 140 characters: how social media editors frame the news and interact with audiences via Twitter[J]. Global media journal, 2013, 6(1): 5-23.

② VALENZUELA S, PINA M, JOSEFINA R. Behavioral effects of framing on social media users: how conflict, economic, human interest, and morality frames drive news sharing[J]. Journal of communication, 2017, 67(5): 803-826.

③ XIN J, MATHESON D. One Belt, competing metaphors: the struggle over strategic narrative in English-language news media[J]. International journal of communication, 2018(12): 4248-4268.

更喜欢经济类、国际议题方面的推文。相比之下，脸书上的大多数账户都是私人账户，其使用基于单向或互惠的友谊关系；由于其算法过滤功能，信息通过该介质流动的情况较少；脸书使用者主要是已经“喜欢”某些政治话题的人。因此，国外主流媒体、政治家、政党和其他组织都更倾向于通过推特宣传政策，以达到影响和改变推特活跃用户的目标，因为他们认为推特的新闻价值更高。① 相比而言，推特是报道“一带一路”倡议的主要社交媒体平台，这也是我们分析推特上“一带一路”倡议信息的原因。

（二）数据搜集

1. 时间框架

2013 年 9 月，“一带”由习近平在俄罗斯圣彼得堡举行的二十国集团领导人峰会上首次提出，这是“一带一路”倡议的先声，故本文选择从 2013 年 9 月 1 日至 2018 年 8 月 30 日的数据，共计 5 年。

2. 关键词选取

国家发改委同外交部、商务部等部门于 2015 年 9 月规范了“一带一路”的英文译法，在对外公文中，统一将“丝绸之路经济带和 21 世纪海上丝绸之路”的英文全称译为“the Silk Road Economic Belt and the 21st-Century Maritime Silk Road”，“一带一路”简称译为“the Belt and Road”，英文缩写用“B&R”，且“倡议”一词译为“initiative”。

但在官方译法出台之前，“一带一路”已受到全球广泛关注，因此在英语译法上呈现多样性，以下六个代称出现频率较高：“one belt one road”“the belt and road initiative”“the belt and road proposals”“silk road economic belt”“21st-century maritime silk road”“B&R”。由于“B&R”无关无效推文比较多，为确保后续数据采集的有效性，故不将此种译法纳入最终关键词，即以前五种译法作为关键词抓取的推文才是本研究的研究对象。

3. 样本选取

本研究使用基于 Python 的爬虫程序通过“Twitter API”抓取含有与“一带一路”倡议有关的关键字词的流信息。数据集包括英文主帖 1079 条，跟帖 4954 条，包含帖子发布者（博主）账号名称、账号 ID、帖子内容、网页链接、发布时间，以及该帖点赞量、回复量和转发量。另外，跟帖的数据集还包含该帖回复的主帖账号名称和 ID。通过人工筛选，去掉其中与“一带一路”倡议不相关的和网页链接失效的帖子，最终数据集共有 1078 条主帖和 4849 条跟帖。发帖数量超过 40 条的账号有 China Xinhua News、China People’s

---

① STIER S, BLEIER A, LIETZ H, et al. Election campaigning on social media: politicians, audiences, and the mediation of political communication on Facebook and Twitter[J]. Political communication, 2018, 35(1): 50-74.

Daily、FOX、CNN 等新闻媒体,也包括 Ian Bremmer、Zbigniew Brzezinski 等智库和 Cher、Sebastian Gorka DrG 等舆论领袖。中国主流媒体和国家机构发布主帖 152 条,占 14.1%。为了全面展现国外社交媒体上不同身份和背景的机构和个人对"一带一路"倡议的框架设定与框架效果,故将有中国背景的外宣机构也纳入其中。样本主帖中,主帖最多点赞数是 5835,平均点赞数是 85.71;最多回复数是 335,平均回复数是 4.79,中位数是 26;推特最多转发数是 997,平均转发数是 37.84。这充分说明"一带一路"议题在推特上具有一定的影响力,以此议题说明国外社交媒体推特上的"中国框架"问题,具有较强的解释力。

(三)国外社交媒体中"一带一路"的框架编码分析

框架分析途径包括潘忠党和科西奇的话语结构分析、梵·迪克和费尔克拉夫的批判话语分析、坦卡德的框架清单分析取向、甘姆森的"诠释包裹"分析取向等。由于推特独特的编辑体例和实时互动特征,我们综合借鉴演绎框架和瑟曼特科、沃肯伯格的人工一聚类定量方法进行框架编码①。首先,依据 ROST CM6.0 内容挖掘软件的分词系统将所有推文内容进行分词处理,生成主帖和跟帖的分词文本文档,再利用 ROST 自带的高频词分析过滤频次低的词语。由于原文内容中含有大量无意义的或表意不明确的词语,因此本文引入了人工筛选法,只保留了名词、动词、形容词和副词,最终生成分词文本和高频词文本,再结合"中国框架"的通用性划分标准,提炼出"一带一路"的框架类别编码表。

1. 框架提炼

由 ROST CM6.0 软件对所有分析帖进行分词,分析发现高频词呈现出以下特点:第一,除"road""belt""initiative""silk"等"一带一路"倡议官方翻译的关键词,多用"project""plan""strategy"等表示计划、战略的词来诠释"一带一路"倡议;第二,代表中国的"China""Chinese""China's"出现频率最高,共达 2.44%;第三,谈及当前中国最高领导人习近平的推文有一定数量,"Xi"占 0.29%,"Jinping"占 0.15%;第四,国家和地区中除中国以外,印度和巴基斯坦出现频率最高,分别占 0.30%和 0.25%;第五,"world"和"Asia"的高频率出现说明"一带一路"倡议是以一个影响亚洲乃至世界的形象呈现的;第六,在关于"一带一路"的相关主题中,公众的关注度和讨论范围聚焦于国家间的合作(cooperation)、经济贸易(trade)、基础设施建设(infrastructure)以及政策制定(policy)方面,对"一带一路"倡议的评价以"new""global""development""international"等为主,呈现出与全球发展密切相关的新兴战略评价立场。

西方传统媒体报道中的中国框架主要是意识形态框架(如反共框架、威权框架)、政

---

① 杜涛.框中世界:媒介框架理论的起源、争议与发展[M].北京:知识产权出版社,2014:135-145.

治框架(如冷战框架、后冷战框架)、经济框架、东方主义框架(他者框架)等类型。由于“一带一路”倡议具有强烈的经济特征和国际发展取向,因此结合上文对关键词的分析,在归纳已有对国外媒体“一带一路”倡议的媒体框架研究的基础上[①],我们提出“一带一路”倡议的框架类型和操作性定义。其中操作化定义被具体为三至五个问题,编码员对这些问题回答是或不是,从而确认是否具有这种框架。这四至五个问题中一般前两个问题意味着“中国框架”;后二至三个问题指向“中国框架”的反面倾向。

东方主义框架:其特点是从西方哲学的本体论、认识论出发,将东西方文化一刀两断、对立看待,借此形成一条根深蒂固的“西优东劣”原则。[②] 测量指标主要分析新闻中话语、修辞、符号等所折射出的中国是否形成了与“积极、善良、进取”的美国相悖的形象。关于“一带一路”倡议相关内容中东方主义框架的操作性定义指:(1)“一带一路”倡议是非西方道路,必然失败;(2)“一带一路”倡议是中国经济扩张战略,不适合我们;(3)要加快与中国在“一带一路”方面的合作;(4)“一带一路”倡议是解决世界问题的新方案,可以促进实现人类命运共同体(使世界受惠)。后两点意味着不具有东方主义框架,我们称其为共同体框架。

政治框架(威胁/崛起框架):政治框架指与国家的国际政策一致、以国家利益为准绳的框架。[③] 冷战以后,针对中国的政治框架更多以中国“威胁”、中国崛起、负责任大国框架的具体形态出现。本研究中,这一框架的操作性定义指:(1)“一带一路”倡议是战略陷阱、新殖民体系;(2)“一带一路”倡议是中国的马歇尔计划;(3)“一带一路”倡议必然威胁(我们)其他国家的经济、领土、国际地位等(地缘政治威胁);(4)“一带一路”倡议是中国崛起的象征,应对亚太再平衡的手段;(5)“一带一路”倡议是中国富强,成为全球领导者的机遇。其中前三点为威胁框架,后两点为崛起框架。

经济框架:瑟曼特科和沃肯伯格认为经济框架测量指标主要分析报道中是否提及某方当前或未来的经济利益或损失,以及开展这项活动的经济影响。[④] “一带一路”倡议经济框架的操作性定义指:(1)过剩产能倾销的策略;(2)对本国经济有很大损害;(3)尽快挖掘项目潜力,加快经济合作;(4)“一带一路”倡议是中国经济资源惠及其他国家的有效战略。前两点为质疑经济框架,后两点为合作经济框架。

社会主义框架:即典型的意识形态框架,在后冷战时期,反共框架在大多数时候已经不适宜描述变革后的中国,于是西方以威权压制,与西方自由、民主、人权相冲突的认知

---

① 黄俊,董小玉.“一带一路”国家战略的传播困境及突围策略[J].马克思主义研究,2015(12):121-128.

② 何海巍,包鹏程.东方主义框架里的中国:以美国2010年国会中期选举的广告为例[J].国际新闻界,2012(7):58-65.

③ PENG Z J. Representation of China:an across time analysis of coverage in the New York Times and Los Angeles Time[J]. Asian journal of communication,2004,14(1):53-67.

④ SEMETKO H,VALKENBURG P. Framing European politics:a content analysis of press and television news[J]. Journal of communication,2000,50(2):93-109.

图式简化中国问题[①]，体现为人权框架、民族主义框架和共产党精英框架。社会主义框架的操作性定义指：(1)"一带一路"倡议是中国共产党主导的向全世界扩张的政治性战略；(2)"一带一路"倡议是中国共产党为了应对国内矛盾、解决经济困境提出的战略；(3)"一带一路"倡议是红色中国精英威权统治的战略布局。

能力框架：这是社会主义框架和经济框架在特定议题中的表现，媒体报道聚焦于政府解决问题的方式和效率，以表明该国政党和政府具有典型的官僚主义、媒介体制封闭、治理能力低下、缺乏人情关怀等特征，这在西方媒体对SARS、北京奥运会、中国环境议题等的报道中经常被采用。能力框架的操作性定义指：(1)"一带一路"倡议的规则、政策等的开放透明；(2)"一带一路"倡议能解决好融资问题；(3)"一带一路"倡议解决环境标准、劳工问题；(4)"一带一路"倡议能克服腐败等各种风险。

2. 框架效果衡量

社交媒体传播主要包括三个维度：达到(如在线共享量、转发的消息和帖子)，评估(如点赞、收藏)和协商(如评论)。[②] 社交媒体数据能够在自然条件下反映受众的真实态度和情感。现有研究通常将社交媒体受众的互动行为作为框架效果的衡量指标，如微博粉丝数、评论转发数[③]、关键节点的评论量和转发量、回复量、点赞量[④]。框架效果测量的核心指标为受众的框架支持度，即受众是否采纳框架的意见[⑤]，大量框架效果研究以实验调查方法为主。我们将"对推特主帖的态度"作为推特上"一带一路"倡议"中国框架"效果的变量。虽然点赞数、回复数能客观描述受众对主帖的态度，但点赞、回复行为往往受到受众当时情绪的影响，数据有不准确特性，我们并不能从语言角度精确判断受众的主观认知，因此用内容分析方法编码测量评论帖内容更为准确。评论帖对主帖的态度分为五度，即非常同意、比较同意、说不清、比较不同意、非常不同意。

(四)变量说明

因变量是框架效果，即评论帖对推特主帖的支持度。主要解释变量是推特帖子中有关"一带一路"倡议的"中国框架"的类型、情感因素、传播主体属性(包括机构、国籍、信

---

① DOROGI T L. Tainted perceptions: Liberal-democracy and American popular images of China[J]. Lanham: University press of American, 2001: 79.

② ALHABASH S, MCALISTER A R. Redefining virality in less broad strokes: predicting viral behavioral intentions from motivations and uses of Facebook and Twitter[J]. New media & society, 2015(17): 1317-1339.

③ 刘丛，谢耘耕，等. 微博情绪与微博传播力的关系研究：基于24起公共事件相关微博的实证分析[J]. 新闻与传播研究，2015(9): 92-106.

④ 党明辉. 公共舆论中负面情绪化表达的框架效应：基于在线新闻跟帖评论的计算机辅助内容分析[J]. 新闻与传播研究，2017(4): 41-61.

⑤ EDY J A, MEIRICK P L. Wanted, dead or alive: media frames, frame adoption, and support for the war in Afghanistan[J]. Journal of communication, 2007, 57(1): 119-141.

源、立场)、主帖影响力(包括点赞数、回复数、转发数)、受众个体属性(包括机构、国籍、信源、立场)。

其中机构分为主流媒体和国家政府、非主流媒体和国家政府两类;国籍分为"一带一路"沿线国家和非"一带一路"沿线国家两类;信源分为中国信源(包括中国主流媒体、中国政府发布的信息、中国人、中国智库等)和非中国信源(包括外国主流媒体、外国政府发布的信息、外国人、外国智库等)。立场包括本国立场和非本国立场。

(五)编码信度与分析说明

为了保证编码的可靠性,我们请12位研究生对推特帖子进行人工编码。首先,随机抽取了600个帖子进行编码,占推特帖子分析样本的10%,其中主帖200个,评论帖400个;然后,对不同的编码结果进行反复讨论,最终形成较为一致的判断标准,主帖的可靠性是96%,评论贴的可靠性是85%。霍尔斯蒂指出文本编码分析中有80%可靠性就可以,这表明本研究具有较高的文本编码可信度。[①]

整个分析过程主要运用SPSS22.0版本的描述性分析、相关分析、回归分析,并同时使用EXCEL的图表功能。

四、研究发现

研究问题1:国外社交媒体推特中的"中国框架"类型与特征

在分析的主帖样本中(共1078条),作者机构是"媒体"的最多,有375条,占主帖样本的34.9%;第二是"个人",有198条,占18.4%;第三是智库,有153条,占14.2%;第四是舆论领袖[②],有134条,占12.4%。主帖账号的国籍和注册地呈现多元化特征:美国有261个,占24.3%;中国有234个,占21.7%;印度和巴基斯坦也较多,分别有106个和105个,占9.9%和9.8%;英国、澳大利亚也有一些,分别占5.4%和2.3%。从主题来看,帖文内容为"作用或影响"的最多,有349条,占主帖样本的32.6%;其次是"国际合作",有218条,占20.4%;"进程报道"和"经济贸易"主题也比较多,分别有130条(12.1%)和111条(10.4%);其他主题如"开会论坛"(76条,7.1%)、"提出建议"(51条,4.7%)、"社会议题"(43条,4.0%)、"领导人行为"(42条,3.9%)、"文化交流"(35条,3.2%)等相对比较少。在情感话语方面,有717条(66.7%)主帖对"一带一路"倡议持肯定积极的态度,也有246条(22.9%)主帖带消极情绪叙述"一带一路"倡议。

---

① BUDD, R W, THORP R K, DONOHE A L. Content analysis of communication[M]. New York: Macmillan, 1967.

② 主要以关注者数量作为判断指标,有超过1万关注者的账号则被定义为舆论领袖。

从“中国框架”各维度的描述性统计结果可以得到：

(1)东方主义框架并不显著。尽管有168条主帖(15.6%)认为“‘一带一路’倡议是非西方道路”，231条(21.5%)主帖赞成“‘一带一路’倡议是中国经济扩展战略，不适合我们”，但是这种以西方发展为优势模式的、用“他者”思维方式报道“一带一路”倡议的推文已不是主流，有566条(52.8%)主帖认为“要加快与中国在‘一带一路’方面的合作”，有676条(63.1%)主帖认为“‘一带一路’倡议是解决世界问题的新方案，可以促进人类命运共同体实现(使世界受惠)”。

(2)相比威胁框架，政治框架中的崛起框架占主流。与传统新闻媒体报道“一带一路”倡议不同，只有188条(17.5%)主帖隐含“‘一带一路’倡议是战略陷阱、新殖民体系”，171条(15.9%)主帖有强烈的“‘一带一路’倡议是中国的马歇尔计划”认知，233条(21.6%)主帖暗示“‘一带一路’倡议必然威胁(我们)其他国家的经济、领土、国际地位等”。相比之下，认为“‘一带一路’倡议是中国崛起的象征，应对亚太再平衡的手段”“‘一带一路’倡议是中国富强，成为全球领导者的机遇”的主帖更多，分别有402条(37.5%)和672条(62.7%)。

(3)经济框架强调合作与互惠，而不是质疑“一带一路”倡议对本国经济的损害和中国有经济倾销目的。有170条(15.8%)主帖以“‘一带一路’倡议是过剩产能倾销的策略”，234条(21.7%)主帖以“对本国经济有很大损害”的认知框限推文内容。更多的主帖强调应“尽快挖掘项目潜力，加快经济合作”(569条，53.1%)，“‘一带一路’倡议是中国经济资源惠及其他国家的有效战略”(655条，62.0%)。

(4)社会主义框架和能力框架被淡化，具体能力被质疑。在分析的主帖样本中，涉及社会主义框架和能力框架的帖子明显较少，超过40%的帖子都不涉及相关问题。在具体问题表现上，社会主义框架方面，只有151条(14.0%)主帖持“‘一带一路’倡议是中国共产党主导的、向全世界扩张的政治性战略”观点，112条(10.4%)主帖认为“‘一带一路’倡议是中国共产党为了应对国内矛盾、解决经济困境提出的战略”，105条(9.7%)主帖持有“‘一带一路’倡议是红色中国精英威权统治的战略布局”认知。能力框架方面，质疑中国政府解决全球治理问题能力的观点略占上风，268条(24.9%)主帖关注“‘一带一路’倡议的规则、政策等的开放透明”；210条(19.5%)主帖相信“‘一带一路’倡议能解决好融资问题”，356条(33.1%)主帖则持否定意见；在是否有能力“解决环境标准、劳工问题”方面，231条(21.5%)主帖赞成，345条(32.1%)主帖否定“一带一路”倡议有这方面的能力；在“克服腐败等各种风险”问题上，189条(17.6%)主帖持肯定意见，341条(31.7%)主帖持否定意见。

总体来说，国外社交媒体推特中有关“一带一路”倡议的议题呈现出的传统“中国框架”并不显著，即体现强烈负面倾向的东方主义框架、威胁框架、社会主义框架比较少，取而代之的是共同体框架、崛起框架、合作经济框架这类正面倾向框架。

研究问题2:影响国外社交媒体推特中的“中国框架”效果的因素

1.推特主帖框架效果的描述性结果

推特中的“中国框架”的框架效果是根据评论帖对主帖观点的支持性态度衡量的。结果显示,完全不同意主帖的有1499条,占评论帖总数的31.0%;比较不同意的有1237条,占25.5%;持中立态度的有357条,占7.4%;比较同意的有414条,占8.6%;非常同意的有1332条,占27.5%。我们可以发现,评论帖对主帖的支持态度呈现出两极化趋势,中间状态比较少,要么非常不同意,要么非常同意,这也意味着主帖框架效果并没有完全起到作用,有56.5%的评论帖并不同意主帖意见。

我们进一步对比推特主帖和评论帖的框架,分析评论帖的框架类型与主帖有何不同。首先,对评论帖框架进行描述性分析:东方主义框架方面,579条(13.5%)评论帖认为“‘一带一路’倡议是非西方道路”,1671条(34.5%)认为“‘一带一路’倡议是中国经济扩张战略,不适合我们”。共同体框架方面,有1165条(24.1%)评论帖认为“要加快与中国在‘一带一路’方面的合作”,有1631条(33.7%)认为“‘一带一路’倡议是解决世界问题的新方案,可以促进人类命运共同体实现(使世界受惠)”。威胁框架方面,有1092条(22.5%)评论帖认为“‘一带一路’倡议是战略陷阱、新殖民体系”,802条(16.6%)认为“‘一带一路’倡议是中国的马歇尔计划”,1521条(31.4%)认为“‘一带一路’倡议必然威胁(我们)其他国家的经济、领土、国际地位等”。崛起框架方面,认为“‘一带一路’倡议是中国崛起的象征,应对亚太再平衡的手段”的有1118条(24.1%);认为“‘一带一路’倡议是中国富强,成为全球领导者的机遇”的有1269条(26.2%)。质疑经济框架方面,有747条(15.4%)评论帖认为“‘一带一路’倡议是过剩产能倾销的策略”,有1614条(33.3%)认为“对本国经济有很大损害”。合作经济框架方面,强调“尽快挖掘项目潜力,加快经济合作”的有1053条(21.7%),认为“‘一带一路’倡议是中国经济资源惠及其他国家的有效战略”的有1511条(31.2%)。社会主义框架方面,超过48.5%的评论帖都不涉及此框架,有1098条(22.7%)认为“‘一带一路’倡议是中国共产党主导的向全世界扩张的政治性战略”,1081条(22.3%)认为“‘一带一路’倡议是中国共产党为了应对国内矛盾、解决经济困境提出的战略”,186条(3.8%)评论帖持“‘一带一路’倡议是红色中国精英威权统治的战略布局”观点。能力框架方面,未提及此框架的在80.9%以上,有387条(8.0%)评论帖关注“‘一带一路’倡议的规则、政策等的开放透明”;462条(9.5%)相信“‘一带一路’倡议能解决好融资问题”,348条(7.2%)相信“‘一带一路’倡议有能力解决环境标准、劳工问题”,207条(4.3%)相信“‘一带一路’倡议能克服腐败等各种风险”。

情感因素方面,评论帖中使用消极话语的有1476条,占评论帖样本的36.2%;比较消极的540条,占13.2%;中性的573条,占14.0%;比较积极的252条,占6.2%;使用积极评价的1049条,占25.7%。

其次,从主帖与评论帖框架各维度比例对比图(见图1)中可以清楚看出,对"一带一路"倡议和中国能力进行正面评价的框架,如共同体框架、崛起框架、合作经济框架、能力框架在评论帖中的比例明显低于主帖;相反,负面评价的框架如东方主义框架、威胁框架、质疑经济框架、社会主义框架在评论帖中的比例显著高于主帖。

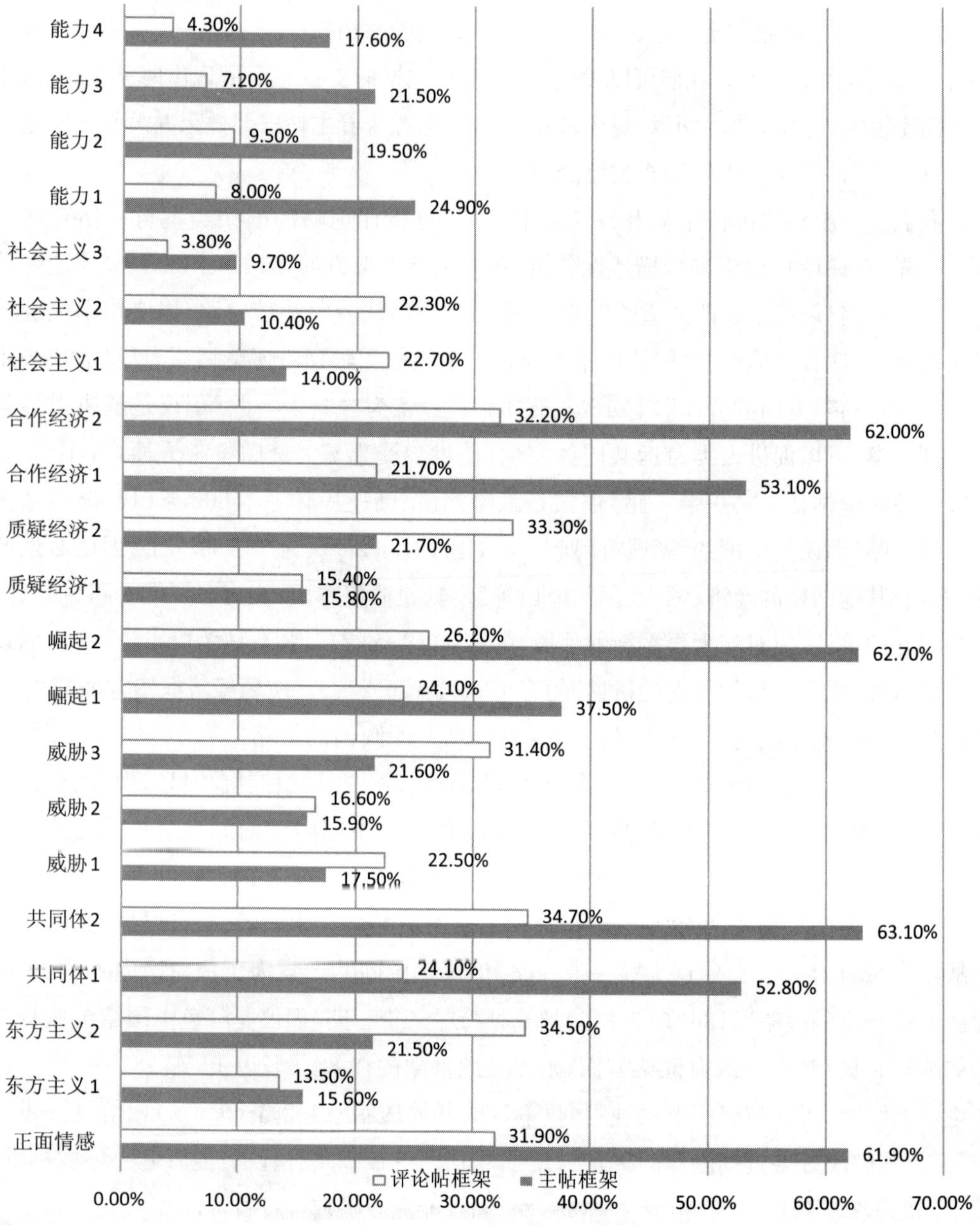

图1 主帖与评论帖框架各维度和情感比例对比图

2. 框架效果影响因素分析

为了进一步分析不同框架类型与框架效果的关系，我们对框架类型进行数据化处理，即将同一类型不同维度的框架加总，然后对不同类型框架与框架效果进行回归分析。影响框架效果的因素是多元的，由于主要解释变量涉及框架类型、情感、传播主体属性、主帖影响力、受众个体属性等各个层面，因此为了验证研究假设进行阶层回归分析。第一层放入传播主体属性和主帖影响力，包括机构、国籍、信源、立场，主帖点赞数、回复数和转发数，即模型 A1；第二层放入受众个体属性，包括机构、国籍、信源、立场，即模型 A2；第三层放入“中国框架”，即东方主义框架 M1、共同体框架 M2、威胁框架 M3、崛起框架 M4、质疑经济框架 M5、合作经济框架 M6。由于描述性结果和相关分析结果都显示受众并不关注社会主义框架、能力框架，且二者与整体研究不相关，因此这两个框架类型不作为解释变量。

根据各个模型的统计结果（见表 1），可以发现：

表 1　框架效应分层线性回归分析表

		A1	A2	M1	M2	M3	M4	M5	M6
第一层 主帖属性									
机构（主流媒体＝1）	.042**	.043***	.044**	.045**	.044**	.042**	.043**	.042**	
国籍（“一带一路”沿线国家＝1）	－.050***	－.023	－.017	－.019	－.010	－.012	－.009	－.011	
信源（中国＝1）	.061***	.025	.007	.000	.018	.023	.023	.022	
立场（本国＝1）	－.105***	－.082***	－.106***	－.093***	－.121***	－.109***	－.114***	－.108***	
点赞数	.102**	.118***	.147***	.153***	.154***	.138***	.159***	.150***	
回复数	－.253***	－.269***	－.317***	－.315***	－.329***	－.300***	－.318***	－.307***	
转发数	.046	－.008	.017	.016	.014	－.003	－.010	－.007	
第二层 评论帖属性									
机构（主流媒体＝1）		－.028	－.029	－.020	－.030	－.030	－.032*	－.030	
国籍（“一带一路”沿线国家＝1）		.043**	.039**	.042***	.040*	.047**	.044**	.046**	
信源（中国＝1）		.167***	.174***	.169***	.177***	.169***	.169***	.166***	
立场（本国＝1）		.101***	.109***	.112***	.117***	.116***	.116***	.115***	
第三层 框架类型									
东方主义框架			－.028						
共同体框架				.007					
威胁框架					－.050**				
崛起框架						.042*			
质疑经济框架							－.043**		
合作经济框架								.043**	

续表

		A1	A2	M1	M2	M3	M4	M5	M6
R方	.049	.099	.110	.109	.115	.109	.109	.110	
调整后R方	.047	.096	.107	.107	.112	.107	.106	.107	
F	34.822***	40.751***	40.173***	39.557***	41.584***	40.009***	39.852***	40.004***	

说明：(1) * p＜.05；* * p＜.01；* * * p＜.001；(2)机构参考类别是非主流媒体与国家机构；国籍参考类别是非"一带一路"沿线国家；信源参考类别是非中国；立场参考类别是非本国。

(1)传播主体属性、主帖影响力、受众个体属性对框架效果的影响：模型A1中各变量的估计效应基本符合预期，机构、国籍、信源、立场、主帖影响力(包括点赞数、回复数)对框架效果有显著预测作用。模型A2中，机构、国籍、信源、立场都对评论帖对主帖的支持度有显著预测作用，并且对因变量在解释方差上模型A2比A1增加了4.9%，这说明受众个体属性对框架效果有重要预测作用，其中主帖发帖人的国籍和信源不再具有解释力。

(2)不同框架类型的影响效应：模型M1－M6这6个模型的调整后R方贡献率都比基本模型A2增加了，说明这些框架类型对框架效果都具有独立的影响力，但是影响比较有限。具体来说，威胁框架(Beta＝－.050，p＜0.01)、质疑经济框架(Beta＝－.043，p＜0.01)对框架效果的影响显著负面，它们也都是负面评价框架；崛起框架(Beta＝.042，p＜0.05)、合作经济框架(Beta＝.043，p＜0.01)对框架效果具有显著正面作用，它们都是正面评价框架。这也验证了研究假设3，即负面框架对框架效果具有显著的负面影响，正面框架对框架效果具有显著的正面影响。同时，研究发现，东方主义框架和共同体框架对框架效应不具有预测作用。

(3)传播主体属性、受众个体属性、主帖影响力变量在不同框架模型中具有显著影响：在模型M1－M6中，传播主体属性、受众个体属性、主帖影响力变量对框架效果的预测作用基本一致，即传播主体机构、主帖点赞数及评论帖国籍、信源、立场都对框架效果有正面预测作用，主帖立场、回复数对框架效果有负面作用。只有在质疑经济框架下，评论帖的发布机构对框架效果有负面预测作用，即评论帖发布机构是非主流媒体和国家政府的更不认同主帖框架。总的来说，如果是主帖发布机构是主流媒体和国家政府、主帖点赞数越多，评论帖国籍是"一带一路"沿线国家、信源是中国、立场是本国立场，那么受众会更认同主帖观点；如果是主帖立场为本国立场、主帖回复数越多的框架，那么评论帖会越不支持主帖观点。

综上，在框架效果的多种解释变量中，框架类型里的政治框架和经济框架更具有影响力。传播主体机构的主流媒体特征更能获得受众信任和认同，主帖点赞数也说明该主帖观点得到了其他受众的支持，这也会进一步营造受众支持主帖框架的氛围；相比之下，受众个体属性更能影响受众的态度，显然，"一带一路"沿线国家的受众站在本国立场对"一带一路"倡议呈现的观点更有共鸣。另外，受众并不接受主帖中有强烈本国立场的框架，这种情况下的评论帖往往是受众在不认同情况下的留言。

五、结论与讨论

第一，国外社交媒体推特中的“中国框架”呈现正面、共同体性和合作的中国图景。针对研究问题1，研究表明国外社交媒体推特中的“中国框架”不再是传统新闻媒体所设置的中国图景。即使是当前国外传统新闻媒体报道中的“一带一路”倡议往往被描述为野心勃勃的概念、地缘游戏的陷阱，[①]推特的传播主体仍更多采用共同体框架、崛起框架和合作经济框架等正面框架谈论“一带一路”倡议。这打破了长期以来中国在英语新闻媒体中的一维形象，主要有两大原因。其一，社交媒体的多元主体性从新闻源头上消解了传统新闻媒体在国际问题上与国家利益一致的报道立场，世界上各国民众和机构都能成为发言人，对“一带一路”倡议的历史、议程和政策进行报道和分析。事实上，在国外社交媒体“一带一路”议题的传播主体中，大部分都是非主流媒体和国家机构，这意味着愿意主动传播“一带一路”倡议的主体对“一带一路”倡议和中国有更少的意识形态偏见，更多的是客观正面评价。其二，这与中国主动参与国际事务、积极建立中国话语的努力密切相关。“一带一路”倡议从话语隐喻上意味着中国走向世界的陆路和海路的连接，从话语象征上彰显了中国不再是封闭的、排外的东方国家，而是开放的、连通的现代国家。“一带一路”倡议给予了国外民众讨论中国议题的契机，国外民众特别是“一带一路”沿线国家的民众希望更多地了解“一带一路”倡议，更深层次地认知中国。近几年来，关于“一带一路”倡议的报道从各个层面向世界延伸，研究结果也从侧面印证了“一带一路”倡议实践和传播在国外民众中的积极影响。

第二，国外社交媒体推特中的“中国框架”仍具有框架偏见。由于社交媒体具有多次传播特征，因此国外社交媒体中的“中国框架”不仅出现于第一次传播，也通过第二次、第三次等多级传播影响受众。虽然在第一次传播的主帖里“中国框架”的框架偏见比较淡，但是评论帖展现出统一的负面评价色彩。框架概念源于认知心理学，指一种存在于人们头脑之中的认知结构或认知取向，通过这种结构，人们的知觉和对事物的理解被组织起来。[②] 框架偏见不仅表现为媒体框架偏见，也存在于受众的认知框架中，而且受众的认知框架偏见更难以消除。国外社交媒体冲击了传统媒体的框架偏见，却无法在短时间内改变国外民众对中国的刻板印象和认知误区，致使受众在作为二次传播主体时以他们的框架偏好评价“一带一路”倡议。

---

① XIN J，MATHESON D. One belt，competing metaphors：The struggle over strategic narrative in English-language news media[J]. International journal of communication，2018(12)：4248-4268.

② GOFFMAN E. Frame analysis：an essay on the organization of experience[M]. Ring wood，Victoria：Penguin Books Ltd，1974.

美国新兴媒体研究专家卡兹(James Katz)教授指出,社交媒体不仅潜移默化地改变了人们的交往方式,甚至深刻影响了一个国家的政治运作模式与公民参与政治的可能性。① 在社交媒体场域中,受众不是记者,他们的评论、转发等互动行为受到其既有的认知框架影响,并且以个人的理解凸显、强调他们想要表达的观点,新的框架偏见形成,而且不用隐蔽地建构事实。受众更可能使用他们自己的价值观来评估和组合框架元素,而不是从框架中获得政治价值。西方主流媒体长期使用意识形态框架、东方主义框架、威胁框架等负面框架报道中国,已经造成国外民众和政治机构对中国持有刻板认知。对于国际议题而言,民众更倾向于使用这种简化的认知框架了解他国形象,一方面刻板化陈述有助于减轻自己的信息处理负担,另一方面从归因角度认为"我们"的困难是中国崛起造成的有利于巩固心理优越感。这种认知框架偏见将会给中国价值、中国方案的国际传播带来持续的、巨大的挑战。

第三,框架类型对框架效果影响显著。研究结果显示在国外社交媒体推特中,"中国框架"的框架效果总体上并不好,小部分评论帖认同主帖框架;社会主义框架、能力框架对框架效果无影响;威胁框架、质疑经济框架这类负面框架对框架效果具有显著负向预测作用;崛起框架、合作经济框架这类正面评价框架对框架效果具有显著正向预测作用,与研究假设3相反。尽管现在少有关于各种"中国框架"的框架效果的研究,但这一结论进一步丰富了社交媒体框架效果理论和"中国框架"的效果理论。从社交媒体框架效果理论角度看,因为印象管理和自我提升是人们在社交媒体上进行分享的主要动机,积极的故事往往比消极的故事更多地被分享②,所以正面框架在社交媒体中更能得到受众支持,也更能引起受众的回应和心理共振。从"中国框架"的效果理论来看,带有强烈意识形态色彩的西方媒体以负面"中国框架"报道中国,事实上这种框架并不能很好地与受众的可接受度契合。影响受众框架效果的关键心理机制是信息接近性和可接受度,对"一带一路"沿线国家受众而言,"一带一路"议题很容易引起他们的自我归类,即"我们"是"一带一路"沿线国家,"我们"对于"他们"(非"一带一路"沿线国家)具有心理上的自我优越感,所以"我们"要捍卫己方的观点。③ 这一结论从实践上进一步丰富和扩展了框架效果理论。

第四,社交媒体中的主帖影响力对框架效果的作用具有复杂性。负面倾向框架与主帖点赞数、转发数具有显著正相关关系,同时主帖的回复数与点赞数对框架效果产生相反的作用。负面评价更容易被进一步分享和传播,回复数越多意味着主帖内容具有越大的争议性,受众不认可情绪较强才会留言反驳。这也是很多研究社交媒体的学者发现的

① 金兼斌.社交媒体影响社会和政治运作的方式和逻辑——美国知名新兴媒体研究专家James Katz教授访谈录[J].全球传媒学刊,2018(2):104-115.

② BERGER J. Word of mouth and interpersonal communication: a review view and directions for future research[J]. Journal of consumer psychology, 2014, 24(4): 586-607.

③ 魏然,等.媒介效果与社会变迁[M].北京:中国人民大学出版社,2015:151.

充满价值观争议和冲突的新闻故事更具有病毒传播性。[1] 那么，在社交媒体中究竟是取得框架效果重要还是获得传播深度重要？这是可以进一步挖掘的。事实上，传播个体属性、主帖影响力、框架类型与框架效果的多种分析呈现出难以统一、复杂多变的特性，这恰恰是由社交媒体传播特性所决定的。框架的目的是重点呈现想要突出的事实，从而涵化受众政治认知，然而社交媒体上的受众置身多种竞争性框架的影响下，他们又有潜在的社交动机，这使得他们的框架接受心理非常复杂。

第五，增强国外社交媒体对中国形象正面认知的对策与思考。上述研究结论展现出国外社交媒体中"中国框架"的复杂性与多维度，我们很难用传统意识形态偏见或东西方二元对立思维理解当前国外新兴媒体呈现出的中国图景。正因如此，在世界格局和媒体革命的大变局下，中国方案的国际传播需要有新思维、新途径、新框架和新话语。首先，中国方案的政治传播不能仅仅局限在研究传播什么、通过什么传播、如何改善传播方式的层面，应该从媒体技术革新方面，深入研究这些媒体创新为国际传播主体和受众带来的深层次革命；从中国议程方面，探索中国本土化方案，使这些方案成为国际受众想听且愿意听的，从而为中国议题的国际传播提供具有实效性和可行性的理论与工具指南。其次，国际社交媒体是影响国际舆论的重要场域，许多国家的政治领导人、国家机构、政党、政治家都在社交媒体上主动设置政治议程、参与政治表达、塑造政治形象。在西方公众对媒体越来越不信任的情境下，在社交媒体上进行政治沟通更容易得到公众信任。中国政府和媒体需要建立多种机制主动加入国际社交媒体平台，成为其他推文的主要信源，以润物细无声的方式在中国议题上既做发帖人也做评论人，让国外网民了解中国、理解中国，使他们成为新兴"中国框架"传播的节点和引爆点，避免沉默螺旋效应。再次，中国形象是在媒体框架中形成的，增强国外舆论场中的对中国形象的正面认知，需要改变媒体框架和受众的认知框架。一方面，为国外社交媒体编辑提供更多的中国议题和素材以形成正面的"中国框架"；另一方面，在对外交流方面让更多的国外民众了解中国、接触中国，改变其固有的中国认知框架。最后，国际传播里的中国话语如何做到接地气、容易懂、不被抵触仍然是难题。特别是在国外社交媒体中，中国话语还需要网络化、亲民化和青年化，这样才能具有更强的正面框架塑造性和传播力。同时，中国话语需要中国理论和实践的支撑，这需要中国智库与媒体在内容上紧密配合，以理论说服力和话语影响力构建国外舆论场中的新兴、客观、正面的"中国框架"。

（作者王菁系西南交通大学马克思主义学院教授；
作者杨可昕系同济大学政治与国际关系学院硕士研究生）

① BRADY W J, WILLS J A, JOST J T, et al. Emotion shapes the diffusion of moralized content in social networks [J]. Proceedings of the national academy of sciences of the United States of America, 2017, 114(28): 7313-7318.

计算式宣传:全球社交媒体研究的新议题[①]

◇ 于家琦

社交媒体是当今全球信息传播的关键渠道,曾被认为有助于增进民主,但其近年来受到各种形式的政治操纵,成为威胁民主的工具。国外学者把使用社交机器人、人工账户来有目的地通过社交媒体网络管理和发布虚假信息的现象称为"计算式宣传"。宣传者利用社交媒体平台的商业模式,操纵趋势算法、推荐算法来制造支持或反对宣传目标的虚假共识;编造并大肆传播"觅母"来煽动极端情绪以制造混乱和政治动荡。计算式宣传以高速、针对性强的数字形式来部署,其传播速度和造成的混乱程度是空前的。计算式宣传已成为全球关注的一个重要议题,围绕其形式、特点,对公共生活和政治制度的影响,以及如何防范危害等问题形成了崭新的跨学科研究领域。

一、问题的提出

社交媒体是当今传播新闻内容的关键渠道,是政治参与的重要平台,是年轻人发展其政治身份的首要媒体。社交媒体在世界范围内的普及率不断上升,根据 Statista 的数据,2017 年 71%的互联网用户是社交媒体用户,随着全球范围内使用智能手机和移动设备的人数不断增加,2019 年全球社交媒体用户估计有 29.5 亿,到 2023 年将增加到近 34.3 亿。[②]

社交媒体对民主的影响成为近年来国内外学界、媒体、政界讨论的重要话题。一直以来,西方国家的主流话语认为,互联网是言论自由的场所,正确的信息将上升到这个

① 本文初刊于《经济社会体制比较》2020 年第 3 期,收入本辑时略有删改。

② Statista number of social network users worldwide from 2010 to 2023[EB/OL]. (2020-01-01)[2020-04-01]. http://www.statista.com/statistics/278414/number-of-worlduide-social-hetwork-users/ # statistic cantainer.

“思想市场”的首位。社交媒体工具和互联网上的丰富资源为人们提供了获取巨量数据、知识，进行社交的极好途径以及集体参与的机会，可以帮助我们建设更好的民主。[①] 一些研究表明，社交媒体在政治和公共政策理念的交流、传播中发挥着重要作用，[②]网络动员有助于缩小政治参与差距，恢复民主的公民身份。

但自 2016 年以来，西方国家频现社交媒体对民主政治产生负面影响的事例。脸书（Facebook）、推特（Twitter）等社交媒体曾被视为全球社区和思想开放交流的自由平台，但近些年受到各种形式的政治操纵。[③] 社交媒体侵蚀了自由“讨价还价”的舆论环境，成为威胁民主的工具。2016 年美国总统选举，以推特为主的社交媒体成为特朗普为自己拉选票的重要工具，而推特上的很多信息反映的并不是真实的网络民意，而是被操纵的“民意”。科兰尼等[④]学者的研究表明，这次大选中由虚假自动化账户发送的带有支持特朗普标签的推文主导了推特上的话语，高度自动化地支持特朗普的活动不仅随着时间的推移加快了进程，而且这些支持特朗普的自动化活动与支持希拉里·克林顿的相比，两者的差距也从第一场辩论的 4:1 扩大到选举日的 5:1。这些被操纵的推文对 2016 年美国总统大选前的政治对话和民意走向产生了负面影响，危及总统选举的完整性。[⑤] 在英国脱欧公投期间，巴斯托斯等学者发现了一个由 13,493 个账户组成的推特自动化账户网络，其进行党派色彩浓厚的新闻传播，在一定程度上造成英国全民公投的以微弱优势决定退出欧盟的投票结果。

除了自动化账户，社交媒体上还充斥着各种攻击政治人物的虚假信息，这些信息通过被操纵的工具散布后进一步误导人们的选择和投票行为，这些虚假新闻和专业新闻一样被频繁地分享。霍华德等[⑥]学者研究了美国密歇根州与政治相关的社交媒体话题标签，发现密歇根州的社交媒体用户分享了大量的政治内容，但专业的政治新闻的数量始终少于极端主义、煽情主义、阴谋论、虚假信息和其他形式的垃圾新闻的数量。这类垃圾新闻不仅“跑赢”了真正的新闻，而且在大选前一天被分享的比例也上升到了最高点。

针对社交媒体新出现的问题，2017 年以来国外媒体、学界、政界和社交媒体平台就如

---

① HOUARD P N. Pax technica：how the Internet of things may set us free or lock us up[M]. New Haven：Yale University Press，2015.

② VACCARI C. Online mobilization in comparative perspective：digital appeals and political engagement in Germany，Italy，and the United Kingdom[J]. Political communication. 2016，34(1)：1-20.

③ TUCKER K，THEOCHARISY，ROBERTS M E. From liberation to turmoil：social media and democracy[J]. Journal of democracy. 2017(4)：46-59.

④ KOLLANYI B，HOWARD P N，WOOLLEY S C. Bots and automation over Twitter during the US election[EB/OL]. (2016-11-17)[2018-10-03]. http：//www. pditicalbots. org.

⑤ BESSI A，FERRARA E. Social bots distort the 2016 US presidential election online discussion[J]. First Monday，2016，21(11).

⑥ HOWARD P N，BOLSOVER G，KOLLANYI B，et al. Junk news and bots during the U. S. election：what were Michigan voters sharing over Twitter[EB/OL]. (2017-03-26)[2018-10-01]. http：//comprop. oii. ox. ac. uk/2017/03/26/junk-news-and-bots-during-the-u-s-election-what-were-michigan-voters-sharing-over-twitter/.

何更好地控制这种利用网络工具操纵政治进程的问题展开了广泛讨论,出现了强烈的控制在线信息变革的呼声。2017年美国国会开始调查外国利用数字技术操纵2016年美国总统大选的情况,国际主流报纸广泛报道了恶意的自动化账户试图暗中影响全球政治进程的威胁,目前这种威胁已引起全球重视。

在关于社交媒体操纵民主进程这一现象的研究中,国外的社交媒体研究专家提出了新的研究概念——计算式宣传(Computational Propaganda),引起了学界、政界和媒体的热议。由牛津大学互联网研究所领导的一个研究小组,分析了美国、俄罗斯、乌克兰等9个国家于选举和政治危机期间在7个社交媒体平台上发布的数千万条帖子。[①] 他们的研究发现,当前运用数字形式在社交媒体上有目的地散布虚假信息的情况是真实和普遍的,计算式宣传已成为威胁民主的主要工具之一。

二、什么是计算式宣传

计算式宣传是指使用算法、自动化和人工管理账户来有目的地通过社交媒体网络管理和发布误导性信息。计算式宣传是社交媒体平台、自主代理和大数据的集合,其任务是操纵民意,是那些希望利用信息技术控制社会的人采用的最新、最普遍的技术策略之一。[②] 计算式宣传的主要要素包括社交机器人、傀儡账户和虚假信息。

要素之一:社交机器人(Social Bots)

软件机器人从计算机诞生之初就存在,是指各种不同的软件系统,是一串代码,如后台程序和脚本。[③] 21世纪初,随着新一代Web2.0社交网络的建立,越来越多的机器人被部署在社交平台上,一些研究者开始把社交媒体中的自动化账户称为机器人。2006年推特的出现导致自动化账户大规模扩散,原因是其开放了应用程序编程接口,并鼓励开发人员创造性地部署自动化账户。

21世纪10年代早期,计算机学家开始注意到社交媒体上的大量自动化账户可以被用于恶意目的,比如传播垃圾邮件和恶意链接。2011年博什马夫等[④]学者研究了使用虚假身份的自动化账户是如何渗透到真实用户的社交媒体网络,并传播恶意链接或广告

---

① BIENVENVE E Computational propaganda: political parties, politicians, and political manipulation on social media [M]. Oxford: Oxford University Press, 2019.

② VOOLLEY S C, HOWARD P N. Political communication, computational propaganda, and autonomous agents[J]. International journal of communication, 2016(10): 4882-4890.

③ LEONARD A. Bots: the origin of the new species[M]. London: Hardwired, 1997.

④ BOSHMAF Y, MVSLVKHOV I, BEZNOSOV K, et al. The socialbot network: when bots socialize for fame and money[C]. Proceedings of the 27th Annual Computer Security Applications Conference, 2011.

的，这是最早使用“Socialbot”[①]概念的文章。之后社会科学家对社交媒体上各种形式的自动化账户产生了兴趣，并提出了社交机器人(Social Bots)的概念。

社交机器人是一种计算机算法，它能自动生成内容并在社交媒体上与人类互动，试图模仿并改变人类的行为。其中“社交”一词指的是假装自己是一个可以与之进行社交互动的人的行为，以类似于一个人在社交空间中的行为方式行事。[②] 因此，并非社交媒体上的每一个机器人都是社交机器人，社交机器人特指那些在很大程度上试图模仿人类的机器人。它们像普通用户一样，编写原创消息、发送好友请求、分享或转发其他用户的信息。

社交机器人的一个子类是出于政治目的部署的社交机器人，也被称为政治机器人(Political Bots)。[③] 社交机器人最早被用于政治活动是在2010年美国马萨诸塞州的特别选举期间，当时一个小型的自动化账户网络被用来在推特上对其中一位候选人进行诽谤。[④] 自2012年以来，许多研究表明，社交机器人已经被用来在推特上干预叙利亚的政治动员[⑤]、干预墨西哥的政治动员[⑥]，以及影响其他国家的政治。学者们从2016年开始关注政治机器人在公民投票等重要政治事件中的应用。在英国脱欧公投之前和美国、法国、德国等国的大选前，推特上的社交机器人相当活跃。这些“自动化的社会角色”被用来“积极地”支持特定的政治家和政策立场，同时覆盖任何反对的声音。社交机器人还会使人们把注意力集中在特定的、有偏见的来源上，使政治讨论两极化。

要素之二：傀儡账户(Sock-puppet Account)

傀儡账户是人工管理、运营的虚假社交媒体账户。[⑦] 傀儡账户最初指的是一个网络社区的成员假装成另一个人谈论自己的虚假身份，后来延伸为用来赞扬、支持或贬低、反对个人或组织的账户。一开始，傀儡账户被用于市场营销，后来扩展到了政治领域。

20世纪初，互联网的兴起催生了通过网络进行宣传的行业。市场营销和公关专业人

---

① 2011年博什马夫等学者最早使用“Socialbot”，与之后学者们使用的“Social Bots”的拼写略有不同。

② ABOKHODAIR N，YOO D，MCDONALD D W. Dissecting a social botnet：growth，content and influence in Twitter[C]. Proceedings of the 18th ACM Conference on Computer Supported Cooperative Work&Social Computing. 2015.

③ MORTHY D A，POWELL A B，TINATI R，et al. Bots and political influence：a sociotechnical investigation of social network capital[J]. International journal of communication，2016(10)：4952-4971.

④ THOMAS K，GRIER C，PAXSON V. Adapting social spam infrastructure for political censorship[C]. Proceedings of the 5th USENIX Conference on Large-Scale Exploits and Emergent Threats，2012.

⑤ ERKAMP J，GUPTA M. Five incidents，one theme：Twitter spam as a weapon to drown voices of protest[C]. The 3rd USENIX Workshop on Free and Open Communications on the Internet，2013.

⑥ SUÁREZ-SERRATO P，ROBERTS M E，DAVIS C A，et al. On the influence of social bots in online protests：preliminary findings of a Mexican case study[C]. Social Informatics：8th International Conference，2016.

⑦ GORWÁ R，GUILBEAVLT D. Unpacking the social media bot：a typology to guide research and policy[J]. Policy and Internet，2020，12(2)：225-248.

士最先开始使用傀儡账户,他们雇人创建虚假账户,并撰写虚假正面评论来推荐产品。后来,政治技术人员采用了虚假账户付费评论的方式,雇人在热门新闻网站的论坛或评论区开展活动。如今,社交媒体已经成为此类活动的主要平台。

傀儡账户以虚假身份运行,这违反了脸书和推特等社交网站的服务条款,因此其大部分活动由没有公开资料的中小企业操控,而且相当隐蔽。牛津大学互联网研究所通过对乌克兰的这类公司的面访发现,这些小公司通常从中间人那里获得政治客户,有时公司会提供与选举活动有关的"一揽子"服务,或者只处理特定的案例,比如丑闻。一旦承接项目,公司就会雇用一个团队,让其在已建立的虚假账户数据库的帮助下转发某些帖子来增加发帖数量,参与评论以传播某些信息或中和其他信息。① 受访的小公司都拥有虚假账户数据库,包括脸书、俄罗斯接触网(Vkontakte)等社交媒体上的数百个"高级"账户。被雇的评论人通常每天会发表200多条评论,在乌克兰2012年的议会选举期间,他们每周获得大约100美元的酬劳。② 乌克兰的主要政党设立了直接与社交媒体打交道的部门,在危机时期需要一些外力帮助时,会把项目外包给这些公司。在这些政治客户看来,人工维护的虚假账户是最受欢迎的在线宣传工具之一,因为它们的成本相对较低,灵活性也较强。

除了国内业务,这些公司还会从事针对外国的政治宣传活动,这种对外宣传最初是作为心理战武器发展起来的。比如,2011年美国加州一家名为Repid的公司从美国中央司令部获得了一份价值276万美元的"在线角色管理"合同,该合同旨在创建"虚假的在线角色,以影响网络对话,并传播美国的使用阿拉伯语、波斯语、乌尔都语和普什图语"的宣传话语。③

要素之三:虚假信息(Disinformation)

计算式宣传的第三个要素是误导性信息,特别是虚假信息。一般意义上的宣传目的是使人们对一个概念或实体产生某种感觉或形成某种看法,宣传的内容是带有议程的信息,其往往基于部分事实。而计算式宣传所传播的信息却是错误的、虚假的、具有误导性。

在英语语境中,误导性信息包括错误信息(Misinformation)和虚假信息(Disinformation)两种,它们都是有误导性的、不准确的信息,区别在于传播意图。在早期的互联网

---

① BOPOHA T. How Internet trolls work and how one can recognize them: an interview with a former Akhmetov's bot[EB/OL]. (2015-01-31)[2018-02-11]. https://ain.ua/2015/01/31/kak-rabotayut-internet-trolli-i-kak-ix-raspoznat-intervyu-s-byvshim-axmetovskim-botom.

② HDANOVA M, RLOVA D. Computational Propaganda in Ukraine: caught between external threats and internal challenges[Z]. Working paper, 2017.

③ FIELDING N, COBAIN I. Revealed: U. S. spy operation that manipulates social media[EB/OL]. (2011-03-31)[2016-02-17]. http://www.xinyajia.net/8703.html.

上，错误信息经常以电子邮件链接的形式出现，它可能是你容易受骗的亲戚发来的，告诉你如果转发一条信息给若干人，某个大富翁就会给你寄钱。错误信息的传播者相信了这个信息并转发给他人，他们是在无意中分享了错误信息。而虚假信息的传播者则更邪恶，他们故意创造、转发虚假的信息，故意散布恶意叙事，其明确目的是造成混乱，使受众相信谎言。

2014 年世界经济论坛将网络上迅速传播的错误信息列为十大危害社会的信息之一。[①] 社交媒体是传播错误信息和虚假信息的主要渠道，在过去几年的美国敏感政治时期，社交媒体广泛传播了大量虚假的垃圾新闻。维卡里奥等[②]学者的研究发现，社交媒体更喜欢传播耸人听闻的内容，并不关心这些内容是否经过核查、是否有可靠的来源，而且虚假信息比正确信息传播得更迅速、范围更大。2018 年沃索基等[③]学者进行了一项关于2006—2017 年在推特上发布的所有经过验证的真实和虚假新闻故事扩散差异的研究。这些数据包括约 12.6 万篇推文，这些推文被约 300 万人转发超过 450 万次。该研究发现，虚假信息比真实信息传播得更远、更快、更广，前 1％的虚假新闻可以触达上千至数十万人，而真相几乎很少触达超过 1000 人。虚假信息的传播力强于真实信息，主要是由于它们“与其说是新闻，不如说是小说”，新奇是人们更愿意分享它的一个重要原因。虚假的政治新闻比有关自然灾害、科学、都市传说或金融信息的虚假新闻的影响力更为显著。虚假信息通过社交媒体的大规模传播被确认为一个重大的全球风险，严重影响并威胁着民主政治。

三、计算式宣传的传播机制

（一）社交媒体的商业模式和算法特性

计算式宣传通过社交媒体进行，要理解其传播机制，首先要明晰社交媒体的运作原理。在 Web1.0 阶段，人们可以在网上表达自己的观点，但是信息是分散的，很难被发现，不会出现影响力巨大的热点。随着 21 世纪初社交网络的出现，网民和在线活动逐渐被整合到少数几个平台上，曾经分散的信息变得集中。比如，脸书最初是美国大学生用来找同学的渠道，但它现在成了 20 亿人与朋友和家人联系的平台。

广告一直是推动互联网发展的商业要素，被称为“互联网的原罪”。社交媒体平台为

---

① World Economic Forum. Outlook on the global agenda 2014[EB/OL]. [2017-04-15]. http://reports.weforum.org/outlook.

② VICARIO M D, BESSI A, ZOLLO F, et al. The spreading of misinformation online[C]. Proceedings of the National Academy of Sciences of the United States of America, 2016.

③ VOSOUGHI S, ROY D, ARAL S. The spread of true and false news online. [J]. Science, 2018(6380): 1146-1151.

了生存,要基于广告的商业模式的激励结构来决定平台设计。最有效的广告要针对性强、吸引力大,而社交媒体平台具有了解用户喜好并吸引人们参与的强大优势。当人们在社交媒体平台上花费时间时,人们关注的对象,点击、阅读和喜欢的内容都会留下痕迹,平台利用这些数据来决定为用户提供哪些内容、投放哪些广告。对在线平台用户生成的元数据进行分析,已成为广告商、研究人员和平台了解消费者行为的一个重点。[①]

为了保持用户在社交媒体上的参与度,平台创建友好的开放文本框来推动用户参与,比如设计问题提示"你在想什么""发生什么事了",每个用户都可以成为内容的创造者。随着智能手机的普及,人们只需拍照就可以发布、更新状态。社交媒体为了让人们留在平台上,还设计了有利于"病毒式传播"的工具,包括标签、转发、分享和喜欢等功能,使信息得以快速、大范围地传播。人们能够从分享、点赞、转发和其他使信息放大的功能里获得足够的传播动力,若人们看到自己原创或转发的内容如病毒般传播,就会不断地创作和分享。

随着用户数量的增加和参与度的提高以及内容的爆炸式增长,我们进入了一个信息过剩的新阶段。社交媒体平台要使人们在平台上继续保持活跃,就要用新的工具来管理大量内容,以发现和传播吸引人的内容。因此,社交媒体平台发展出搜索算法、趋势算法和推荐算法,通过这些算法,社交媒体平台扮演着类似策展人的角色,帮助人们解决信息过剩的问题。[②] 其中,趋势算法向用户展示一大群人正在谈论或阅读什么,让用户发现流行趋势。流行趋势引起人们的好奇心,吸引希望与他人就正在讨论的话题进行交流的用户。推荐算法是基于内容过滤的算法,可以让用户看到更多与他们已经参与并喜欢的主题相关的内容。

社交媒体算法所做的是从互联网的海量内容里面,挑选出它认为人们最有可能回应、最有兴趣参与打动的东西,而非简单地摆事实。社交媒体以参与度为重,优先推广能提高用户参与度的文章,推送与用户已分享或点赞文章相关的新闻,甚至多次推送受欢迎的文章。虽然用户参与度高、广告商喜闻乐见,但未必有益于用户或寻找真相的人。

(二)计算式宣传操纵社交媒体算法

社交媒体平台的运作原理为计算式宣传提供了适合生长的土壤。操纵计算式宣传的个人或团体,正是利用社交媒体平台的算法原理、激励结构,通过社交媒体平台大范围、快速地传播、扩散信息。

宣传者通过操纵社交媒体的趋势算法、推荐算法来传播信息。趋势算法是操纵社交

---

① HWANG T. Digital disinformation: a primer[EB/OL]. [2020-04-01]. https://www.atlanticcouncil.org/publications/articles/digital-disinformation-a-primer.

② PIRESTA R. Computational propaganda: if you make it trend, you make it true[J]. The Yale review. 2018(4): 12-29.

媒体的强大工具，宣传者主要通过两种方式操纵趋势算法。第一种方式是“蹭热点”，围绕一个活跃的话题标签进行铺天盖地的宣传，以吸引那些积极参与的人，从而推动、改变，甚至破坏社交媒体平台上的在线讨论，促使讨论走向他们希望的方向。第二种方式是新创建一个趋势主题，并使用社交机器人或人工管理的傀儡账户进行协调操纵，传播信息并使之成为趋势。这会给人一种错觉，即数量庞大的人群对某个主题有特定的看法。

一旦社交媒体上形成了新趋势，并被主流记者注意到，而且记者在没有验证其真实性的情况下对其进行了报道，那么这一消息就会出现在拥有大量受众的报纸或电视节目上。反之，如果记者发现并揭穿了这种趋势，那么他们无意中也在某种程度上强化了该趋势。如果记者忽视了新趋势，宣传者就会把这个流行趋势推送到持阴谋论或怀疑媒体的网络社群中，声称主流媒体忽视了真相。当宣传信息流行起来，宣传者就成功了。

宣传者还利用推荐算法来传播虚假信息。推荐算法既包括内容过滤算法——推送用户喜欢的内容，又包括协同过滤算法——推送与用户相似的人喜欢的内容。宣传者利用这一特点，给倾向于阴谋论的人发送与阴谋论相关的内容，通过散布谣言来制造政治生态混乱，如向最容易变得激进的用户推荐极端的内容。

（三）计算式宣传的主要载体和传播过程

除了运用算法，计算式宣传的内容和样式也要符合社交媒体的风格。为了让人们在平台上保持活跃，平台需要向用户展示吸引人的内容。平台通过分析“观看、点击、动作”等数据发现，人们在看到符合自己世界观和价值观的事物时会感到舒适；具有高度情感共鸣的内容——愤怒、侮辱和仇恨——更具有吸引力。宣传者挖掘用户的情感反应，满足人们产生情感共鸣的需求，利用用户的热情促使他们产生传递信息的强烈愿望。

承载宣传信息的载体对传播、宣传效果能产生直接影响。当前社交媒体上影响最大的传播载体被称为觅母(Meme)。不深入研究觅母，就不能在社交网络上谈论现代宣传。大多数熟悉这个词的人认为觅母是一幅上面有精炼大字的图片，事实上，觅母包含的内容不止这些。1976 年，理查德·道金斯在《自私的基因》中创造了这个词，他认为“我们需要为这个新的复制因子取一个名字，这个名字要能表达作为一种文化传播单位或模仿单位的概念”。觅母可以是图片、图标、歌词、流行语——任何个人都可以立即识别并将其应用于其他场景的东西。觅母符合我们的信息消费基础结构：大图像和有限的文字很容易被彻底理解。觅母传递的信息能够引起共鸣，人们喜欢创造和分享它们。社交媒体平台的病毒式传播功能使得觅母易于被传播，从一个群体传到另一个群体。在这个过程中，形式可以变异，但基本观点得以传播，觅母甚至可以改变个人和群体的价值观和行为。

觅母是数字时代的宣传基础，可以被设计成有影响且持续的宣传信息。觅母尤其擅长嘲讽,嘲讽是打破强势品牌或削弱权威象征的最强大的力量之一。在政治领域,觅母的嘲讽会瓦解社会凝聚力,诋毁、扰乱和颠覆对手的观点和形象。例如,在2016年美国总统大选期间,8chan图版论坛上的极右用户发布了一个觅母,它是一张包含希拉里·克林顿、大卫之星和钱的图片,称她是“史上最腐败的候选人”。然后这张图片在脸书上散播,随后又被主流保守派分享和转发,总统候选人特朗普随后在推特上转发了这张图片。媒体注意到网上聊天信息大量增加后,开始写关于这个主题的故事。这种利用仇恨和虚假信息的大范围传播来削弱对手的策略并不新鲜,但在社交媒体时代,它的传播速度和造成的混乱程度是空前的。

总体来看,典型的计算式宣传包括几个阶段:首先伪装成故事的宣传信息在一个非主流网站或社交媒体平台上出现,之后被推送到社交生态系统中,这个话题被社交媒体上拥有大量粉丝的意见领袖们提起,并通过社交机器人账户或人工管理的傀儡账户进行炒作。在与社交媒体算法进行博弈的过程中,宣传信息的操纵者会努力确保内容从一个社交平台传播到另一个平台,以至于覆盖整个社交生态系统,触达广泛的、易于接收信息的用户,并最终在一个著名的社交媒体平台上流行起来,成为趋势热点话题。一旦这个议题在网上得到广泛讨论,它就很有可能会被主流媒体关注和接受,从而实现更大范围的传播。

社交媒体的激励结构、设计策略和算法技术为宣传者提供了一个可操纵的系统,社交媒体的运营原理促使受欢迎的信息得到传播,而不是以事实的准确性为首要考虑因素,这为宣传者操纵社交媒体进行虚假信息宣传提供了温床。对此,有学者提出,在计算式宣传的时代,如果你让它成为流行趋势,你就能让它成为真相。①

四、计算式宣传对全球政治生态的影响

在社交媒体时代,平台的运作原理使得计算式宣传传播得更快速、更广泛,针对性更强,精准度更高,对选举、公共危机的影响更强,给社会秩序和人们心理造成的混乱程度更高。计算式宣传扰乱在线讨论、误导网络舆论、操纵政治话语、破坏网络公共领域,甚至危害在线生态系统和社会稳定。

(一)通过制造虚假共识来支持或反对宣传目标

计算式宣传制造出某个人或某项政策被拥护或反对的虚假共识,起到放大某些信息

---

① DIRESTA R,SHAFFER,RUPPEL B,et al. The tactics and tropes of the Internet research agency[Z]. New knowledge,2018.

的作用，让人们误以为大多数人支持或反对某个人或某项政策，误导人们也认同宣传的观点，从而形成一种“乐队花车”——从众效应，达到宣传者的目的。

西方的“选民操纵”现象早就存在，十多年前就有学者开始对政治伪草根（Astroturf）活动进行研究。① 政治伪草根活动通过虚假、付费的评论来提升政治家在网上的形象，制造其受欢迎和人们已达成共识的假象，从而帮助政治家获得选举胜利。这种竞选策略可以被用来在没有共识的情况下塑造公众共识，给人一种候选人或公共政策理念受欢迎的错误印象。

当社交媒体成为人们重要的接受新闻和交流的方式时，社交机器人就以类似的方式进行伪草根活动。雷特克维斯基等②学者研究了 2010 年美国国会中期选举之前和期间推特上的社交机器人被部署的方式。这些由社交机器人发起的对参众两院候选人的攻击，是与选举相关的政治伪草根活动的一部分。这些社交机器人夸大候选人的支持率，为一个可能处于政治边缘的候选人制造受欢迎的假象。

在 2016 年的美国大选中，社交机器人通过人为地放大政治候选人或相关议题的流量来制造共识，以激发实际的政治支持。部署的社交机器人可以增加政治候选人的追随者数量，可以与用户互动，转发和点赞与特定政治候选人有关的内容。自动推广信息的社交机器人可以操纵“议程设置”原则，增强宣传信息在公众意识中的显著性，即人们看到某些内容的频率越高，就觉得它们越重要。一大批用于转发或点赞与某个候选人相关的内容的社交机器人，通过自动传播话题标签来营造虚假的社交媒体趋势，使该候选人看上去比实际上更受支持。同时，机器人还攻击政治对手，压制反对派的意见。

此外，制造共识还表现为掩盖人们对某些事件的评论，把人们的注意力转移到宣传者希望的方向上。当宣传目的是淹没、阻止一些意见，转移人们的注意力时，社交机器人就被认为是一种可靠的工具，它们易扩散的攻击性质具有天然的影响力优势。托马斯等③学者研究了宣传者利用 25,860 个虚假账户发送的 440,793 条推文，这些推文试图在俄罗斯议会选举结果公布后干扰政治对话，分散人们对有疑问事件的注意力。这些宣传者从“垃圾邮件服务”程序中购买了数万个虚假账户，并将这些账户与位于全球各地的受攻击主机联合使用，以传播大量政治信息，覆盖活动人士的对话，改变公众所了解到的信息，从而控制推特上的政治言论。

---

① HOWARD P N. New media campaigns and the managed citizen[M]. Cambridge: Cambridge University Press, 2006.

② RATKIEWCZ M D, CONOVER M, MEISS B, et al. Detecting and tracking political abuse in social media[C]. Proceedings of the Fifth International AAA Conference on Weblogs and Social Media ICWSM, 2011.

③ THOMAS K, GRIER C, PAXSON V. Adapting social spam infrastructure for political censorship[C]. Proceedings of the 5th USENIX Conference on Large-Scale Exploits and Emergent Threats, 2012.

(二)通过煽动极端情绪来制造混乱和政治动荡

围绕争议性大的话题,计算式宣传可以有针对性地提供极端信息给有可能相信这些观点的人,增强网络极化现象,煽动不利于社会稳定的分裂情绪,鼓吹对当局者的不满情绪,以达到搅乱社会心态、制造混乱局面的目的,进而干扰甚至颠覆国家的政治生态和进程。计算式宣传所驱动的虚假信息运动是信息战的一种形式,与以往的信息战、心理战的不同之处在于,计算式宣传以高速的、针对性强的数字形式来部署,以达到分裂社会的目的。

在这方面,西方媒体报道最多的是俄罗斯互联网研究机构(Internet Research Agency)。比如2015年《纽约时报》报道该机构制造假新闻网站、伪造视频,通过虚假信息来影响美国政治。[①] 围绕2016年美国总统大选,俄罗斯互联网研究机构在美国的社交媒体脸书和照片墙(Instagram)上发布宣传广告。据统计,它们在脸书上拥有1.26亿用户,在照片墙上拥有超过2000万用户。2017年末,美国多家社交媒体平台向国会提供了一系列与这家互联网研究机构相关的数据集,数据集包括1040万条推文、1107个YouTube视频、116,205条照片墙图片和61,483条脸书帖子。[②] 2018年美国国会情报委员会披露了3500多条与该机构有关的脸书和照片墙广告,时间跨度从2015年初到2017年8月,这些广告涵盖的话题包罗万象,大部分的宣传集中在具有高度情感共鸣、非常现实的社会问题上,比如同性恋群体权利、黑人生命的重要性、移民、伊斯兰教、退伍军人事务、印第安人事务和种族等容易造成社会分裂的问题。

宣传者会针对不同的人,发布不同的甚至截然相反的极端广告。比如,2016年6月一则广告的目标人群是脸书上对希拉里·克林顿和穆斯林兄弟会感兴趣的人。广告里,希拉里对一个戴头巾的女人微笑,这个广告邀请人们参加一个名为"支持希拉里,拯救美国穆斯林!"的活动。同时,另一个广告的目标人群是反对接收难民的人,广告用的是经过合成的图片:当时的美国总统奥巴马在椭圆形办公室里,他身后有一面"伊斯兰国"的旗帜,图片上的字是"我们中间有个叛徒",暗示民主党接收的难民都是"伊斯兰国"士兵,会危害美国国家安全。

还经常有帖子号召美国人走上街头参加活动,比如邀请志愿者分发传单,要求人们参加政治集会,要求摄影师记录抗议活动,要求人们在抗议活动中发言,又比如在大选后呼吁废除选举人团制度,为设计传单、网站、脸书贴纸包的设计师提供工作机会等,这些具有煽动性的帖子使网上的对抗分裂情绪向线下发展,进而危害社会稳定。

这些宣传信息利用种族等社会裂痕,宣传旨在煽动种族对立等的问题内容,在国家

---

① CHEN A. The agency[N]. The New York Times,2015-06-02.

② DIRESTA R,SHAFFER K,RUPPEL B,et al. The tactics and tropes of the Internet research agency[Z]. New knowledge,2018.

的政治体制中播下混乱的种子。宣传信息模糊了现实与虚构之间的界线，目的是利用社会裂痕破坏社区之间的信任，破坏公民对政府的信任，并侵蚀公民对民主进程的信心。计算式宣传是一种非常强大的新传播工具，社交媒体被其当作破坏民主进程、推翻民主制度的渠道。

（三）计算式宣传降低了宣传门槛，造成所谓的宣传"民主化"

西方社交媒体平台的应用程序编程接口的开放程度不同，那些开放程度高的平台对社交机器人的使用限制较少，这使得个人用户也可以像政府、政党、社会团体等有组织的用户一样，设计和操控虚假的、高度自动化的社交媒体账户，大批量、快速地散播他们的观点，产生计算式宣传效果。

低门槛社交媒体平台的广泛使用使得社交机器人更容易伪装成有政治观点的人。推特上的社交机器人通过应用程序编程接口几乎可以模仿人们在社交媒体上做的每件事，它们可以实时处理推特上的信息，识别并回应与它们脚本——推广某个观点或关注某个特定用户——相关的任何评论。有研究表明社交机器人在传播虚假新闻中起着关键作用，主动传播错误信息的账户更有可能是机器人。① 在病毒式信息的早期传播阶段，自动化账户尤其活跃，往往以有影响力的用户为目标。人们很容易受到这种操纵，从而转发社交机器人发布的虚假消息。

社交机器人让普通公民能够在网上放大自己的观点。社交机器人可以让一个人或一群人提升自己在网上的存在感，让任何具备一定编码知识的人或与使用自动化软件的团体有联系的人都可以创建自己的宣传网络。在 2016 年美国大选期间，包括这些个人用户制造的社交机器人在内的社交机器人造成了最大规模的虚假信息宣传和政治攻击。比如，美国南加州的一名男子为了证明传播虚假信息轻而易举，从 2013 年开始散布假消息，最终创立了一家有 25 名员工的公司，专职负责炮制谣言。2016 年美国大选期间，该公司制造了"FBI 官员身亡被伪造成自杀，或与希拉里邮件门有关"的谎言，此谎言被转发 50 万次。②

社交机器人的存在使得宣传不再是精英的特权，它赋权普通人运用数字自动化来传播政治话语，人们通过扩音器效应传播信息、放大自己的声音，从而让数字宣传"民主化"。当前操纵和传播虚假信息非常容易，而现有的检测和制止虚假信息传播的方法都存在不足，因此这种影响力的"民主化"不仅不利于民主，反而增加了治理难度。

① SHAO C，CIAMPAGLIA G L，VAROL O，et al. The spread of lowcredibility content by Social Bots[J]. Nature communications，2018(9)：4787.

② 奥莱利. 未来地图[M]. 北京：电子工业出版社，2018：250.

五、结论

计算式宣传是伴随社交媒体发展、在全球政治中日益常见的新型宣传现象。社交机器人和人工管理的傀儡账户是进行计算式宣传的关键工具。自动化和匿名性是计算式宣传的重要特性,高度自动化的社交机器人使得宣传攻击的规模不断扩大,而虚假账户使得作恶者保持匿名。“计算式”并不仅仅意味着这些说服行为发生在计算机或网络上,而是强调这些政治策略依赖于增强的计算能力,以高速、针对性强的数字形式来部署,使得宣传信息能够更容易、更迅捷、更广泛地传播扩散,一些执政理念或政治人物能够被突出,同时压制其他理念或政治人物,其造成的影响力是以往的宣传形式难以企及的。

宣传者利用社交媒体的算法特性和激励结构来传播误导性虚假信息,这已成为全球政治生态的重大危害。在西方国家,社交媒体曾被视为为自由民主社会的信息生态系统提供动力的平台,但是目前,由于担心过度监管对民主造成破坏,西方国家在消除虚假信息和宣传方面犹豫不决,这使得社交媒体成为政党、社会团体、个人等不同的政治行动者操纵政治讨论和民意走向的工具,致使虚假叙事有机会站稳脚跟,让宣传者有机会接触容易受攻击的群体。相比于对社交媒体管控较严的国家,西方的社交媒体更容易受到计算式宣传的操控。面对要求变革社交媒体生态、打击计算式宣传的呼声,大多数西方国家正在着手从平台自我治理、制定法律和监管措施,甚至民间自发行动等方面,规避计算式宣传对政治生态造成的危害。

计算式宣传已成为全球关注的一个重要议题,围绕其形式、特点,对公共生活和政治制度的影响,以及如何防止其危害等问题形成了崭新的跨学科研究领域。对各国政府来说,防止外国势力的宣传渗透,维护本国的社会稳定、政治安全和信任,是其义不容辞的责任。对计算式宣传的研究将有助于促进全球社交媒体治理水平的提升,从而构建更为公正、民主、和平、发展的人类命运共同体。

(作者系天津社会科学院舆情研究所所长、研究员)

网络公共舆论:环境变迁与路径选择

◇ 张桂芳

对于以互联网为基础的开放性与水平性技术结构,在互联网及新媒体发展的早期,不少学者持乐观的态度,认为网络与新媒体的应用具有开拓网络公共领域、推动社会民主化的潜能。① 但现在越来越多的学者意识到,网络中同样存在"守门人",并且网络反映了现存的政治与社会经济分野,不仅如此,相比现实世界,网络是一个更商业化的世界,政治力量介入其中的手段也日益复杂。② 随着技术的进步,技术本身对于网络公共性的负面影响也开始显现,譬如基于大数据的算法带来的公共辩论的碎片化与多数人的暴政。③ 在这样的境况下,网络公共舆论如何才能守护其批判的公共性成为一个现实而迫切的问题。各国的网络公共舆论既面临相似的问题,也因政治、经济、媒介发展与使用状况等具体社会环境的不同而有不同的境遇。本文旨在通过对我国网络公共舆论环境与网络公共舆论热点的分析,探讨我国网络公共舆论所面临的状况、问题,以及解决相关问题的可能性路径。

一、网络公共舆论环境的改变

中国的网络与新媒体、媒介政策以及媒介使用状况一直处于变革当中。互联网的普及率持续增长,新媒体的应用形式更为多样,这为公众的网络参与提供了诸多可能。但与此同时,媒介政策却趋向严格,政府在 2016 年至 2017 年密集发布实施了一系列的指向互联网与新媒体的法律法规。在新媒体平台的商业化之外,网民的媒介使用比如社交

① WARF B,GRIMES J. Counterhegemonic discourses and the Internet [J]. Geographical review,1997, 87(2):259-274.

② ABBOTT J. Democracy@internet. org Revisited: analyzing the socio—political impact of the internet and new social media in East Asia [J]. Third world quarterly,2012, 33(2): 333-357.

③ HARPER T. The big data public and its problems: big data and the structural transformation of the public sphere [J]. New media & society,2017,19(9):1424-1439.

媒体与自媒体的使用也日趋商业化。这些变化构成了当下网络公共舆论的外部环境,从不同的方面形塑着网络公共舆论。

(一)技术赋权与网络公共舆论主体构成的改变

技术赋权为普通公众提供了发声的机会,推动了网络公共舆论热点的形成。据第42次《中国互联网络发展状况统计报告》,截至2018年6月,我国网民规模为8.02亿,互联网普及率达57.7%。94.3%的网民使用即时通信工具,82.7%的人使用网络新闻应用,81.9%的人使用搜索引擎,自媒体的数量与社交媒体用户的数量也在持续上涨。[①] 这表明随着互联网的发展,更多的人通过网络来获取和分享信息,交流和发表意见。其中微信、微博、天涯、知乎、豆瓣等社交应用以及微信公众号、头条号、百家号、企鹅号等自媒体平台为普通网民提供了形式多样的参与渠道,提高了公众的参与热情。由于网民数量巨大,某些信息尤其是与公众利益相关的信息的传播速度、舆论热度都是惊人的,这就导致网络公共舆论热点频繁涌现。

技术赋权更深层次的影响则是改变了网络公共领域不同舆论主体的影响力。新闻媒体与精英的舆论影响力呈减弱趋势,而草根意见领袖与普通网民的影响力逐渐增强。这种变化体现在四个方面。其一,社交媒体已超越新闻媒体成为网络热点事件的源头。《2016年中国社交应用用户行为研究报告》显示,社交媒体已经成为诸多社会热点事件爆发、发酵的源头,并进一步带动新闻网站、传统媒体的跟进报道。[②] 其二,在网络公共舆论场中,新闻媒体可以发起话题,但却难以控制话题的方向。譬如在2018年关于"汤兰兰案"的舆论事件中,尽管报道发端于澎湃新闻,并且后续不断有新闻媒体跟进,但主导网络公共舆论的始终是自媒体。其三,新闻媒体的表现正面临网民更为严格的审视,任何操作层面的或价值层面的偏差都会被严厉指责。澎湃新闻被指在"汤兰兰案事件"中进行"翻案式的片面报道"、"泄露受害人隐私"、以"舆论绑架司法"、是"杀人文章",等等,在此次事件中一同被批判的还有《新京报》、《南方周末》、凤凰网等,有文章以《"汤案"之后,媒体人被钉在鄙视链末端?》为题来讨论新闻媒体的舆论困境。而这并非新闻媒体首次被网民批评,之前在关于一起沉船事故的报道中,澎湃新闻制作的"悲伤水域"报道就曾因其"煽情"手法被批评而下线。2017年《南方周末》引发网络公共舆论热点的报道《刺死辱母者》也曾因报道存在预设立场、用"辱母"刺激公众神经等理由被批评。其四,与互联网早期只有少数精英意见领袖不同,随着自媒体数量的增加,更多草根意见领袖涌现出来。他们并非一个固定的群体,而是一个因为舆论关注点的不同而不断流动和变化的群

---

① 中国互联网络信息中心. 第42次《中国互联网络发展状况统计报告》[R/OL]. (2018-08-20)[2019-03-26]. http://www.cac.gov.cn/2018—08/20/c_1123296882.htm.

② 中国互联网络信息中心. 2016年中国社交应用用户行为研究报告[R/OL]. (2017-12-27) [2019-03-26]. http://www.cnnic.cn/hlwfzyj/hlwxzbg/sqbg/201712/t20171227_70118.htm#.

体。说他们是草根意见领袖，不如说他们是诞生于网络时代的公众，他们在网络公共辩论中凸显出来，并通过网络公共辩论整合了分散的网民个体及其意见，打破了由少数精英把控的网络公共空间话语权，进而在某些网络热点事件中主导了公共舆论的方向。

(二)政府规制与网络公共舆论的边界

随着互联网与新媒体的发展，政府开始制定并完善相关媒介政策、法律法规与行政治理手段。2011 年起，我国针对互联网内容的管理开始细化，新浪、搜狐、网易和腾讯开始实行微博实名制①，2012 年网络内容审查加强，2013 年净网行动深化。如果说这一阶段的媒介规制还是以行政手段为主，那么 2016 年和 2017 年国家密集发布实施的一系列网络法规则对各种网络平台、各种形式的传播活动，以及监管的方式做了详细的规定。譬如 2016 年发布、2017 年施行的《中华人民共和国网络安全法》，用法律规范了个人和组织使用网络的行为。2017 年实施的新版《互联网新闻信息服务管理规定》规范和管理新闻信息服务，从 12 年前针对 PC 端网站，转为主要针对微博客、公众账号、即时通信工具、网络直播等移动端平台。其中，对包括有关政治、经济、军事、外交等社会公共事务的报道、评论，以及有关社会突发事件的报道、评论在内的新闻信息采编发布权的规定，直接影响了网络公共参与的范围。《互联网群组信息服务管理规定》首次明确了微信群、QQ 群等互联网群组建立者、管理者应当履行群组管理责任，即“谁建群谁负责”和“谁管理谁负责”。《互联网跟帖评论服务管理规定》则明确了各类传播平台的跟帖评论中所涉及的各种问题和处理方式、服务提供者的责任和义务。2017 年，还有一些地方比如西安尝试对自媒体账号进行属地管理。

政府对网络与新媒体日益严格的监管为网络公共舆论划定了边界，这一方面对夹杂在网络公共舆论中的谣言、非理性言论、煽动性言论、网络暴力予以了治理，另一方面也对基于理性批判的言论设定了可以言说与不可言说的边界。这样的划界行为对网络公共讨论的影响也是双重的。其一，它以强制性的规范约束网民的公共参与，使其趋于理性与建设性，并为合乎法规的网络参与行为提供了保障，这对网络公共讨论的展开与网络公共舆论的形成具有积极作用。中国的网络公共舆论领域自出现以来就存在某种紧张关系，它既为公众就公共话题进行交流提供了平台，使公众意愿能够形成公共舆论，甚至影响公共权力，同时也为网络暴力等侵权行为与不实或过激言论的滋长提供了温床和土壤。② 治理网络公共领域中的负面言论无疑是对长期以来内嵌于中国网络公共领域的紧张关系的疏解。其二，这种划界行为明确限制了网络公共讨论的议题范围与网络公共参与的主体，在一定程度上压缩了网络公共舆论空间。此外，严格的监管使得各责任主

① 黄旭. 十八大以来我国网络综合治理体系构建的逻辑起点、实践目标和路径选择[J]. 电子政务，2019(1)：48-57.

② 范燕宁，赵伟. 中国网络公共领域的两面性及网络秩序的合理建构：兼谈哈贝马斯公共领域理论的当代启示[J]. 湖南社会科学，2014(6)：36-41.

体为了避免承担风险,不仅会处理违规行为,而且会预先处理可能出现的越界行为。

(三)新媒体的商业化与网络表达的分化

以互联网技术为基础的新媒体不仅是网民公共参与的渠道,而且是商业与欲望的载体,新媒体的商业化导致了网络表达的分化。传播媒介的商业化在我国的传统媒体时代曾经推动了“垄断的公共领域”向“多元化的公共领域”的转型。① 与传统媒体不同,新媒体就是作为商业媒介发展起来的,在其自由发展的早期,这股商业力量同样对中国公共领域的发展起到了积极作用——催生了更具影响力的网络公共领域,但商业的力量并不满足于自我表达,还要将私人利益通过借鉴经典公共批判形象包装为“公共舆论”,使其对消费者的影响合法化。在哈贝马斯看来,正是这种商业力量——作为批判力量或作为展示和操纵力量——导致了资产阶级公共领域的再封建化,以及公共舆论的分化。② 随着新媒体商业模式的开发,不管是新媒体平台还是基于新媒体平台的自媒体应用,其商业化程度都日益加深,加之政府对新媒体商业属性的政策激励以及网民构成由精英向大众的转向,新媒体平台与自媒体作为公共参与渠道的价值开始让位于商业价值。而新媒体与自媒体商业化的后果是网民意见的表达走向分化:有的是出于对公共利益的维护与对政治和社会权力的监督,有的则是为了获取更高的关注度与更多的商业利益。“水军”“喷子”“蹭热点”“带节奏”等网络词很形象地反映了网络参与的复杂性。

基于网络舆论环境的诸多变化,当下的网络公共舆论处于无限的表达机会与有限的表达空间,以及潜在的商业化操纵的相互作用之下。

二、网络热点事件所反映的公共舆论状况及问题

许多学者在论及公共领域与公共舆论时,会回顾哈贝马斯的相关论述,因为哈贝马斯的“公共领域”概念及相关理论为理解交流驱动的政治参与提供了有用的分析框架。公共领域即公共舆论领域,哈贝马斯借助历史性的叙述建构了一个公共领域的“理想模型”,在这一模型中,公共话语聚焦于重要的公共问题,公民依据所获得的独立信息批判地评估现存政策,公众致力于理性协商并形成公共舆论,进而对政策产生影响。然而这一理想模型因偏离历史与现实而受到诸多批评,批评的焦点在于“政治和商业利益以及社会偏见常常介入对话语的形塑,使话语偏向权力拥有者的利益”,但这一模型也因其理

① LIU Q,MCCORMICK B. The media and the public sphere in contemporary China[J]. Boundary,2011,38(1):101-134.

② 哈贝马斯. 公共领域的结构转型[M]. 曹卫东. 等译. 上海:学林出版社,1999:229,230,283.

想性成为诸多学者考察特定系统的参照系，并为理解交流驱动的政治参与提供了有用的分析框架。[①] 本文采用“网络公共舆论”作为核心概念而不是“网络舆论”，是希望借此概念确立一种现代理性批判的视角，以理解我国网络空间公众参与的意义与状况。哈贝马斯对“公共舆论”概念的历史性考察表明，“舆论”一词本身集体意义明显，“公共舆论”的出现并非为了表明其集体的或群体的意义，而是为了强调一种批判的公共性内涵，它是随着具有现代批判理性的公众的形成才出现的一个概念。[②] “舆论”在汉语里的本意同样指众人的意见，在实际运用中，舆论的主体“众人”是心理学意义上的大众而非现代意义上的公众，舆论作为大众的意见往往是与情绪化和盲从联系在一起的。因此，舆论是需要并应该被引导的，即所谓“舆论引导”；同时，其承袭古代舆论的“评价”含义及借助众人的评论完善和巩固所评论对象的形象的功能，有了“舆论监督”的用法。无论哪种用法，都无法体现现代公众参与公共事务的意义。正是由于“舆论”与“公共舆论”的这一区别，“网络公共舆论”的概念更适合阐释发生于网络公共空间的诉求表达、交流辩论以及力求对公共权力产生影响的公众行为与意愿。

由于网络公共舆论环境的变化，近年来的网络公共舆论状况呈现出新的特征，即直接指向公共权力的舆论监督行为大幅减少，社会性事件经由网络发酵并引发公共舆论的情况增多。人民网发布的《2012 年度中国互联网舆情分析报告》显示，2012 年网络公共舆论热点主要集中于民生、公共治理与反腐领域，“弱势群体的民生和权益保障，政府公共治理的越位和缺位，不同社会群体的利益博弈，特别是基层政府与民争利，以打压民众权利的方式维稳，都会让一些冲突个案在互联网上迅速发酵为公共事件”，“网络反腐专业化、常态化、娱乐化”[③]，在国际议题领域，民族诉求背后蕴藏的同样是贫富分化问题。2013 年吏治反腐话题依然火爆，民生仍是舆情焦点，司法案件引发的舆论热点猛增，网络谣言治理案件成为舆论热点。[④] 自 2014 年开始，公共管理、吏治反腐、军事外交等领域的舆情事件多由党政部门引发和主导。对比上一年度，“网络舆论的总体压力有所减轻”。[⑤] 2015 年，网络舆论热度持续下降。[⑥] 2016 年，时政话题的网民关注度持续低迷；吏

---

① ORION A L. Net inclusion: new media's impact on deliberative politics in China [J]. Journal of contemporary Asia, 2013, 43(4): 678-708.

② 哈贝马斯. 公共领域的结构转型[J]. 曹卫东，等译. 上海：学林出版社. 1999：108.

③ 祝华新，刘鹏飞，单学刚. 2012 年互联网舆情分析报告[C]//陆学艺，李培林，陈光金. 2013 年中国社会形势分析与预测. 北京：社会科学文献出版社，2012：194，196.

④ 祝华新，等. 2013 年中国互联网舆情分析报告[C]//李培林，陈光金，张翼. 2014 年中国社会形势分析与预测. 北京：社会科学文献出版社，2013：216-219.

⑤ 祝华新，潘宇峰，单学刚. 2014 年中国互联网舆情分析报告[C]//李培林，陈光金，张翼. 2015 年中国社会形势分析与预测. 北京：社会科学文献出版社，2014：228.

⑥ 祝华新，潘宇峰，陈晓冉. 2015 年中国互联网舆情分析报告[C]//李培林，陈光金，张翼. 2016 年中国社会形势分析与预测. 北京：社会科学文献出版社，2015：220.

治反腐事件的平均热度和舆情压力指数均有显著下降。[①] 2017 年,由官员贪腐引发的负面舆情已经极少,涉及社会体制的宏大议题退潮,网络热点舆情更多地围绕与普通人利益攸关的民生问题展开。[②] 2018 年,公共管理领域的负面舆情比例大大减少,延续了自 2016 年以来公共管理类热点事件逐年递减的趋势[③]。但自 2012 年至今,社会类事件和议题始终是公共领域的热点,而且这类热点的热度在 2017 年出现明显上升的趋势。由中国网发布的《2017 年中国互联网舆情研究报告》指出,“盘点 2017 年舆情大盘,社会类舆情所占比例之高、覆盖面之广、影响力之大,可谓‘一枝独秀’,其中的‘红黄蓝’事件、泸县事件、‘蓝色钱江’案、榆林产妇坠楼事件等,都成为经典案例”。[④] 2018 年人民网发布的年度舆情报告指出,社会矛盾类舆情事件的数量和舆情压力显著上升。[⑤]

网络公共舆论热点的变化与现实的社会治理状况相关,其历时性变化趋势也与政府规制尤其是对时政类内容的把控趋势具有某种相关性。尽管相关规定也限制了报道及评论社会突发事件的权限,但对社会突发事件的界定相对模糊,加之其具有突发性,难以事前控制,因此关于此类事件的公共参与入口仍然是开放的,诸多社会类网络公共舆论热点也表明,社会突发事件进入公共领域大多源自普通网民的爆料。相较政治、经济、军事等领域的议题,社会性的事件、现象、问题是一个相对开放的言说领域,这一领域既聚集了网民公共参与的热情、解决现实问题或推动规则改变的诉求,也成为网民宣泄情绪的出口。从官方舆情治理的角度,有舆情分析报告认为:“从宏观层面上分析,社会类舆情可以有效消解对政治类舆情和经济、文化、军事等专业领域舆情的关注度,从而减缓更加敏感的舆情和危机舆情的扩散。从中观层面上分析,社会类舆情的深度破坏力有限,且热度一般不超过一周,等下一个舆情‘爆点’出现后,舆情会自然冷却。”[⑥]但从网络公共舆论发展与公共利益守护的角度而言情况却不容乐观,这样的状况表明宏观层面上网络公共舆论空间缩减,网络公共舆论主要向社会性议题集中,中观层面上网络公共舆论热点频繁更迭,而宏观与中观层面的状况加剧了网络公共舆论在微观层面上的复杂性。

以近两年来典型的由社会性事件引发的网络热点作为分析样本,从中可以窥见网络公共舆论在微观层面的问题与困境。

---

① 祝华新,等.2016 年中国互联网舆情分析报告发布[EB/OL].(2016-12-22)[2019-06-05].http://yuqing.people.com.cn/GB/401915/408999/#.

② 祝华新,等. 2017 年中国互联网舆论分析报告[C]//李培林,陈光金,张翼.2018 年中国社会形势分析与预测.北京:社会科学文献出版社,2017:258,260.

③ 人民网舆情分析师连续第 11 年发布网络舆论报告[EB/OL].(2018-01-03)[2019-06-05].http://yuqing.people.com.cn/GB/n1/2018/0103/c209043-29743172.html.

④ 2017 年中国互联网舆情研究报告[EB/OL].(2018-01-04)[2019-06-05].http://zjnews.china.com.cn/yuanchuan/2018-01-04/138792.html.

⑤ 人民网舆情分析师连续第 11 年发布网络舆论报告[EB/OL].(2018-01-03)[2019-06-05].http://yuqing.people.com.cn/GB/n1/2018/0103/c209043-29743172.html.

⑥ 2017 年中国互联网舆情研究报告[EB/OL].(2018-01-04)[2019-06-05].http://zjnews.china.com.cn/yuanchuan/2018-01-04/138792.html.

其一,事实信息稀缺且准确性存疑。有资深媒体人如此描述当下的公共舆论领域:“众媒时代,公共舆论场的主流是评论而非调查。无论是传统媒体的新平台还是自媒体,都在用自己的角度蹭热点、收割流量。”[①]换句话说,人们更愿意发表观点而非提供事实,这造成的后果是,事实信息成为稀有之物,观点与事实失去了平衡。这种后果体现在各种网络舆论热点上,就是不断出现“新闻反转”以及媒体或网民自我“打脸”的情况。比如2020年的“苟晶被冒名顶替上大学事件”,最初苟晶的自述引发了网络舆论的广泛同情,事后官方的调查却证明苟晶的自述有很多不准确的地方,早期根据不准确信息发表的一些过激言论也就失去了针对性和合理性。再比如在“红黄蓝幼儿园虐童事件”中,最早的消息源于网民爆料,所有信息均以家长的身份来讲述幼儿在幼儿园的遭遇,家长的讲述看似真实,但除了扎针的细节有照片作为客观证据之外,其他内容只是单方面的表述。除了网民爆料的内容,专业的新闻媒体也介入其中,然而专业媒体的报道并没有贡献更多的更确凿的关于事实的信息,基本都在转述自媒体的内容。最终,在警方的结论里,只有扎针这一项指控被证实,其他均被认定为谣言或者不实信息。

其二,讨论失焦且难以达成共识。公共舆论形成的关键在于公众在自主的交往讨论中能够就所讨论的议题在一定程度上达成共识,但一些网络热点事件表明,公众的讨论有时不仅会偏离议题,而且最终也并未达成共识。在“苟晶被冒名顶替上大学事件”中,真相水落石出之后,网络讨论并未就此平息,网民围绕苟晶的做法进行了持续的论争。在“马金瑜事件”中,她所自述的家暴引发了舆论的关注,但舆论并未止步于此,随着事件的发酵,网民开始转向对她个人行为和人品的讨论,而这些讨论同样呈现出观点撕裂的情况。

其三,出现泛政治化倾向。社会类事件本来并非直接与政治相关,但这类事件在网络舆论的发酵过程中往往越过其所属边界,跨入公共管理、民族、军事甚至涉外等政治领域,表现出泛政治化的倾向。比如“泸县中学生死亡事件”原本只是普通的个体事件,而且当地警方也在第一时间介入了调查,但在多股力量的推动下,网络公共舆论却将矛头对准了当地政府,并煽动起民众反对当地政府的情绪与行为。[②]“留学生学伴事件”则引发了涉及教育公平、种族等问题的讨论。

其四,谣言、非理性言论屡禁不止。自2013年起政府监管部门就开始针对网络公共舆论空间的谣言与非理性言论进行治理,但在社会性类事件引发的网络舆论热点中,非理性言论从未退场。2017年一系列更为严密的互联网法规实施,但新规未能阻断谣言和非理性言论,未能有力保障互联网公共领域的理性表达。虽然不能否认网民的言论中包

---

① 全媒派.“自我时代”缘何关注他人?每日人物执行主编冯翔:新闻是社会的刚需[EB/OL].(2018-01-04)[2019-06-05]. http://wemedia.ifeng.com/48361903/wemedia.shtml.

② 2017年中国互联网舆情研究报告[EB/OL].(2018-01-04)[2019-06-05]. http://zjnews.china.com.cn/yuan-chuan/2018—01—04/138792.html.

含着真切的愤怒、质疑、批判和呼吁,但同样也不能否认某些千方百计蹭热点、刷流量的激烈言辞背后的利益动机。而在社会类事件政治化的舆论过程中往往能看到网络谣言的身影,比如上文所提到的"红黄蓝幼儿园虐童事件"与"泸县中学生死亡事件"。此外,在其他事件如"张扣扣杀人案事件"中,则出现了缺乏事实依据的质疑司法与行政不公的猜测性言论,这些猜测尽管算不上谣言,但却因明显的倾向性影响了网络舆论的方向。

三、摆脱网络公共舆论困境的一种可能:回到确定性事实

对我国当下网络公共舆论状况的分析表明,无论是从宏观层面的网络公共舆论空间来看,还是从微观层面的网络公共舆论的形成过程来看,均存在着诸多问题与困境。如何摆脱这些问题与困境?必须基于特定的社会、政治前提来讨论。资产阶级的媒介公共领域经历了一个由独立到再封建化的过程,我国的媒介公共领域则有一个逐渐从公共权力领域分离并形成的过程。哈贝马斯在论述大众媒介时代的公共领域的再封建化问题时提到:"大众娱乐与广告的结合已经在公共关系的形式中具有了一种'政治'性质,它甚至使国家也屈从于它的准则。由于私人企业在其作消费决策时使他们(消费者)意识到他们是公民,因此国家必须'认为'他的公民是消费者。结果,公共权力机关也来争夺公共性。"[①]这里的公共性是指"操纵的公共性",公共领域的再封建化是商业利益与国家权力两股力量对公共领域进行渗透和操纵的结果,作为批判力量的公共舆论因此转变为作为操纵力量的公共舆论。与此不同,中国的媒介体制决定了所有体制内的媒介均从属于公共权力机构,媒介公共舆论空间的出现与市场经济的发展和媒介商业化相关,更关键的则是与公共权力的让渡有关。网络公共领域或空间是体制内媒介与体制外媒介混杂的空间,体制内媒介自不必说,体制外媒介对与意识形态相关的媒介内容并不具有采制权,因此网络公共领域的存在在某种程度上同样依赖于公共权力的让渡与允诺。如前文对我国网络公共舆论环境的分析所显示的,公共权力为网络公共舆论领域划定了边界,而这是讨论网络公共舆论如何摆脱困境的前提。在舒德森看来,国家对于公共舆论领域的干预与制度化限制是政治生活的普遍事实,即便在西方国家也是如此。[②]

在既定的前提下,网络公共舆论形成过程中微观层面的问题具有更多改变的可能。在哈贝马斯关于公共领域的理论中,获得关于议题的独立的事实信息是公众舆论形成的必要前提,同时也是公共讨论与展开协商的基础。在前述相关案例中,事实信息稀缺或者不准确,还引发了其他问题。在"红黄蓝幼儿园虐童事件"中,正是在事实信息稀缺的

---

① 哈贝马斯. 公共领域的结构转型[J]. 曹卫东,等译. 上海:学林出版社. 1999:230-231.

② ORION A L. Net inclusion: new media's impact on deliberative politics in China [J]. Journal of contemporary Asia, 2013, 43(4): 678-708.

情况下出现了谣言，继而导致监管力量介入。此外，在该事件中，同样因为事实信息的稀缺，相对理性的言论采取了“超越事实的”方式谈论普遍适用的准则或者谴责这世界的恶。在“泸县中学生死亡事件”中，传递事实信息的通道的阻塞导致了信息真空，以致谣言蔓延。在“汤兰兰案事件”中，澎湃新闻的报道中事实信息的片面性以及表述上的失误导致公共讨论从一开始就偏离了焦点，转向了对媒体报道的伦理审判。那么基于确凿的事实信息的舆论什么样呢？一些案例给出了积极的回应。在与“红黄蓝幼儿园虐童事件”相似的“携程幼儿园虐童事件”中，同样是网民爆料，但这次爆料的内容有虐童的监控视频以及家长与虐童教师的对话作为依据，它呈现的是确凿的事实信息，因此尽管舆论沸腾但既没出现舆论跑偏的情况也未出现谣言。在“辱母杀人案事件”中，《南方周末》的报道尽管也受到了批评，但报道的内容与事实并无出入，在细节的描写上甚至相当克制，因此网络空间的主流舆论始终未偏离对司法审判是否恰当的追问，该事件中对司法审判包括对民警执法的质疑言论也并未受到网络监管力量的控制，事件的处理结果也回应了公众的舆论关切。在“南航前十一排座位事件”中，根据报道文章对西安党政领导的特权要求的质疑和批评，同样未受到网络监管力量的干预。这在一定程度上说明，公众能够获得确定性事实信息是网络公共讨论顺利进行与网络公共舆论形成的保障，同时，政府并不排斥理性的有事实依据的舆论批评。

当然，不同的事件获取事实材料的难度不同，在获取难度较大的事件中，一种惯常的做法就是用舆论来倒逼事实或真相的出现，即通过舆论的压力倒逼政府部门调查出事实，不过，这样的做法正在失效。用舆论倒逼真相出现的做法实际上是通过操控舆论的方式达成目的，而非诉诸理性批判的公共舆论。为了操控舆论，事件的爆料者或报道者往往诉诸情感和戏剧性的表现手法，追求一种惊人的效果。这样的做法被冠以“表演式抗争”之名，并且被认为是一种在特定环境下有效的理性的选择。① 但与之前不同的是，这一模式因为官方的舆论监管与来自舆论的内部批评而不再起作用。自 2013 年以来，新的媒介法规进一步限制了非确凿信息与非理性观点的传播。一旦出现过激言论与谣言，官方就会介入，然而在事实信息稀缺的情况下，官方的介入虽然以强制的手段制止了谣言与过激言论，但也可能引发猜测与不信任情绪，比如在“红黄蓝幼儿园虐童事件”中，在官方治理谣言的同时也出现了“黑幕论”，网民猜测官方的介入是因为事件背后有不可言说的内幕。此外，在没有独立获得的事实信息作为佐证的情况下，借助舆论倒逼官方给出真相的做法即便成功了也难以消除网民内心的质疑，尤其是在被政治化的事件中。对于网民而言，煽情手段的频繁运用也导致了“同情疲劳”。因此，无论是媒体报道还是网民爆料，无论是出于监督的目的还是为了个人的抗争，回归事实、回归对事实的理性言说，以事实信息为前提和基础，理性批判的网络公共舆论才可能形成，才可能顺畅地将民

---

① 王蒙. 当代中国政治中的表演式抗争：景观、结构与效能[J]. 西南大学学报(社会科学版). 2013，39(5)：23-31.

意反馈给公共权力机构。进一步说,只有以事实信息为基础的网络公共舆论与公共权力的互动,才能加深公众与官方的相互信任。

那些获取事实信息难度较大的事件,不会因为毫无事实依据的舆论而自动显示出真相,因此它需要被调查和揭露,需要新闻媒体与自媒体在公共舆论形成的过程中提供充分确凿的事实信息。在西方,网络公共空间中同样充斥着假新闻与被各种力量操纵的信息,一些媒体除了调查和揭露事实,还通过增加媒体工作的透明度来增强事实的真实性与客观性,以此作为对谣言的反击,也作为免于政治偏见或不公的防护盾。① 这样的做法无论是对国内的新闻媒体、自媒体还是普通网民而言,均具有借鉴意义。在信息与舆论更复杂的当下,如果能通过事实信息的改变在相对开放的社会性议题领域释放网络公共舆论的潜能,对改变整个舆论环境将产生积极的实践意义。

(作者系山东政法学院传媒学院副教授)

① 群谣时代如何重建读者信任[EB/OL]. (2018-04-04)[2018-05-04]. http://www.360doc.com/content/18/0404/11/7872436_742761487.shtml.

关注力与情感倾向:中国台湾地区社交媒体对政治选举的影响

——以“韩国瑜现象”为例

◇ 艾明江

一、问题的提出

截止到2018年,台湾地区网民数量已达1866万,在2300万的总人口中,上网率达到79.2%,其中,网民对社交媒体的使用率最高①,人们通过使用社交媒体来维持日常生活中的联系②。台湾地区民众对社交媒体的偏好也进一步提升了社交媒体在岛内的影响力,在政治领域,随着社交媒体使用者的大量增加,以脸书(Facebook)、推特(Twitter)、批踢踢实业坊(简称PTT)为代表的社交媒体已经成为影响台湾地区选举等公共事务的重要社交平台,社交媒体对政治人物的关注、讨论不仅在互联网中发酵、扩散,甚至对传统主流媒体的舆论导向也产生了重要影响,这种影响直接反映在岛内各种层级的政治选举中。从2000年开始,岛内各种竞选网站、博客就成为候选人纷纷采用的选举媒介③,从2012年开始,以脸书为代表的社交媒体则成为新竞选武器④。2014年,“政治素人”柯文哲依靠社交媒体成功当选台北市市长。⑤ 在2018年台湾地区“九合一”选举中,高雄市市长候选人韩国瑜更是凭借极高的人气指数,成为风靡台湾地区的“政治网红”,最终成功

① 财团法人台湾网络资讯中心.2018台湾网络报告[R/OL].(2018-12-31)[2019-04-15].https://report.twnic.tw/2018/.

② 黄圣峯,邹仁淳,林娟娟.社群网站之使用行为研究:以Facebook为例[J].电子商务研究,2014(2):201-234.

③ 王泰俐.谁的互动性网站?从2000年和2002年选举看台湾选举网站互动性概念的演进[J].新闻学研究,2003(77):107-141.

④ 张孟婷.社群网战:脸书上的2012“总统”大选[D].台北:台湾政治大学硕士论文,2011.

⑤ 汪子锡.E民主时期社群媒体的公共沟通效能探析:以2014年台北市长选举为例[J].中国行政评论,2015(3):97-119;陈梦琨.2014年台北市市长候选人柯文哲竞选策略之研究[J].中国行政评论,2015(3):1-36.

当选高雄市市长。事实证明,社交媒体能在一定程度上主导选举议题的转变,最终影响选举结果。①

2018年,台湾地区"九合一"选举让韩国瑜一战成名,成为台湾地区颇有影响力的"政治网红"。在长达几个月的选举过程中,岛内社交媒体对韩国瑜的舆论关注经历了较大的起伏变化,从初期的零星式讨论到后来形成"韩流"现象,最终促使韩国瑜在社交媒体中具有极高的政治人气。无论是从当时台湾地区的谷歌检索次数还是从社交媒体发文数量来看,韩国瑜都远远领先于其竞争对手。根据台湾地区"OpView社群口碑数据库"分析,从2018年7月15日至10月15日,韩国瑜"占据"了台湾地区主要的社交媒体,其网络总声量是竞争对手的2.5倍。② 韩国瑜在社交媒体中的人气优势也让岛内舆论将韩国瑜的当选归因于社交媒体的声势营销。韩国瑜的成功当选是否真的与社交媒体的舆论塑造存在密切关系?或者说,社交媒体是否在很大程度上助推了韩国瑜的人气口碑并最终将其转化为民众的投票?对这个这问题的探讨并不能简单停留在媒体的新闻报道或者表面文字的观感层面,如果要真正厘清台湾地区"九合一"选举中的社交媒体究竟在多大程度上对韩国瑜的当选产生了实质性的影响,我们需要从实证层面进行深入分析。

为了更好地分析社交媒体在台湾地区政治进程中的参与状况及其对台湾地区政治的影响程度,本文主要通过考察以PTT为代表的岛内社交媒体在选举阶段对台湾地区政治人物的关注与讨论,来分析社交媒体是如何通过聚焦政治人物议题以及对政治人物构建情感倾向来进行议程设置的,并分析社交媒体中构建的关注程度与呈现的情感倾向是否真正促进了网民对政治人物的政治支持。这能帮助我们深入分析社交媒体中的舆论在多大程度上影响了台湾地区政治人物在社会中的认同支持度,也能让我们更好地认识和评估社交媒体对当前台湾地区政治选举的影响力。

二、文献综述

近年来,政治辩论与讨论已经成为数字生活中的一个常见现象。③ 社交媒体对政治参与行为有着越来越大的影响力,年轻人越来越频繁地使用社交网络搜集政治信息和政

① METZGAR E, MARUGGI A. Social media and the 2008 US. presidential election[J]. Journal of new communications research, 2009, 6(1): 141-165.

② 董泓志. 韩国瑜已经躺着选?社群声量完全碾压后,将如何转换成选票[EB/OL]. (2018-10-23)[2018-11-11]. https://www.marketersgo.com/market/2018/10/23/mk4-candidate-han/.

③ DUGGAN M, SMITH A. The political environment on social media[EB/OL]. (2016-10-25)[2018-10-25]. http://www.pewresearch.org.

治意见。[①] 在一些西方国家，青少年甚至在社交媒体上分享总统选举相关照片、发表与选举相关看法或成为政治人物粉丝，他们具有较高的政治与公民参与程度。[②] 候选人通过社交媒体与网友进行紧密互动，培养忠实的政党支持者。[③] 一些研究还指出，有超过两成西方国家选民在社交媒体上追踪政治人物，而这些选民比起未在社交媒体上追踪政治人物者会更积极地参与政治公共事务。[④] 从传统政治学的观点来看，影响选民偏好及投票行为的重要变量之一是密西根学派认为的心理因素，即选民的政党认同或党性。[⑤] 另一个重要变量则是哥伦比亚学派所强调的环境因素即"社群"的影响，[⑥]社群因素被解释为对选民政治行为最具影响力的变量，[⑦]社交媒体就是用来巩固这种社群关系的互动社交平台。

在过去 20 年里，世界上的很多学者考察了社交媒体的使用对选举结果的影响。[⑧] 2008 年的美国总统大选开启了"脸书选举"的时代，[⑨]从此，以脸书为代表的社交媒体开始成为全世界瞩目的政治传播媒介。通过脸书，研究者能够了解选民在社交媒体上表达的政治信息，分析其内容并了解被构建的候选人形象。[⑩] 奥巴马在总统大选中较早将社交媒体的政治传播效果运用到极致，不仅通过网络实现巨额募款，更成功地动员了年轻选民，这标志着在线参与政治时代的来临。[⑪] 除了美国大选，研究者通过对罗马尼亚总统大选的实证研究也进一步证实了社交媒体可以作为竞选传播的新兴媒体。[⑫] 国外学者在

---

① KUSHIN M J, YAMAMOTO M. Did social media really matter? College students' use of online media and political decision making in the 2008 election[J]. Mass communication and society, 2010, 1: 608-630.

② WICKS R H, WICKS J L, MORIMOTO S A, et al. Correlates of political and civic engagement among youth during the presidential campaign[J]. American behavioral scientist, 2012, 58(5): 622-644.

③ VERGEER M, HERMANS L, SAMS S. Online social networks and micro-blogging in political campaigning: the exploration of a new campaign tool and a new campaign style[J]. Party politics, 2011, 19(3): 477-501.

④ Pew Research Center: Internet, Science & Tech. Social media and political engagement[EB/OL]. (2012-10-19)[2019-04-15]. http://www.pewinternet.org/2012/10/19/social-media-and-political-engagement/; Pew Research Center: Internet, Science & Tech. Cell phones, social media and campaign 2014[EB/OL]. (2014-11-03)[2019-04-15]. http://www.pewinternet.org/2014/11/03/cell-phones-social-media-and-campaign-2014/.

⑤ CAMPBELL A, CONVERSE P E, MILLER W E, et al. The American voter[M]. New York: Wiley, 1960.

⑥ ZUCKERMAN A S. The social logic of politics: personal networks as contexts for political behavior[M]. Philadelphia, PA: Temple University Press, 2005.

⑦ MACKUEN M, BROWN C. Political context and attitude change[J]. The American political science review, 1987, 81: 471-490; ROCH C H, SCHOLZ J T, MCGRAW, K M. Social networks and citizen response to legal change[J]. American journal of political science, 2000, 44: 777-779.

⑧ SKORIC M M, ZHU Q, GOH D, et al. Social media and citizen engagement: ameta-analytic review[J]. New media & society, 2016, 18(9): 1817-1839.

⑨ JOHNSON T J, PERLMUTTER D D. Taylor & Fran on line: introduction: the Facebook election. [J]. Mass communication and society, 2010. 13(5): 554-559.

⑩ WOOLLEY J K. The 2008 presidential election 2.0: a content analysis of usergenerated political Facebook groups. [J]. Mass communication and society, 2010, 13(5): 631-652.

⑪ MACNAMARA J. E-electioneering 2010: trends in social media use in Australian political communication. [J]. Media international Australia, 2011, 139: 7-22.

⑫ APARASCHIVEI P. The use of new media in electoral campaigns: analysis on the use of blogs, Facebook, Twitter and YouTube in the 2009 romanian presidential campaign. [J]. Journal of media research, 2011, 2(10): 39-60.

大量的研究基础上发现,越常使用社交媒体来搜集信息的选民,越可能参与在线政治讨论与竞选活动。① 针对美国大学生的脸书使用情况的研究就显示出在2008年美国总统大选中,线下政治参与与在线政治活动呈现正相关关系。② 这些研究都进一步促使政党或候选人采取行动,通过影响社交媒体进而影响选民的政治认同与政治支持。

社交媒体对选举的影响主要源于其扩散、分享信息等功能。社交媒体的社群特征强调社群成员的相互影响,信息以社群为核心向外扩散至社群成员的朋友圈,迅速让所有参与者串联起来。③ 社群成员具有共同的情感,且成员之间会相互依赖、维持友谊、联系与分享感情,且成员觉得自己是团体当中的一分子,④因而,社交媒体越聚焦于某个议题越容易构建出社群成员共同认可的意识,从而增强社群成员的团结。这就意味着社交媒体不仅强调成员的媒体使用,更重视社交媒体中特定议题在成员之间的扩散,从而对其政治参与产生实际影响。此外,社群网络使用时间、社群网络大小也是影响政治参与的重要变项。⑤ 网民使用社交媒体的动机同样被认为是影响其政治参与行为的重要因素。⑥ 影响年轻人投票的因素与政治自我效能、社会资本以及公民责任感也存在正向关系,一旦获得更多的政治信息,年轻人就会觉得更有资格参与政治,且通过使用社交媒体,年轻人更易意识到公民责任进而去参加投票。⑦

在中国台湾地区,选举研究一直是政治传播的主要研究领域,相当多的研究集中于大众传播媒体与选举的关系,包括竞选策略、政治沟通、政治人物形象、媒介效应等。⑧ 社交媒体兴起后,政治传播的研究空间逐步向社交媒体转移,社交媒体已经成为台湾地区选举政治不可缺少的组成部分,是选举中候选人快速散播信息的重要工具,可以说经营

---

① ZUNIGA H G D, et al. Weblogs, traditional sources online and political participation: an assessment of how the Internet is changing the political environment[J]. New media and society, 2009, 11(4): 553-574.

② ALENZUELA S, et al. Is there social capital in a social network site? Facebook use and college students' life satisfaction, trust, and participation[J]. Journal of computer-mediated communication, 2009, 14: 875-901; VITAK J, et al. Poking people to participate: Facebook and political participation in the 2008 election[C]//Proceeding of a conference on international communication association. Illinois: Chicago, 2009: 21-25.

③ ELLISON N B, STEINFIELD C, LAMPE C. The benefits of Facebook "friends": social capital and college students' use of online social network sites[J]. Journal of computer-mediated communication, 2007. 12(4): 1143-1168.

④ UNGER D, WANDERSMAN A. The importance of neighbors: the social, cognitive & affective components of neighboring[J]. American journal of community psychology, 1985, 13(2): 139-170.

⑤ KIM Y, KHANG H. Revisiting civic voluntarism predictors of college students' political participation in the context of social media[J]. Computers in human behavior, 2014, 36: 114-121.

⑥ ANCU M, COZMA R. My space politics: uses and gratifications of befriending candidates[J]. Journal of broadcasting and electronic media, 2009, 53(4): 567-583; KAYE B K. JOHNSON T, The age of reasons: motives for using different components of the Internet for political information[M]//WILLIAMS A P, TEDESCO J C. The Internet election: perspectives on the web in campaign 2004. Lanham: Rowman and Littlefield, 2006: 147-168.

⑦ KIM Y M, GEIDNER N. Politics as friendship: the impact of online social networks on young voters' political behavior[C]//Proceeding of a conference on international communication association. Montreal: TBA, 2008: 22-26.

⑧ 彭怀恩. 竞选传播[M]. 台北:凤云论坛有限公司,2005:;汪子锡. E民主时期社群媒体的公共沟通效能探析:以2014年台北市长选举为例[J]. 中国行政评论,2015(3);钮则勋. 竞选传播策略:理论与实务[M]. 台北:韦伯文化国际出版有限公司,2002;郑自隆. 竞选文宣策略:广告、传播与政治行销[M]. 台北:远流出版事业股份有限公司,1992.

社交媒体成功与否能够影响选战的成败。[①] 赢得选举首先要赢得社交媒体使用者的支持。[②] 已经有大量研究分析了社交媒体与选举的关系，一些研究就发现，传统媒体往往单向地传播政治信息，而社交媒体带来了"政治意见的交换和表达"这一双向互动行为，因而更能影响选举行为。在台湾地区选举中，社交媒体影响着公民政治参与，[③]社交媒体使用率越高、越关注社交媒体选举信息的选民，就越有可能参与政治活动。在社交媒体上对候选人的政治行为点"赞"，甚至成为候选人的"粉丝"，这些行为除了表达认同以外，更有可能促发选民的投票行为。[④] 社交媒体空间的极化效应还增强了候选人对社交媒体的利用。[⑤] 选举中社交媒体上的负面情绪会影响网络对议题方向的选择，甚至对民众的政治态度与行为产生影响。[⑥] 当然，尽管对社交媒体的使用会对选举构成影响，但是由于人们的使用动机以及对媒介依赖程度的不同，不同社交媒体类型在政治传播中存在不同的影响。[⑦]

从既往对台湾地区社交媒体与选举的关系的研究成果可以看出，相当多的研究都认同社交媒体对台湾选举带来的影响越来越大，其中关注社交媒体引发的政治参与行为的较多，个别研究也从实证研究的角度分析了社交媒体与选举的因果关系。但是总体来看，对社交媒体使用与选举结果的中间变量还缺乏深入分析，尤其是对社交媒体的议题呈现和设置是如何影响选举结果的还缺乏深入研究。

三、研究方法与研究理论

(一)研究方法

本文主要使用台湾地区的"元智大学社群媒体分析平台"进行文本分析。该分析平台由台湾元智大学设计并对外开放，可以对台湾地区主要社交媒体进行实时统计分析，主要通过关键词检索出社交媒体中出现的相关帖子，统计帖子中呈现的舆论关注力，并对帖子

---

① 王泰俐."脸书选举"？2012 年台湾"总统"大选社群媒体对政治参与行为的影响[J]. 东吴政治学报，2013(1)：1-52.

② 彭显钧. 抢攻青年票：马英九锁定新媒体[N/OL]. 自由时报，2011-08-01[2019-04-15]. http://www.libertytimes.com.tw/2011/new/aug/1/today-p8.htm.

③ 林淑芳. 社群媒体与政治公民参与：网络政治讨论频率与政治讨论异质性的中介角色[J]. 传播与社会学刊，2018(44)：25-48.

④ 王泰俐."脸书选举"？2012 年台湾"总统"大选社群媒体对政治参与行为的影响[J]. 东吴政治学报，2013(1)：1-52.

⑤ 莫莉. 民主的商议还是喧嚣的自语：2016 年台湾地区选举中民进党候选人脸谱网内容及网民参与研究[J]. 新闻界，2017(8)：81-88.

⑥ 苏蘅，郭台达，潘金谷，等. 2016"总统"大选的社群媒体、政治讨论与情绪传播：以周子瑜事件的大数据分析为例[C]. 中华传播学会，2016.

⑦ 陈启英. 从网志到微网志：社群媒体应用于政治传播的长期观察[J]. 信息传播研究，2014(10)：1-24.

进行情感倾向分析(见表1)。本文的分析对象主要包括关键词趋势图以及情感倾向值。

表1 "元智大学社群媒体分析平台"分析框架

主要框架	检索内容
信息流	文章列表
口碑意见分析	总声量
文字云	关键词趋势
主题网络	口碑分析
关联词	情感分布图

在研究方法上,首先,在信息来源PTT中对关键词"韩国瑜"进行检索。PTT是台湾地区最大的BBS,一直深受台湾青年人的喜欢,在台湾地区拥有大规模的使用群体,每天平均上站人次逼近百万,"八卦板"是PTT内部最大的广告版块,每秒同时上线阅读"八卦板"的人数,平均可达上万人。每当有重大事件、争议发生时,它们都会在"八卦板"引起广泛的讨论。① 因此,将PTT作为本文讨论的分析样本,具有一定的代表性。样本选取时间为2018年5月21日到2018年11月24日。② 其次,将PTT出现的与"韩国瑜"相关的一共2136篇帖子进行编码,统计发展趋势图,提炼出PTT对韩国瑜的关注程度,并形成可视化图。最后,通过"元智大学社群媒体分析平台"分析帖子中出现的情感词。利用向性分析可以为帖子设置情感标签,了解用户的主流观点,并进行分析和统计。③ 情感分析使用学者禹良治等人2016年所构建的中文情感字典CVAW(Chinese Valence Arousal Words),可进行文本断词、断句,从而将结果量化成情感分数值,此即帖子的情感倾向。结合这两种方式,我们可综合评估出PTT对韩国瑜的总体情感倾向。

(二)研究理论

本文主要运用议程设置相关理论来分析使用者在社交媒体中的关注程度与情感倾向是如何影响选举行为的。议程设置是传播学的重要概念,用于探讨媒体传播对大众观点的影响。大众传播能够吸引民众关注、影响议题设置、改变政策或社会意见。④ 1968年,麦库姆斯(McCombs)首次将议程设置理论引入政治传播研究,议程设置理论关注媒介议程对大众政治行为的影响,强调媒体塑造大众议程的重要性。议程设置研究主要关

① PTT在台湾地区具有一定的代表性,深受台湾青年群体喜欢,不仅用户众多,而且对岛内政治、社会都具有一定的影响力。

② 从时间点来看,韩国瑜在2018年5月21日正式成为代表国民党的高雄市市长候选人,2018年11月24日为台湾地区2018年"九合一"选举投票日。

③ 张熙.社交网络信息传播[M].北京:电子工业出版社,2016:114.

④ GAMSON W A,WOLFSFELD G. Movements and media as interacting systems[J]. The ANNALS of the American academy of political and social science,1993,52(8):114-125.

注两个领域:一个是政治投票行为,另一个则是政治参与行为。

在互联网时代,议程设置研究有了新的内涵。首先,随着大量新媒体及自媒体的出现,大众对多元信息的选择性进一步增强,信息接收渠道也从传统媒体更多地转向互联网,媒体受众变得日益碎片化。其次,传统媒体的"守门人"功能日益弱化,各种社交网络平台的出现改变了传统舆论的构建和扩散模式,大众从传统的被动接受者变成主动的议题塑造者。通过对某个特定话题进行设置并在社群中引发讨论,可促使公众舆论的产生,这也推动了议程设置由媒体议程向大众议程的转变。在互联网时代,大众对议程设置施加的影响越来越重要。

关注力在议程设置中主要是指受众对议题的关注程度。在社交媒体中,使用者对议题的讨论频率高、关注程度高,往往意味着使用者已经形成了对该议题的关注力,讨论与互动的人数说明话题是处于热门还是衰落状态。① 而这种关注力很容易塑造社交媒体的舆论生态,从而产生相应的议程设置。"对所有新闻媒介来说,日复一日地重复一个话题,是关于这条消息重要性的最有力的证明。"②与传统媒体不同,社交媒体的议程设置不完全由信息发布者主导,而是发布者与参与者多方互动的结果,特别是社交媒体上的数量较大的议题参与者往往能够对议程设置的走向产生实质性的影响。

除关注力之外,情感倾向主要呈现议程设置过程中的主观认知感受以及情绪倾向。情绪可以催生人们对政治议题的态度、社会问题的归因,甚至影响重要的政治行为。③ 在议程设置中,关注力强调的是使用者的注意力分配以及聚焦程度,而情感倾向则事关议程设置的发展方向,好的情感倾向往往有助于议程设置向积极的方向转变,增强劝服效果。影响信息接收程度的重要因素是受众对传播者的态度。

本文将关注力与情感倾向作为议程设置的两个重要因素,它们分别代指"知名度"与"美誉度",关注力越大,意味着舆论所呈现的人或事件具有的"知名度"越高,而"美誉度"越高,则意味着舆论呈现的情感倾向偏向正面。公众如何考虑议题对于候选人而言意义重大。④ 本文具体考察在台湾地区 2018 年"九合一"选举中,社交媒体是如何从"关注力"与"情感倾向"两个维度塑造针对政治人物的选举议程,从而最终影响选举结果的。

---

① 张熙.社交网络信息传播[M].北京:电子工业出版社,2016:40.

② 麦库姆斯.议程设置:大众媒介与舆论[M].郭慎之,等译.北京:北京大学出版社,2008:2.

③ NABI R L. Anger, fear, uncertainty, and attitudes: a test of the cognitive-functional model[J]. Communication monographs, 2002(69): 204-216. ; NABI R L. Exploring the framing effects of emotion: do discrete emotions differentially influence information accessibility, information seeking and policy preference? [J]. Communication research, 2003, 30 (2): 224-247.

④ GAMSON W A. The social psychology of collective action[M]//MORRIS A D, MUELLER C M. Frontiers in social movement theory. New Haven, CT: Yale University Press, 1992: 53-76; NELSON T, OXLEY Z. Issue framing effects on belief importance and opinion[J]. Journal of politics, 1999(61): 1040-1078; POPKIN S. The reasoning voter: communication and persuasion in presidential campaigns[M]. Chicago: University of Chicago Press, 1994; ZALLER J R. The nature and origins of mass opinion[M]. New York: Cambridge University Press, 1992.

四、研究发现

通过“元智大学社群媒体分析平台”的检索统计,本文主要对 PTT 对韩国瑜的关注力以及情感倾向进行分析,研究发现如下:

(一)社交媒体对政治人物的关注力

1. 总体关注力

所谓关注力,即舆论对人物或事件的重视程度。“某个议题、政治候选人或其他话题出现在公众议程上,意味着它已经在一定程度上引起了公众的注意。”[①]本文中出现的“关注力”即通过社交媒体提及政治人物的频率,提及的频率越高,意味着关注力越大。通过分析可以发现,PTT 对韩国瑜的关注经历了一个逐步聚焦的曲线变动过程,这显示出,作为候选人韩国瑜在台湾地区的人气指数飙升并不是一蹴而就的,而是经历了较长时间的发酵和提升。

从图 1 可知,虽然韩国瑜在 2018 年 5 月 21 日宣布成为正式候选人,但是从当年的 5 月底一直到 9 月底,PTT 对韩国瑜的关注力基本维持在 500 次以下。在韩国瑜参选的初期,PTT 对韩国瑜的关注力逐步提升,其中,在 5 月 28 日这天达到了这个阶段的最高值 262 次,但下降速度也很快,在多数时候,PTT 对韩国瑜的关注与讨论都维持在 150 次以下。从 7 月开始,韩国瑜的参选进入到中期阶段,相比初期,韩国瑜在 PTT 上受到的关注程度明显提升,其中在 8 月 6 日和 9 月 3 日达到小的高潮,分别达到了 305 次和 328 次,但整体的知名度依然有待提升。总体来看,在韩国瑜确定参选高雄市市长的初期,由于其本身缺乏足够的政治知名度,而且在有关竞争对手(民进党候选人陈其迈)的民调中也长期落后,再加上在选举初期和中期阶段,韩国瑜及其团队还没有时间展开社交媒体营销,这些都导致 PTT 对韩国瑜的关注力不够。特别是社交媒体本身具有追求热门人物与事件的特征,往往更容易聚焦于舆论关注的议题。由于岛内社会以及国民党内部普遍不认为韩国瑜能在高雄市这样的深绿选区胜选,这更使得韩国瑜缺乏政治聚焦的光环,社交媒体作为一个社群类媒体,在主流社会舆论的影响下,也容易对韩国瑜产生类似“不看好”的看法,因此 PTT 对韩国瑜的关注程度一直处于不愠不火的状态。这也显示出,当时韩国瑜是不被岛内舆论普遍看好的高雄市市长候选人,PTT 对韩国瑜的关注程度同样不高,这也能够基本呈现出当时韩国瑜参选在台湾地区的受关注情况。

---

① 麦库姆斯. 议程设置:大众媒介与舆论[M]. 郭镇之,等译. 北京:北京大学出版社,2008:83.

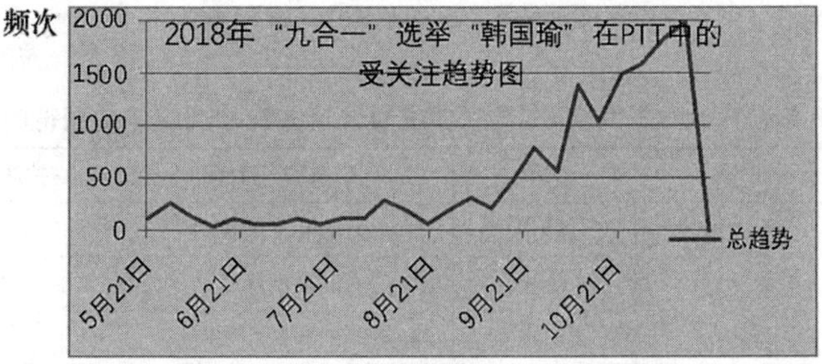

图 1　PTT 对韩国瑜的总体关注趋势图

从 2018 年 9 月底开始选举进入后期，PTT 对韩国瑜的关注程度明显上升，逐步从原来的平均 500 次提升到 500 次以上，甚至在 2018 年 11 月 12 日达到了 1985 次的最高点。这意味着从 9 月开始，韩国瑜在 PTT 中已经成为一个热门的政治人物，与其他政治人物受关注的程度相比，PTT 对韩国瑜的关注程度仅次于“政治明星”柯文哲，超过了代表民进党参选的其竞争对手陈其迈。结合当时的民调来看，我们也能发现从 2018 年 9 月开始，韩国瑜的民调支持率迅速上升，不仅缩小了与其竞争对手陈其迈的差距，甚至开始反超。2018 年 9 月 17 日，岛内 TVBS 民调显示，韩国瑜仅仅以 4%的差距落后于陈其迈，但 10 月 17 日的 TVBS 民调显示，韩国瑜的支持率已超过陈其迈 7%，这意味着从 9 月底开始，韩国瑜的支持率迅速提升。这一结果一直保持到 2018 年 11 月，台湾世新大学民意调查研究中心的“2018 高雄市市长选举调查”显示，国民党候选人韩国瑜获得的 35.4%支持率最高，超过民进党候选人陈其迈 2.8%。结合当时的民调与 PTT 对韩国瑜的关注程度来看，二者存在一定的相关性，即二者呈现的有关两个候选人的情况基本一致，这意味着民调支持率越高的政治人物往往也有着越高的社交媒体关注度。

通过分析进一步发现，在 2018 年台湾地区“九合一”选举中的“六市”选举中，就有五个候选人在 PTT 中获得的关注度高于竞争对手，他们最终赢得了选举胜利(见表 2)，这在一定程度上说明了社交媒体对政治人物的关注度越高，其越有可能获得选举胜利。这种结果也充分反映出，台湾地区的社交媒体及其舆论生态已经成为影响台湾政治的重要因素，在一定程度上，获得社交媒体的舆论支持就等于赢得了公众的社会支持。台湾地区政治人物越来越重视社交媒体的政治影响力。在 2018 年台湾地区“九合一”选举中，从政治人物正式宣布参选到选举投票日，不同政治人物在社交媒体上的受关注程度存在明显差异，柯文哲作为台北市市长候选人在 PTT 中的受关注程度最高，其次为韩国瑜。我们可以看出，韩国瑜作为初期的“政治黑马”，自从成为国民党候选人以来，其在社交媒体中获得的关注度就一直保持上升态势，远远超过了其他县市的候选人。这一点也体现出韩国瑜最终成功当选高雄市市长，应该与这种较大的社交媒体关注力存在一定的关系，因为社交媒体越是关注某一政治人物，意味着网友讨论该政治人物的次数越多，若借助社交媒体的信息分享功能，特别是社群氛围，就越可能推动该政治人物在社交媒体中的人气的提升，从而设置社交媒体中的议程,并促使其转化为网友对该政治人物的认同与支持。①

表 2　2018 年台湾地区"九合一"选举中主要候选人在社交媒体中获得的关注程度②

政治人物	政党	选区	参选登记时间	关注力	当选
柯文哲	无党籍	台北	2018 年 8 月 30 日	30 879	是
丁守中	国民党	台北	2018 年 8 月 27 日	9640	否
韩国瑜	国民党	高雄	2018 年 8 月 29 日	12 030	是
陈其迈	民进党	高雄	2018 年 8 月 31 日	7400	否
卢秀燕	国民党	台中	2018 年 8 月 27 日	7183	是
林佳龙	民进党	台中	2018 年 8 月 29 日	3661	否
郑文灿	民进党	桃园	2018 年 8 月 29 日	1065	是
陈学圣	国民党	桃园	2018 年 8 月 29 日	0	否
侯友谊	国民党	新北	2018 年 8 月 31 日	0	是
苏贞昌	民进党	新北	2018 年 8 月 30 日	3218	否
黄伟哲	民进党	台南	2018 年 8 月 27 日	1638	是
高思博	国民党	台南	2018 年 8 月 29 日	622	否

2. 关注内容

从 PTT 中与韩国瑜相关的内容来看,主要的关键词为:高雄、国民党、市长、民进党等,这说明在与韩国瑜相关的帖子中,网友更加关注高雄的地方性议题,这构成了网友在社交媒体中表达关注以及进行讨论的议题中心。同时,"国民党"出现的比例高于"民进党",这意味着随着韩国瑜人气的提升,网友在 PTT 中提到国民党的次数增加。从相关主题可以发现,在社交媒体中,网友的互动讨论直接影响了社交媒体的舆论方向,即正是基于选民对高雄市发展的强烈关注——关注城市的民生与经济问题,PTT 上的讨论才围绕着韩国瑜集中讨论高雄市的经济与民生发展,而韩国瑜在竞选中提出的口号就是"货出得去,人进得来,高雄发大财",表明了对高雄地方经济社会发展的关注。我们可以看出,PTT 聚焦的议题内容与韩国瑜提出的选举口号具有相当高的契合性,即都对地方经济社会发展给予了高度的关注。这也反映出,政治人物的政策理念与选民诉求一旦高度契合,选民就可能对政治人物给予更多的关注,并最终改变自身的选举行为。

进一步分析网友在 PTT 中关注的议题可以发现,回复数排名前十的所有帖子主要集中在政治言论、公共政策、政治形象、政治人物等方面(见表 3)。具体来说,从公众参与网络互动的程度来看,网友更关注有关政治人物的政治领域的议题。这种议题设置对政党以及

① 通过比较分析选举结果可知,除了桃园与新北市,其他四个市的选举呈现出相似情况:社交媒体对政治人物的关注力越大,该政治人物在选举中越可能获胜。

② "关注力"通过社群分析平台自动分析获得,包括了关键词以及互动讨论程度。关注力越大,意味着社交媒体对该政治人物的关注程度越高。

政治人物有着重要的借鉴意义，特别是在台湾地区选举中，随着社交媒体对选举的重要性增加，政党以及政治人物开始通过组建专门团队来经营社交媒体，诸如通过“网军”来设置议题，并引导网友参与讨论。成功的议题设置往往要考虑网友的实际偏好，并结合政党以及政治人物的政治优势，例如在高雄市选举中，回复率最高的帖子的议题就是“韩国瑜 vs 陈其迈投谁？网：高雄人”，这种议题很容易引导网友产生情感共鸣。议题没有太浓厚的政党色彩，因为社交媒体的政党属性较弱，所以一旦包含了明确的政党立场，议题反而容易受到网友的抵触，网友参与讨论的积极性会降低，对政治人物的关注力也会被削弱。

表 3　PTT 回复数排名前十的帖子及其情感值

帖子标题	所属类别	回复数	情感倾向	V 值
韩国瑜 vs 陈其迈投谁？网：高雄人	政治人物	261	无	无
韩国瑜许昆源联合造势大会，吴马王朱力挺	政党团队	236	中性	5.00
黄暐瀚：陈其迈，正在迎接失败！	评价言论	231	负向	2.2
黄暐瀚：小野事件对柯文哲市长真的大伤	政治言论	150	正向	6.4
蔡易余歧视陆配 韩国瑜用 4“太”严抨并吁	公共政策	149	负向	2.8
韩国瑜被爆黑历史？王瑞德：迷信暴力	政治形象	145	负向	4.0
韩国瑜：别浪费学校时间学母语遭批	公共政策	136	负向	3.6
韩国瑜爱情摩天轮政策分析报告	公共政策	134	正向	7.0
韩国瑜：民进党不求进步只求把“国”	政治言论	132	正向	6.6
王世坚：韩国瑜是“没有头发的柯文哲”	政治言论	114	负向	4.4

（二）社交媒体对政治人物的情感构建

1. 社交媒体的总体情感倾向

社交媒体的情感倾向指的是网友在社交媒体中呈现的正面与负面情感，主要通过帖子的关键词对其进行分析。在所有帖子中，主要存在正面、中立、负面三种情感倾向。

从社交媒体呈现的对政治人物的情感倾向来看，绝大多数的政治人物在社交媒体上获得的评价都是负面的（即呈现负面情感的帖子超过了正面情感的帖子），没有获得太多的正面评价（见表 4）。这些具有高人气的政治人物，不论是柯文哲还是韩国瑜，都没有在 PTT 中获得以正面情感倾向为主的评价，但是负面情感并没有影响柯文哲和韩国瑜的选举结果。这意味着，社交媒体呈现的负面情感倾向并不是影响选举结果的重要因素。至于正面情感是否影响台湾地区选举结果，在六个市的选举结果中，只有台南市的候选人获得了正面的口碑，并且赢得了选举，而另外一个市——台中市的候选人获得了正面口碑，但没有获得选举胜利。这意味着，社交媒体中的正面情感倾向也不是推动政治人物获得选举胜利的重要因素。

表4 2018年台湾地区"九合一"选举中主要政治人物在社交媒体中的情感倾向

政治人物	政党	县市候选人	参选登记时间	情感倾向
柯文哲	无党籍	台北	2018年8月30日	负面
丁守中	国民党	台北	2018年8月27日	负面
韩国瑜	国民党	高雄	2018年8月29日	负面
陈其迈	民进党	高雄	2018年8月31日	负面
卢秀燕	国民党	台中	2018年8月27日	负面
林佳龙	民进党	台中	2018年8月29日	正面
郑文灿	民进党	桃园	2018年8月29日	负面
陈学圣	国民党	桃园	2018年8月29日	中立
侯友宜	国民党	新北	2018年8月31日	中立
苏贞昌	民进党	新北	2018年8月30日	负面
黄伟哲	民进党	台南	2018年8月27日	正面
高思博	国民党	台南	2018年8月29日	负面

具体看韩国瑜在PTT中获得的情感倾向,从2018年8月29日到2018年11月24日,PTT对韩国瑜的情感倾向基本以负面情感为主,这与其获得的关注力并不成正比,但是也没有影响最终的选举结果。在关于韩国瑜的讨论帖中,呈现正面情感的占了17.8%,而呈现负面情感的占了19.6%,二者差距并不大。这意味着PTT对韩国瑜的讨论没有呈现一边倒的极化舆论生态。从PTT的言论生态来看,因为言论本身具有一定的意识形态特征,所以PTT中的言论长期呈现台湾本土化色彩,一些言论较为激进,甚至有一段时间PTT中的言论多支持民进党,国民党以及国民党的政治人物很难在PTT中获得正面评价。但是,从韩国瑜获得的关注以及PTT对他的情感倾向来看,尽管韩国瑜在PTT获得的正面评价,这没有超过负面评价,但是这已经在一定程度上说明了韩国瑜的确不同于传统的国民党政治人物,其人格魅力可以超越党派属性从而获得部分网友的青睐。另外,这也反映出传统的党派色彩不再是台湾地区网友评价政治人物的主要依据,特别是在台湾地区的县市长选举中,国民党的政治人物同样能在传统的深绿选区参选并获得网友的认同。① 这还从一个侧面反映出,社交媒体在一定程度上的确能弱化选民对政治人物的政治偏见。政治人物可借助社交媒体打破政党的传统政治边界,获得更大的发展空间。

2. 不同阶段的情感倾向变动

从不同的阶段来看,韩国瑜在2018年9月底之前获得的正面情感倾向要大于负面

① 长期以来,在台湾地区的蓝绿政治版图中,高雄市属于深绿县市,民进党籍的政治人物担任高雄市市长的时间长达20多年。

情感倾向。在韩国瑜参选初期，PTT 对韩国瑜的情感倾向主要是正面的，直到 9 月 21 日，PTT 上对韩国瑜的负面评价逐步增加，甚至超过了正面评价（见图 2）。为什么 PTT 在不同时期对韩国瑜的情感倾向会呈现如此大的反差？特别是在选举后期，随着韩国瑜的政治知名度迅速提升，他在社交媒体上获得的关注度远远超过参选初期与中期，但这并没有增强正面情感倾向。这种政治知名度的提升主要意味着与韩国瑜相关的各种话题指数显著提升。在关注度获得提升的同时，各种媒介也加大了对韩国瑜的曝光力度，他在形象、言行、政见等方面都会遭受全面、苛刻的社会检验，这就意味着政治“知名度”的大幅提升并不必然带来政治“美誉度”的提升，反而可能导致负面话题和负面评价的增加。

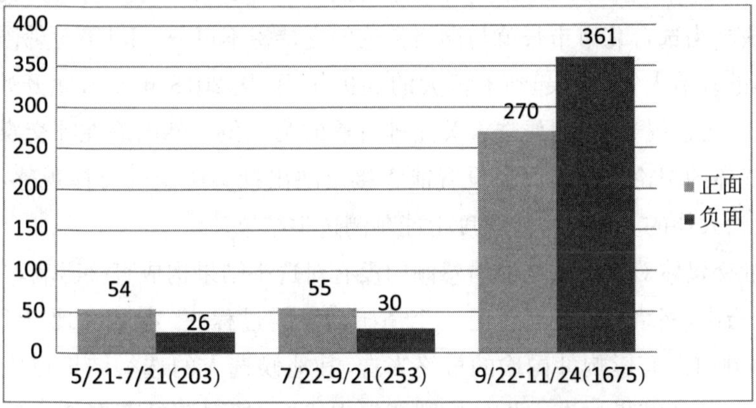

图 2　选举不同阶段 PTT 对韩国瑜的情感倾向图

从韩国瑜在 PTT 中获得的情感倾向来看，负面情感的存在并没有对最终选举结果产生实质性影响，其原因主要在以下两个方面。一方面，PTT 是一个相对开放的社交媒体论坛，相比脸书社群而言，PTT 的公共属性更强，任何匿名网友都可以参与对议题的关注与讨论，不容易构建某种小范围的社交群体，这在一定程度上削弱了社交媒体言论的极端化倾向；另一方面，作为非典型的国民党政治人物，韩国瑜虽然在社交媒体中存在争议，但同样有大量支持者，所以 PTT 中对韩国瑜的评价没有呈现一边倒的现象。与以往国民党政治人物在 PTT 受到的负面极化评价不同，韩国瑜已经在一定程度上改变了 PTT 网友对国民党的刻板印象。因此综合来看，尽管 PTT 中对韩国瑜的负面评价占了 19.6%，但并没有形成支配性的负面言论生态，最终韩国瑜不断累积人气，社交媒体舆论也对韩国瑜给予了积极的支持。这也体现出，社交媒体如果没有构建出某种占绝对支配性优势的言论倾向，即形成某种压倒性的舆论，往往很难主导言论走向，也就难以产生政治冲击。

五、结论与思考

本文通过考察PTT对2018年台湾地区“九合一”选举的影响,主要得到两个研究结论。

第一,社交媒体对政治人物的关注力能在一定程度上预测选举结果。

PTT一直以来都是台湾青年人常用的社交媒体,在近年来的公共事件中,PTT也成为重要的舆论风向标。在2018年台湾地区“九合一”选举中,韩国瑜能够一战成名,与社交媒体对相关信息的扩散传播存在很大的关系。从台湾地区主要候选人受关注度的情况来看,PTT对韩国瑜的关注在选举后期仅次于对“政治明星”柯文哲的关注,而柯文哲在2014年成功当选台北市市长就与网络舆论的支持密不可分。PTT对韩国瑜的关注同样为韩国瑜的政治人气提升起到了很大的促进作用,从2018年9月底开始,其在PTT获得的关注度迅速提升,稳居候选人关注排行榜的第二位。韩国瑜在社交媒体上的蹿红表明,社交媒体的舆论构建与议程设置能直接反映出社会舆论的总体观感,这意味着社交媒体对政治人物的关注在一定程度上能预测选举结果。

第二,社交媒体对政治人物的情感倾向没有对选举结果构成直接影响。

有研究指出,网络事件的发生是一个情感动员的过程。[①] 本文发现,PTT对韩国瑜的负面情感倾向没有影响韩国瑜的最终当选,其他候选人的选举结果也表明情感倾向没有直接影响选举结果。进一步分析则能发现,这一情况与社交媒体中的舆论生态格局紧密相关,即社交媒体对韩国瑜的评价既有正面的也有负面的,且二者差距不大,这种多元化的情感倾向没有给韩国瑜的选举结果带来负面冲击。因此,只要社交媒体没有构建出一边倒的极化情感倾向,往往很难对选举结果造成实质性的影响。当然,情感倾向究竟是如何在议程设置中对选举结果施加影响的,还有待进一步的研究。

(作者系中共厦门市委党校副教授)

① 杨国斌.悲情与戏谑:网络事件中的情感动员[J].传播与社会学刊,2009(9):39-66.

全球大变局环境下中国政治传播的国际战略

全球治理评估制度性话语权研究

——以世界银行“全球公共部门指数”项目为例 /陈雪莲

社交媒体时代国家意识形态的话语竞争及其风险防范 /丁云亮

从“萨帕塔”到“黄马甲”

——全球社会运动的后现代政治传播策略分析 /马立明　许　静

省思“一带一路”倡议的海外媒体传播

——基于媒体报道文本主题挖掘的分析 /周培源　姜洁冰

“国际传播”与“全球传播”的关系及时代意义 /杨　扬

全球治理评估制度性话语权研究

——以世界银行“全球公共部门指数”项目为例①

◇ 陈雪莲

全球化时代，为了更全面地掌握全球发展状况，也为了提高国家和机构的影响力，从不同角度对全球各个国家的发展状况进行测量成为世界主要国际组织和发达国家维护自身利益、主导全球事务和意识形态话语权的重要手段。制度性话语权是议程设定、规则制定和执行、利益分配中占据结构性、制度性优势的关键角色享有的持续性稳定权力。通过发展评估推行本国或本组织的标准以影响国别竞争力和全球治理话语权是全球治理评估制度性话语权的一种形式。我国参与全球治理的时间较晚，相关的全球治理评估和发展评估尚未真正起步，如何加强全球治理评估制度性话语权建设意识和建设能力，是一个重要的研究议题。本文以世界银行2018年底推出的新指数评估项目——“全球公共部门指数(Worldwide Bureaucracy Indicators，WWBI)”为个案，分析全球治理评估发展制度性话语权分布现状及发展中国家的话语劣势，并对中国如何参与全球治理评估制度性话语权竞争进行思考。

一、话语权与制度性话语权的界定及其功能

学术界从权力关系的角度解释“话语”始于福柯(Michel Foucault)。福柯的“话语即权力”揭示了“话语”对现实的建构功能以及话语的权力属性，开辟了哲学、语言学、文化学、历史学、社会学和政治学的“知识与权力”“语言与权力”新议题。中国学术界虽然从20世纪80年代开始译介福柯的研究，但将话语权力论应用于各学科议题则是从21世纪才开始的。中国学术界最初对话语权的运用是探讨特殊群体在国内公共生活中特定领域内的发言权和表达权，如教育领域中教师的话语权。“话语权”内涵的拓展和议题热度

① 本文初刊于《新视野》2020年第1期，收入本辑时略有删改。

自2009年进入官方政治话语体系内,并逐渐在应用学科领域内升温(见图1)。

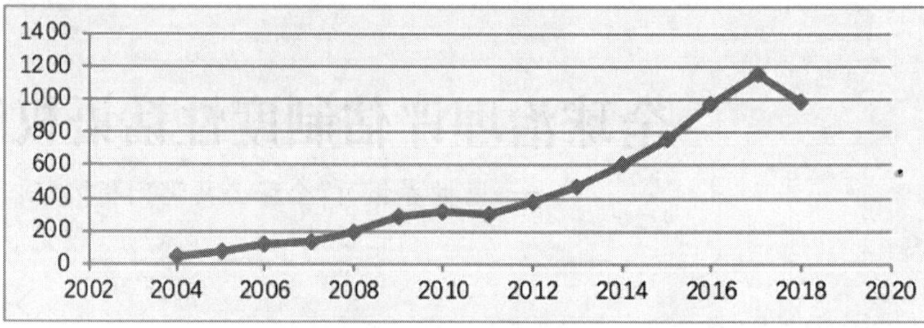

图1 “话语权”主题文章数量的历时分布图(CNKI)

“话语权”首次在中国官方话语体系中出现是“国际话语权”被胡锦涛同志在2009年中央经济工作会议上强调,这次会议谈到世界经济治理机制改革时提出,积极参与二十国集团峰会活动既有利于提升我国在重大国际经济问题上的话语权和影响力,也有利于反映广大发展中国家的利益。① 随后,胡锦涛同志从对外宣传工作的角度提出要加强国际传播能力和话语权建设,探索国际社会和民众易于理解和接受的方式。② 习近平同志在2012年底至2018年6月期间的公开讲话中曾17次提及“话语权”,从两个角度提出了“话语权建设”命题:一是从意识形态建设的角度提出“不断增强意识形态领域主导权和话语权”③;二是从大国博弈的角度指出国际力量博弈是国际规则制定权和话语权的博弈,中国需要“推动国际体系和全球治理改革,增加我国和广大发展中国家的代表性和话语权”。④

从上述中国的学术界和官方话语体系内出现的“话语权”的资料中可以发现,在政治生活中,“话语权”有三层含义:一是语言学、传播学所集中探讨的作为表达和传播权力的话语权,这只是话语权的初级表现形式。已有研究中关于“国际话语权”的研究最初都是出现在传播学中⑤;二是意识形态的领导权和主导权意义上的意识形态话语权,这个意义上的话语权通常以“舆论”的形式出现,中国共产党自毛泽东时代就非常重视其建设和运用,从意识形态角度研究话语权一直在马克思主义哲学、党建理论和政治学研究视野内;三是确定权力主体关系属性意义上的话语权,这个意义上的话语权是指结构性的、制度性的话语建构权和议程设定权(discourse-setting and agenda-setting),即制度性话语权。

本文讨论全球治理语境下“话语权”的第三层含义,即作为一种相对稳定的全球权力和

① 中共中央文献编辑委员会.胡锦涛文选:第三卷[M].北京:人民出版社,2016:281.

② 中共中央文献编辑委员会.胡锦涛文选:第三卷[M].北京:人民出版社,2016:323.

③ 中央人民广播电台.中国共产党第十九次全国代表大会报告[R/OL].(2017-10-27)[2020-05-07].http://news.cnr.cn/native/gd/20171027/t20171027_524003098.shtml.

④ 新华网.习近平出席中央外事工作会议并发表重要讲话[EB/OL].(2014-11-29)[2020-05-07].http://www.xinhuanet.com/politics/2014—11/29/c_1113457723.htm.

⑤ 周庆安.中国国际话语权的新命题[J].瞭望,2008(15):52;庄琴芳.福柯后现代话语观与中国话语建构[J].外语学刊,2007(5):94-96.

利益分配的制度性话语权。国际话语权与军事权、经济权等权力的关系属性是一致的，一个国家国际话语权的高低意味着这个国家在国际社会和全球治理中的舆论引导权力、议程设定权力、价值评判权力、资源分配权力等影响国别竞争力和国家利益分配的根本性权力的高低。在当今全球治理结构中，中国并不缺乏国际表达的权利及合法途径，缺乏的是全球治理结构和利益分配的议程设定权、组织权、管理权和裁定权等制度性话语权力。

本文以世界银行——当今全球治理框架中最重要的多边组织之一为个案，通过访谈世界银行相关项目官员和专家团队①，收集相关文献和资料，介绍世界银行2018年底推出的“全球公共部门指数”的动议、产生和传播过程，分析国际组织和发达国家是如何运用全球治理评估这一工具掌握制度性话语权来影响国际舆论和全球治理议程的，最后以中国如何加入和推动“全球公共部门指数”项目发展为例，为我国提升全球治理评估话语权建设水平提出若干建议。

二、世界银行“全球公共部门指数”

世界银行将其研发的系列全球治理数据库称为“数据银行”，数据即价值，评估即权力。世界银行1996年开发的世界治理指标用了十年左右的时间即对全球国家能力的评价体系产生了巨大影响，被认为是当前诸多治理定量研究中严谨度高、影响力大、使用面广的综合指标之一，成为各国进行商业投资、文化交流、外交互动、跨国谈判时的重要参考标准。2018年底，世界银行发布了一项新的国家治理能力评估指数——“全球公共部门指数”，开辟了全球治理评估话语体系竞争的新场域。

（一）发起缘由与组织机构

从国家治理的角度来看，公共部门是制定和实施政策、提供公共产品和服务的基础，公共部门的能力决定了一个国家的治理能力。从劳动力市场、就业驱动经济发展的角度来看，公共部门在全球各个国家都是就业大户。因此，以推动国家治理能力提升、寻求经济社会发展解决方案为宗旨的世界银行于2017年启动了国家治理能力评估新项目，即“全球公共部门指数”，于2018年12月发布了第一批数据。

该数据库和世界银行影响力最大的旗舰报告《世界发展报告》（*Global Development Report*，*GDR*）和“全球治理指数（Global Governance Indicators，GGI）”一脉相承，均属于世界银行的发展治理议题下的全球发展评估和促进项目。“全球公共部门指数”由世界银行“发展影响因素评估（Development Impact Evaluation，DIME）”小组和“全球治理实

① 作者于2019年1月10日—11日期间访谈了WWBI专家团队和工作团队。

践(Governance Global Practice,GGP)"小组共同组成的世界银行新工作团队"公共部门实验室(Bureaucracy Lab,BL)"研发,其采集和发布全球各国公共部门的人员结构和工资水平的相关数据,以衡量和评估一国国家治理能力中的"人事因素"、劳动力市场中公共部门与私营部门的功能。

(二)概念界定、指标构成与数据来源

该项目关于"公共部门"的定义采用了国际货币基金组织(IMF)2014年的界定,既包括一般意义上的从中央到地方的各级政府机构,也包括广义的由公共财政支持的非市场非营利性机构、公有或国有企业。2018年12月发布的第一批数据覆盖了115个国家2000年至2016年的89个指标。89个指标主要围绕5个主题设计:(1)公共部门工资支出在GDP和政府总支出中的占比;(2)公共部门就业和私营部门就业在劳动力市场中的占比和工资收入情况;(3)公共部门和私营部门的人口分布状况,如性别、年龄、受教育程度、城乡来源等;(4)公共部门和私营部门的性别差异、城乡差异;(5)公共部门和私营部门的工资分布、收入溢价(wage premium)与职业收益(合同保障、保险覆盖、社会保障、工会会员)等。①

2018年底发布的第一批数据中有10个国家的数据来自世界银行工作团队自采的问卷调查数据,每个国家的样本量在3000—4000个。其他国家的数据有3个主要来源:一是世界银行全球收入分配数据库(The World Bank's International Income Distribution Database ,I2D2),二是卢森堡收入研究数据库(The Luxembourg Income Study,LIS),三是国际比较计划(The International Comparisons Program,ICP)中的工资调查数据。中国的数据采用了"2013年中国居民收入调查(CHIP)"的数据,该调查的样本量是50,680个。项目的首席专家Zahid Hasinain博士非常客观地承认该项目第一批发布的数据仅是该数据库的1.0版,很多国家在相关指标上的数据都是缺失的,尤其是美国、欧洲等发达国家和地区的数据非常不完整。这一方面是因为世界银行的传统服务对象是发展中国家,在发达国家得到的数据支持力度很小,另一方面是因为在发达国家自采数据成本很高,目前世界银行还没有获得相关经费支持。②

(三)评估结果与中国数据表现

"全球公共部门指数"专家小组的成员主要来自两个专业:政治学和经济学,这是因为"公共部门指数"评估在这两个方面具有重要的跨国比较的意义。从政治学角度来看,公共部门就业人员的年龄、性别、受教育程度、薪资水平等可以反映这个国家公共部门的

① Worldwide Bureaucracy Indicators dataset[EB/OL]. (2018-11-03)[2020-05-07]. https://datacatalog.worldbank.org/dataset/worldwide-bureaucracy-indicators.

② 资料来源:作者于2019年1月11日上午与Zahid Hasinain博士的访谈记录。

人才吸聚能力和公共治理水平。从经济学，尤其是就业经济学的角度来看，随着政府的公共管理和公共服务职能的不断增加，公共部门在许多国家成为劳动力市场上最重要的雇主，公共部门和私营部门的就业分布、就业规律及其经济社会效益对国家宏观经济稳定的影响日趋显著。

从政治经济学的角度来看第一批数据，有三个发现。[①] 第一，公共部门成为全球大雇主，尤其是高学历人才的大雇主。一直以来，公共舆论普遍认为中国公共部门机构臃肿、人员超编严重，造成了公共财政压力，但全球数据显示，中国公共部门就业人数占正式部门有薪就业人数的比例远低于全球平均水平。从全球来看，公共部门就业人数占总就业的 16%，占总有薪就业人数的（wage employment）的 30.2%，占正式部门有薪就业人数的 38.1%（formal sector wage employment）。中国的公共部门就业人数占总就业人数的 16%，与全球平均水平持平，但是仅占总有薪就业人数的 24.7%、占正式部门有薪就业人数的 25.2%，低于全球平均水平。

全球平均数据显示，39%接受过高等教育的就业者是在公共部门就业，有的国家这一数据高达 60%至 70%。中国的数据显示全社会 40%接受过高等教育的从业者是在公共部门就业，和全球平均水平持平。但是，全球私人部门就业者中接受过高等教育的比例为 18%，公共部门就业者接受过高等教育的比例为 46%，而中国的这两个数据分别为 27%和 65.3%。相较于私人部门中高等教育就业者比例高于全球平均水平 9 个百分点，我国的公共部门中高等教育就业者比例高于全球平均水平近 20 个百分点。这意味着，在中国，相较于私人部门，公共部门对学历的要求更高，也吸引了更多的高学历人才。中国公共部门的人才结构较为乐观，但同时也出现了两个相对严峻的问题——中国的公共部门是否需要如此多的高学历人才加入？中国公共部门对高学历人才的吸引力是否会加大对私营部门就业的挤出效应？

第二，在全球范围内，公共部门中的性别差距比私人部门更小。从就业人口比例来看，多数国家的女性在公共部门和私营部门的就业比例都低于男性，但是有十多个国家的女性在公共部门就业的比例高于男性，而欧洲和北美等高收入地区的女性在私营部门就业的比例高于在公共部门。从收入水平来看，公共部门比私人部门在男女同工同酬上做得更好，女性在公共部门的薪金是男性的 88%，而在私人部门的薪金是男性的 81%，在中东、北非和南亚地区，公共部门的性别工资差异远远小于私人部门。中国公共部门中，女性比例为 43%，私营部门中女性的比例为 41%；女性在公共部门中的薪金是男性的 83%，在私人部门中是男性的 82%。在就业性别差异上，中国公共部门和私人部门的差异并不明显，与全球平均水平接近。

---

① Worldwide Bureaucracy Indicators dataset[EB/OL]. (2018-11-03)[2020-05-07]. https://datacatalog.worldbank.org/dataset/worldwide-bureaucracy-indicators.

第三,全球多数国家中,公共部门与私人部门相比存在工资溢价。工资溢价(wage premium)状况直接影响公共部门对私营部门就业的挤出作用,115个国家中有72个国家的公共部门存在正向工资溢价,这些国家中,相同教育背景、年龄和性别的从业人员,在公共部门的平均薪金水平比私人部门高16%。而中国的公共部门工资溢价为−4%。但是,结合中国公共部门中高学历人才的比例远远高于私人部门来看,并将公共部门的非货币收益、工作的低风险性等因素考虑进去,在就业市场中,公共部门相对非公共部门的优势还是存在的。可以从正反两个方面来看公共部门与私营部门之间的工资溢价:公共部门工资溢价高,一流人才去政府,二流人才去企业,会影响私营经济的活力和创新性,但公共部门从业人员素质高会提升公共治理能力,公共部门就业的相对稳定也会在经济危机时期有助于维持宏观经济的稳定。

第一批数据目前主要是用来从就业经济学和公共部门人员素质结构的角度进行全球评估,该项目下一步将围绕全球各国的官员和公共部门开展系列数据采集和研究行动,包括:(1)根据官员和官僚组织特征创建相关行政数据库,为各国公共部门管理提供参考;(2)开展大规模公务员调查,分析一个国家的公共机构规模、性别比、年龄、学历、收入、福利保障等对国家能力和国家发展的影响;(3)与人类学家和社会学家合作,创建全球公务员制度图谱,展示各国公务员管理制度;(4)评估全球各国公共部门,挖掘公共部门体制改革和创新的先进经验,并进行推广性试验。[①] 可以预计,世界银行的这一数据产品的目标是像"全球治理指数"一样成为衡量一国国家治理能力和治理绩效的权威指标体系,二者的区别在于"全球治理指数"的六项指标考量的面更广,而"全球公共部门指数"则聚焦于评估国家治理能力中的政治和行政的制度要素,即评估一个国家的公共部门设置和官员能力建设机制。在全球范围内采集和评估各国公共部门人力资本状况是一个有开创性意义的全球发展评估和促进项目。

三、全球治理评估制度性话语权分布现状与发展中国家的话语劣势

世界银行等重要国际多边组织推出的发展评估是一种可以影响国别竞争力和全球治理话语权的制度性权利,参与这类指数评估有助于对全球治理制度性话语权的争夺。基于对全球治理的制度性话语权的重视,西方发达国家及其主导的国际组织高度重视利用发展评估巩固话语权、提升国别竞争力,以维护自身利益,因而当前比较成熟的跨国比较指数均由发达国家及发达国家主导的国际组织开发和测算。目前国际上影响力较大

① DIME governance program[EB/OL].[2020-05-27]. http://www.worldbank.org/en/research/dime/brief/dime-governance-program; Understanding bureaucracy[EB/OL].(2017-01-05)[2020-05-27]. http://blogs.worldbank.org/governance/understanding-bureaucracy.

的发展评估体系主要有：世界银行的全球治理指数（GGI）、透明国际（Transparency International）的清廉指数、美国的政体测量（Polity Ⅳ）、瑞典哥德堡大学的全球民主多样性指标（Varieties of Democracy）、瑞士的《全球竞争力报告》（*Global Competitiveness Report*）、《华尔街日报》和美国传统基金会发布的经济自由度指数（Index of Economic Freedom）、《经济学人》信息社编制的民主指数（Democracy Index）、“世界正义工程”中的法治指数（the Rule of Law Index）、美国《福布斯》杂志推出的税负痛苦指数（Tax Misery Index）、全球公民参与联盟发布的公民社会指数（Civil Society Index）、美国智库社会进步促进会发布的全球社会进步指数（Social Progress Index），等等。

在目前主要的跨国评估体系中，除了部分经济类指标，中国在与政治建设、社会建设相关的发展评估中排名或得分都比较靠后。根据“2015 年世界正义工程法治指数”，中国法治指数为 0.48，在全球 102 个国家中排名第 71 位，在东亚和太平洋地区的 15 个国家中排名第 13 位。在 2014 年的“全球社会进步指数”中，中国位列第 92 名。相比而言，中国的经济发展指数排名比较靠前，如 2014 年 9 月 3 日，总部位于日内瓦的世界经济论坛发布了《2014－2015 年全球竞争力报告》，中国排名第 28 位，在金砖国家中排名最高。

关于经济治理绩效的发展评估主要基于采集的客观数据，而多数政治、社会发展类评估主要基于采集的评估者的主观感知数据，以评估框架、指标权重设置、主观感知数据为主的发展评估存在着价值观先行的系统性问题。中国在政治发展和社会发展领域的得分与排名多年没有明显变化，显然与自改革开放以来中国的制度变迁和社会发展成就不相符。已有全球治理评估体系存在一个明显的特征，即具有较强的基于意识形态的“阵营”思维。目前国际上的评估指数发布机构的大部分项目资金来自欧美发达国家，极少部分来自发展中国家。这些评估指数体系所体现的是发达国家在全球治理与发展评估方面的制度性话语权，其测量指标与测量方法是以西方发达国家的标准为准绳的，其背后隐藏着主导国的利益诉求、意识形态和价值观。

世界银行是国际组织中相对不注重进行价值判断的国际发展促进组织。世界银行进行“全球治理指数”评估时基本是秉持亨廷顿的理念——“国家与国家之间最重要的区别不在于政府的形式，而在于治理的效度”①。即便如此，从世界银行“全球公共部门指数”项目的研究团队和支持团队构成、研究框架设计以及数据采集中可以看出发展中国家在参与全球治理制度性话语权竞争中存在的劣势。

（一）组织管理权劣势

在全球性发展评估机构的专家队伍构成和国别影响力上，发达国家占主导地位。例

① HUNTINGTON S P. Political order in changing societies[M]. New Haven: Yale University Press, 2006: 1.

如,主导“全球公共部门指数”项目的世界银行发展影响评估项目(DIME)小组目前所服务的国家、国际组织以及三十多个双边和多边发展机构中最为活跃的是英国、挪威、德国、瑞典、欧盟、非洲开发银行、美洲开发银行、伊斯兰开发银行,多数专家团队成员也来自发达国家。

(二)议程设定权劣势

在界定概念、设计指标体系等环节中,专家队伍和主导国家的主观性影响较大,全球采用一个概念和分析框架就会存在“削足适履”式信息不全面、不准确的问题。世界银行“全球公共部门指数”对公共部门管理体制和公共部门从业人员的内涵界定存在语境差异,因为各个国家公共部门所赖以存在的政治结构不同,所以哪些人员属于公共部门在统计口径上差异较大,如政务官和事务官、政治家和行政官员的分类和归属,公共财政支持的非营利机构的归属,国有企业的“公共属性”等。

(三)数据劣势

“全球公共部门指数”项目的研究框架设计和数据采集质量不足以进行可靠的跨国比较,对于很多指标来说,无法采集到有效的国别数据,仅以美国为例,70%以上的指标数据是缺失的。目前的数据只是初步展现了公共机构从业人员结构中最基础的数量、性别、年龄、受教育程度、薪资水平、社会保障数据,距离能够分析和展示国家治理能力中的“人事”特征、能力状况、动力机制的目标还较远。虽然不同国家数据标准不同、可获得性不同,在此基础上进行跨国比较的客观性和真实性存疑,但是多数指数发布机构依然会相互援引数据,再根据自己的分析框架和权重设计,测算出相关的数据,进而发布指数与排名,所以经常会出现计算标准不一致导致使用相近甚至相同的数据却得出不同的结果与排名的情况。例如,在2014年全球清廉指数中中国仅得36分,比上一年下降了4分,比2012年低了3分。而在世界银行同年发布的《全球治理指标报告》中的“腐败控制”一项上,中国的得分从2010年的32.4分上升到2014年47.1分。

(四)价值评判和舆论引导权劣势

评估数据和评估结果的解读具有较强的主观性,因此相关的价值评判权和舆论引导权至关重要。以什么标准解读这些数据结果,反映了评估者的价值判断,评估结果往往成为发达国家对发展中国家进行舆论攻击和发展规制的重要手段,其背后隐藏着重要的制度性话语权。包括中国在内的发展中国家,只是被评价的对象,没有发言权,这不仅不利于提高各种评估体系的客观性与全面性,更关键的影响是缺乏话语权的发展中国家长期只能在这些指数发布后,反驳其失实的部分,处于被动地位,无法表达自身的发展诉求。

四、中国参与全球治理评估制度性话语权建设的路径分析

全球发展评估对每个国家的国际形象和声誉都有重要影响。积极参与构建客观、公正的全球治理评估和发展评估有利于加强中国与国际上相关评测机构的沟通合作，增强中国在相关领域的发言权和影响力。近年来逐渐出现由我国研究团队主导的全球治理评估项目，我国积累了一定经验，但总体来说这些项目还处于初步发展阶段，组织能力、评估范围、数据质量、传播力和影响力仍然有限，尤其是在可持续性投入上，缺乏统一组织、协调管理的专业队伍，目前仅有零散研究人员和研究团队的分散性投入，可持续性较差。已推出的评估项目存在几个方面的不足：第一，多为单项指数评估，综合性评估匮乏；第二，经济社会性指数体系相对完善，而政治性指数体系相对缺乏；第三，缺乏长期、连续的发布，权威性不足；第四，单兵作战，缺乏全球视野和国际合作网络，全球性数据采集体系和影响力没有建立起来。

中国如何在全球治理评估话语体系竞争新场域中发出声音、发挥作用、产生影响，提升中国的全球治理评估制度性话语权是当下重要的研究议题。建设全球治理评估制度性话语权是一项系统工程，条件成熟后可以推出中国主导的全球治理评估体系，也可以利用已有的国际平台提升中国的制度性话语权和影响力。中国官方在 2009 年首次提及国际话语权的背景是 2008 年国际金融危机后中国被“进一步推到了国际社会讨论和处理重大问题的前台”，是“我国经济实力、综合国力、国际影响力上升的必然结果”。但是我们提升国际话语权面临的国际环境是机遇与挑战并存，我国经济实力、综合国力、国际影响力的上升使我们具有了更好地处理重大国际经济问题、应对重大国际经济挑战的条件，但也需要“谦虚谨慎、平等待人，注重研究和借鉴世界各国优秀文明成果，增强影响力和亲和力”①。以积极参与和充分利用世界银行这一重要的全球治理平台为例，本研究提出不论是建立中国主导的全球治理评估体系，还是参与已有全球治理评估均需要注意三个原则。

首先，客观准确地把握中国道路、中国经验对全球发展的制度性贡献，提炼出可供全球进行探讨和传播的中国国家治理经验，这是提升中国全球治理评估制度性话语权的基础。以“全球公共部门指数”为例，西方理论界对中国的公共部门普遍持有刻板的负面印象，如：干部委任制导致行政官员缺乏独立性、公共部门庞大、冗员多、能力低、公共服务意识差等。然而，实际上，中国在公务员选拔录用机制、人员结构和素质结构、能力建设机制、绩效管理机制、新信息技术在公务员绩效管理和监督中的运用、公共部门回应性建

---

① 中共中央文献编辑委员会. 胡锦涛文选：第三卷[M]. 北京：人民出版社，2016：286.

设等方面的探索在提升中国国家治理能力中发挥了重要作用,积累了不同于甚至优于发达国家的经验。

其次,全球治理的制度性话语权建设需要秉持“尊重专业、尊重专家”原则,以科研机构为主要牵头单位。参与全球治理评估需要理论支撑、数据支持和多元化的价值判断,科学性和专业性是阐释中国道路、讲好“中国制度的故事”的基础,科研机构在国际话语传播和国际学术网络构建方面具有不同于官方机构的优势,并且更具有传播力和公信力。以参与世界银行“全球公共部门指数”项目为例,目前该项目在 10 个国家与这些国家的研究团队合作进行问卷调查和数据自采,而中国的数据来自 2013 年的一个并不是以此项目为研究目标的学术团队的数据库,数据准确性和全面性均存在可质疑之处。中国可以考虑尽早让学术团队加入这一跨国研究和全球评估项目,借助专业知识网络和专家团队传递中国在全球治理评估中的声音。

最后,中国提升全球治理评估制度性话语权的目的不仅仅是传播中国经验和中国声音,也是为了进一步完善全球治理体系从而参与全球公共产品的生产和传播。建立公正、合理、透明的全球治理体系,需要发展中国家平等参与全球治理。中国在国际组织中提升国际话语权的主要路径是通过民主协商、平等参与、互利共赢的原则提出我国的政策主张、发挥我国的建设性作用,使国际组织议程、议事决策机制平衡反映各方意见和关切,进而提升国际组织和全球治理机制的代表性、平等性和实效性。中国主导的全球公共产品应注重拓展国际合作网络,打造向全球开放的公共产品,在实施过程中,积极鼓励和引导发展中国家的学术机构、媒体、私营部门共同参与该公共产品的生产、传播和使用。我国制度性话语权的增强将使全球治理具有更广泛的代表性,有助于全球治理朝着更加公正合理的方向发展。

(作者系中央党史和文献研究院研究员)

社交媒体时代国家意识形态的话语竞争及其风险防范[①]

◇ 丁云亮

2013年8月19日，习近平在全国宣传思想工作会议上明确指出，“经济建设是党的中心工作，意识形态工作是党的一项极端重要的工作”[②]。“极端重要的工作”既强调了意识形态在当前现代化建设事业中的指导地位，也是对新时代中国政治文化生态的一种判断。作为连接执政党意识形态和大众社会意识的国家意识形态，更是承载着展现国家意志、凝聚价值共识及促进公共外交等多种功能，在保持社会稳定、强化舆情管理、维护国家安全诸方面都发挥着特殊作用。全球化的发展进程和信息技术革命的突破性进展，尤其是大众媒体的全息化、社交化、个人化趋势，使得国家意识形态话语从生产、流通和接受方式上，日益面临着新的、更为复杂的局面；新媒介技术带来传播方式变革的同时，催生了国家意识形态话语多样化的认知模式，在高效、快捷的传播实践背后，也潜隐着难以测度的风险。本文基于社交媒体的独特运行机理，从技术—媒介—政治互动的话语场域出发，解析当下国家意识形态的传播逻辑和话语风险防范。

一、社交媒体时代国家意识形态话语的转型

从学术思想史角度看，意识形态一词可称得上最为复杂的概念、范畴之一。它既被视作一套看待世界的价值观念和表象体系，又被指认为一种指导人们社会行动的实践方式；尽管对于意识形态的内涵存在多种不同的界定和理解，但现代治理者及知识人普遍承认，意识形态具有巨大的语义威力，是对现实社会的理论“再造”，是“一切社会总体的有机组成部分”[③]。换句话说，意识形态是人类生活世界、精神世界之所依，没有意识形态

---

① 本文初刊于《教育传媒研究》2020年第2期，收入本辑时略有删改。

② 把宣传思想工作做得更好[M]//习近平谈治国理政：第一卷. 北京：外文出版社，2018：153.

③ 阿尔都塞. 保卫马克思[M]. 顾良，译. 北京：商务印书馆，1984：201.

便没有秩序化的社会结构和社会关系。21世纪以来,伴随中国经济的快速发展和国际话语权的显著增强,人们开始关注并研究体现中国国家意志、国家文化和国家价值的国家意识形态问题,并取得了实质性成果,这使得国家意识形态在政府、学界乃至大众政治生活中越来越成为关键术语,甚至引发思想观念的争讼和实践路径的讨论。因为任何国家层面的政策、理念、意向要想成为真正社会—政治上的实践行动,都必须经由意识形态话语的"翻译"和"催化",才能最终发挥其引领、统摄和型构功能。

尽管到目前为止,国家意识形态还缺乏统一、规范的对内涵、外延的厘定,但就像意识形态概念本身既含混多义又确定地存在一样,国家意识形态"包含了与语言的文化复杂性密切相关的所有问题"①。作为一个历史性话语,它承载着现代中国社会从革命话语到建设话语核心主题的变换和重构;作为一个现实性话语,它在不同时期乃至同一时段又隐含着各种内部的矛盾和张力。国家意识形态的这种结构性特征和动态机制,决定了其话语内容的流动性和话语形式的多样化。我们同时也应看到,国家意识形态是维系国家与个人关系、整合社会意识形态的"不可缺少的媒介",而"语言是意识形态的实现方式,是意识形态的寓所和载体,是意识形态的表达和传播途径"②。因此,"社会过滤器"式的语言和国家意识形态之间形成互为中介的循环结构关系,言语、语言及具体使用环境下的话语序列,通过口语、文字、影音等包蕴共享意义、价值的符号化形式,共同铸造了国家意识形态的质地,通过对不同个体、机构、族群生存空间的介入和渗融,约束、规制着大众的精神意识、思维方式及行动逻辑。

汤普森对现代意识形态理论的文化基础做过精到的分析,他认为流行的社会与政治理论借文化转型的宏大叙事赋予了意识形态特殊的作用,根据这种理论叙事,意识形态被描述成填补因宗教和魔法衰微而出现的文化真空的信仰体系;其在强调现代社会发展中理性化、世俗化的主要文化转型过程的同时,却忽略了"意义远为巨大的一个过程",即"大众传播机构的迅速扩散和传输网络的发展——商品化的象征形式就通过它们传向日益扩大的受众领域",这种"现代文化的传媒化过程"恰恰成为现代社会兴起的主要转型趋势之一。③ 而在社交媒体时代,传播活动及媒介技术对意识形态生成机制和价值功能的嵌入更为明显,基于网络社区和趣缘群体的互动、分享行为,不仅再造了传播主体、传播方式及传播心态的本体,而且还通过碎片化、情绪性的符号交换经济,重置了话语传播的具身性的结构模型和情境关系。在国家主体由单一的行政主体、权威主体走向零散化的交际、传播主体过程中,一种感性的、日常生活化的关系话语成为国家意识形态话语传播的主要形式,并在治国理政、公共外交、跨文化沟通中发挥着传导、整合和防护作用。

---

① 季广茂.意识形态[M].桂林:广西师范大学出版社,2005:12.

② 卢永欣.语言维度的意识形态分析[M].北京:社会科学文献出版社,2013:52.

③ 汤普森.意识形态与现代文化[M].高铦,译.南京:译林出版社,2005:12.

二、社交媒体时代国家意识形态的话语逻辑及竞争机制

国家意识形态，无论是作为价值观念体系还是作为社会实践方式，都具有“国家”“意识形态”的双重属性，当它作为一种传播活动时，具有明显的政治性，这一政治性既意味着国家意识形态本身对公共权力的依傍，也表征着其作为社会文化、制度设计和政治结构的衍生物和普通民众的紧密关联。正如汤普森所言，社会生活就像一个角逐场，通过文字与象征以及使用强力来进行斗争，意识形态是“这种斗争的一个组成部分”[①]。国家意识形态的创造性和构成性，就是通过不断交换的话语互动、观念竞争，获得个体或群体的肯定、理解和认同，并在政治历史进化中变革、创新的。因此，关于社交媒体时代国家意识形态话语的生成、传输、接受机制的探讨，就不能仅仅停留于意识形态文本自身，须在细读它的政治意味、价值理念及文化取向的同时，找出在技术逻辑主导的信息环境下，社会发展、认知行动及话语表达与再生产过程承载的国家意象的关系结构和话语实践，以发掘其可能的、潜在的能量。

（一）话语意蕴的公共性

国家意识形态是一个国家的政制结构、权力关系及社会秩序合法化的重要依据和精神来源，尤其在现代世俗政权替代专制皇权、宗教神权之后，国家意识形态在任何单一或多民族国家都具有辩护、宰制等多种功能，并渗透进社会政治结构和人际关系网络。在不同历史时期，彰显国家意识形态的言说方式、话语体系是否契合这个时代的主流价值信仰、多数人的生活理想，往往决定着传播话语的实际约束力及论辩的效应与效果。在政党政治中，政党意识形态与国家意识形态存在一定区别，简单地说，“政党意识形态具有鲜明的阶级性，而国家意识形态包容性更强一些”[②]；这是由政党自身的起源和性质决定的。政党意识形态是基于阶级区隔，并在不同群体之间的矛盾斗争、利益冲突中建立起来的，尽管随着全球性政治制度、经济体系的转型，不同政党意识形态的目标日益趋同、界限趋于模糊，但在一些普遍的价值理念之外，它们依然有制度安排、治国方略及建设路径的差异。而国家意识形态不仅是某一执政党政治理想、价值信仰的体现，还因与大众社会意识的关联，受到文化传统、生活习惯和现实需求等多方面因素的约束。集中体现人民大众利益的马克思主义及其中国化思想，同样需要建基于“包容性”，通过聚合政党意志、国家意志，利用新兴媒体的全民性、公共性创新实践，实现国家意识形态的有

---

① 汤普森．意识形态与现代文化[M]．高铦，译．南京：译林出版社，2005：11.

② 高新民．略论党的意识形态对国家意识形态的引导方式[J]．中共中央党校学报，2006，10(5)：25-31.

效传播。

在传统媒体时代,中国国家媒体承载着灌输主流意识形态、诠释政党政策以及引导大众舆论的责任,传播方式基本上属于一种单一化的实践路径,即自上而下地宣讲、解读和指引,受众处于学习、理解和领会的地位;国家意识形态话语以政党意识形态为纲,对传统意识形态、社会意识话语进行批判性借鉴、吸纳,所以国家意识形态体系具有教化性和统合性,催生了圆周形的传播模式。而在网络媒体尤其是社交媒体占据信息传播主要渠道的当下,互联网、物联网和移动终端的多极化、分众化、群集化的传播模式,一方面激发了话语主体的自主意识、参与意识,另一方面也在智能媒体、平台的推动下,催生了极具个人性、情绪性和多模态化的话语风格,话语体式从言语、文字、图片等简单的表意形式,走向一种链接式的技术语言和拟态性的人—机符号创制方式。社交媒体的深度介入意味着国家意识形态的话语传播不再是有代表能力的个人、机构专享的特权,而是普通网民也能拥有的社会资源;它既能强化国家意识形态传播效度,也可以成为他国集团和市场利益的传送带,挤压、消解国家意识形态的公共空间和话语权力。

(二)话语交换的象征性

社交媒体不同于传统媒体的最大特点,便是其具有可交流性,这也是构成其社会性的核心基础。交流意味着存在至少两个人之间的符号互动和赋予意义的过程,其间话语符号主体的拟态环境又直接约束了言说者现实性权力的渗入;这套"关系话语"潜在的支配能力及其对社会行动的影响,都基于象征性的话语交换,其中关于自我/他者、我们/他们的或隐或显的再现,亦隐匿着修辞性斗争。布尔迪厄说过,每一次言语行动都是一种事件的结合、一种独立因果系列的遭遇,"暗示着或者讲述确定事物的特定倾向(表达性利益)和一定的言说能力",即隐含着认知和承认的象征性交流关系,并且还是一种"象征性权力的关系"[①]。国家意识形态话语无论指向国内还是国外,因其对国家这一社会共同体的代表性和象征性,都带有极强的政治意识形态的修辞性。一直以来,现代大众传媒在以象征化手段化解冲突、协调行动、更新观念、凝聚共识方面发挥了显著的作用,甚至成为政治社会健康发展的黏合剂。只是在社交媒体时代,国家话语主体的单一化权威被众声喧哗的个体性情绪稀释之后,国家意识形态传播不只面临主流与边缘、集体与个人之间的话语张力,还因话语符号的情感化、变异性引发了话语竞争的复杂性。

互联网和社交媒体的象征化风格对国家意识形态的重新塑造,不但存在于信息传递和文化实践的技术层面,而且伴随信息技术革命对社会政制、人际环境、日常生活的改写,直接渗透进政治活动和公共治理活动。在欧美一些国家,网上募捐、竞选乃至政策推

① 布尔迪厄.言语意味着什么——语言交换的经济.褚思真,刘晖,译.北京:商务印书馆,2005:6-7.

介日渐庸常化，成为政治人物与普通选民之间的情绪互动的方式；在中国，政府和宣传机构为增加办事渠道、提高办事效率，开设政务微博、微信平台，业已成为社会管理和对外宣传不可或缺的工作内容。无论新闻报道、广告宣传、公关营销，还是人际交流，它们都运用象征化、转喻化的叙事手段及贴近性、亲民化的话语表达策略，调节大众的政治态度和道德行为，这成为国家意识形态宣传的普遍实践路径。以网络传播和社交媒体为技术基底，以消费主义、娱乐主义为动力的网络空间和后真相政治，从本质上说就是一种“话语竞争”、一种“劝服传播”①。当娱乐需求超过了信息需求、情感认同遮掩了真实认同，“修辞术博弈”成为政治传播的常态，国家意识形态话语更需要借助象征化符号和积极修辞，引导社交媒体中个人性情绪的价值取向。

（三）话语认知的具身性

话语认知是对人际传播活动中具有共享价值的符号意义的体验、实践过程，认知实践的心理表征不只是对某一语言、符号文本的细读，同时也包含前理解在内的语言经验、生活经验，即话语认知是同社会性的生存方式和生命形式联系在一起的。意识形态话语之所以具有社会整合功能，就是因为其不仅是某个具体的社会体制、政治文化的衍生物，还是人们共有的知识、价值、规范的表征体系和外化形式。国家意识形态话语的生成、传输和接受，正是源于这样一种社会认知逻辑，进而成为影响国家文化、国家价值传播效应的规约因素。网络社会和社交媒体之不同处在于，网络社会中政治文化和意识形态的话语变得更为即时、多元甚至更具语义的驳杂性和矛盾性。因为受众的离散，群集特征的模糊和个体气质、心智的差异，一种同一性、意向性的话语往往只有经由不断的修辞论辩、反诘追问才能获得主导权和传播力。对于使用社交媒体的个人来说，互动性的话语除了受大的政治文化背景的影响，还同自我的生存环境、身体环境、生理环境有关；像人工智能、机器人学，更是将技术与身体之间的距离缩短到最小，以实现思维的机器化抑或机器的人化。这种认知行为的具身属性具有“构成性、交互性的自治能力”，“对自身的状态以及与世界的交互过程进行自适性调节”②。凡此种种同社交化、移动化、感官化的社交媒体话语一起，使物质—技术　文化等多重元素耦合，对国家意识形态的真确性、政治旨趣有独特的理解和回应。

在仍处于现代化进程中的中国，国家和身体一直是“互为指代和隐喻”的物象，尤其在革命话语盛行的动荡年代，身体对于民族—国家来说，既是实践对象又是现实镜像，“身体在意识形态、社会动员和日常生活等领域表现出国家化和政治化的蕴意”③。如果说之前的身体作为国家意识形态同一性的话语认知，主要是从社会学、政治学意义上来

---

① 陈龙．修辞术博弈：“后真相时代”的政治传播症候[J]．探索与争鸣，2017(4)：18-21.

② 何静．具身认知哲学视角下的社会认知观[J]．西北师范大学学报(社会科学版)，2014(5)：24-29.

③ 赵方杜．身体政治：现代国家双重建构的镜像表达[J]．学术论坛，2013(10)：79-85.

观察和理解双方的支配性关系的话,那么社交媒体话语认知行为中的"身体意象",则更多来自媒介技术的新发展所带来的心理科学和认知传播学的进步。社交媒体虽然建基于互动交流的心理过程和行为动机,是一种社会性的媒介或平台,但它的话语组织、话语表达及话语理解,都是由身在某一情境下的个人所产生的,个体的身体包括固定的神经组织结构、不断变动的心理状态甚至其健康状况、生理机能,它们都在规制着意义的构建;尤其是移动媒体的普及、人工智能技术对感官的嵌入式应用使得物质性身体进化为技术性身体,国家意识形态的宣导机制、途径成为与日常生活内容相互渗透又相互克制的对冲力量。譬如社会主义核心价值观作为全民共享的精神信仰和观念体系,如何从国家意识形态层面的宏大叙事转变成社交媒体上的生活话语,是一个值得深入探究的话题。

三、社交媒体时代国家意识形态话语的风险防范

以启蒙理性和科学发展主导的现代性进程,是一个将物质世界和精神世界逐步数学化、机械化的过程,同时也是风险性越来越高、越来越充满不确定性的过程。全球化抑或反全球化的社会文化运动既是这种矛盾性逻辑的表征,也是其冲突性运行过程的结果。其中,信息技术革命扮演着推动性、决定性角色。社会学家贝克曾经指出,知识在社会和经济中的重要性的增长,意味着分化和冲突的出现以及控制科学研究和大众媒体的权力的博弈,"在这种意义上,风险社会同时也是科学社会、媒体社会和信息社会"[①]。网络和社交媒体的出现进一步延展了社会风险的范围和生成路径,"风险"不仅囿于环境污染、战争冲突和意识形态争议,还因政治文化的多元性、离散性特征,扩散到文化安全、媒体安全、话语安全等各个层面,并影响甚至决定着其他传统风险领域的安全。经由社交媒体传播的国家意识形态话语,一方面承续着现代社会去集体化的裂变趋势,另一方面在技术环境、文化政治和全球治理等交叉因素塑造下,呈现出更为驳杂的话语竞争图景,对风险防范亦提出了更高要求。

(一)意识形态的政策引领与话语整合

作为一个时代的具有代表性、普适性的价值信仰和实践逻辑,国家意识形态话语的意义"源于事件的心理模式,并由语境模式所控制",个人化和实例化的社会事件、网络舆情及其传播机制,"可能在态度中被组织起来,并反过来以群体共享的意识形态为基

---

① 贝克.风险社会[M].何博闻,译.南京:译林出版社,2004:52.

础”[①]，即国家意识形态通过图示化的编码，可以成为群体成员的心理表征和价值评价。中国共产党作为执政党的意识形态，集中体现了广大人民群众的利益，并以人民对美好生活的向往作为自己的执政目标，党的意识形态便是国家意识形态构建的话语基础，对国家意识形态话语方式、话语体系起着提挈、引领和整合作用。像和谐社会、可持续发展观、“一带一路”倡议和人类命运共同体命题，不仅为中国国家意识形态话语提供了核心范畴，也为世界范围内追求独立、自主发展的国家、群体或个人创构了具有普适性的表达模式、社会愿景和实践方略。在社交媒体时代，网络话语的自主性、多极化会给个人和国家带来安全风险，这就需要国家意识形态话语拥有主导性、支配性权力，通过吸纳和聚合传统文化话语、西方政治话语中有用的价值观念，在中国特色社会主义现实实践的基础上，形成“特色化”和“普遍性”相结合、具有共享意义的话语模式。

（二）媒介制度的守正创新和话语融合

从农业社会到工业社会、从乡土中国到城乡中国，中国社会的结构关系正在急剧变化和转型，信息一体化的技术现实又进一步推动了社会思想的驳杂化、娱乐化，大众的媒介使用和接受行为也逐渐从信息知晓走向信息认知，从信息获取走向信息选择。在社交媒体上，政治机构、企业组织、意见领袖和个人都在依凭各自的思考、体验发声，这可能随时引发危机事件和网络舆情。国家意识形态话语成为多种集聚性或对冲性力量的中心点或集散地。“守正”意味着国家意识形态理应与主流意识形态形成扶持关系；同时，社交媒体的“社会性”“交际性”，意味着传统宣导、教化性话语的衰落，加上网络技术、人工智能技术等的嵌入，必然导致话语修辞的亲缘性和接近性。现代社交媒体超越传统媒体的功能之一，便是“使任何人都能轻而易举地迅速与他人分享信息，因此使普通人获得了集体设置议题的力量”[②]。不同的组织、机构、个人会使用不同的话语符号承载有倾向性的语义内容，多模态性话语不再停留于不同媒介，而是通过跨媒介、融媒介的方式，推动思维融合和话语融合。以深度融合消弭主流媒体和社交媒体之间的话语缝隙，是保持国家意识形态话语权威性、传播力，防范话语风险的必然路径。

（三）国家利益的势能提升和话语规制

国家意识形态安全是国家安全的重要组成部分，国家意识形态话语风险的防范是国家整体风险防范体系的有机内容。只有“立足国际秩序大变局来把握规律，立足防范风险的大前提来统筹，立足我国发展重要战略机遇期大背景来谋划”，才能掌握“战略主动

---

① 贝尔，加勒特. 媒介话语的进路[M]. 徐桂权，译. 北京：中国人民大学出版社，2016：33.

② 斯丹迪奇. 从莎草纸到互联网：社交媒体 2000 年[M]. 林华，译. 北京：中信出版社，2015：349.

权”[①]。所谓“大变局”“大前提”“大背景”,归为一点就是以“我”为主,以中国的“国家利益”为立足点,审时度势、防范可能遭遇的各种风险。近年来,随着网络传播和社交媒体的兴盛和普及,移动传播、微传播日益占据新闻传播、文化传播和政治传播的主阵地,其间也夹杂着不和谐的声音,譬如对文化历史的歪曲、对英雄人物的贬损、对社会正义的戏谑等,这些内容充斥于各类社交媒体、平台,甚至引发大的舆情;在国家传播方面,崇拜西方政治制度、价值信仰的现象亦普遍存在。这些现象致使国家意识形态的话语空间被压缩,话语意义被稀释,甚至处于低势能的状态。只有增强国家意识形态的话语权,提升国家意志、国家利益的势能,用新概念、新话语引领和规制社交媒体的话语场域,才能有效应对“黑天鹅”“灰犀牛”事件,维护国家意识形态话语的主导权。

总之,全球化、信息化的进程正在改变着大众的身份意识、价值观念和生活方式,也影响了国家意识形态的话语范畴、话语行为和话语体系,并且媒介传播、运行机理、接受效应等方面都发生了相应的、革命性的变化。社交媒体在其发生、发展过程中,不只在信息沟通、商业营销方面给人类带来了新的结构范式,也对政治社会尤其是国家意识形态话语的生产、传播进行了新的现代性规划,呈现出迥异于传统意识形态的竞争性话语图景。就像曼海姆所言:“语词不仅使我们与过去的全部历史紧密联系起来,同时也反映现在的总体性。”[②]当下中国在世界舞台上的话语权提升,但也面临着各种风险的侵袭,如何在日益复杂化、多极化的全球政治格局中形成表征国家利益的话语竞争力,是不可回避的话题。

(作者系安徽师范大学新闻与传播学院教授)

---

① 把维护国家安全的战略主动权牢牢掌握在自己手中[M]//习近平谈治国理政:第二卷.北京:外文出版社,2018:382.

② 曼海姆.意识形态与乌托邦[M].艾彦,译.北京:华夏出版社,2001:93.

从“萨帕塔”到“黄马甲”

——全球社会运动的后现代政治传播策略分析

◇ 马立明　许　静

一、问题的提出

冷战结束以后，全球化进程的加速使得“世界范围的社会、政治以及经济权力关系实现了前所未有的制度化和组织化”①，世界面临着“从国际政治到世界社会”②的变迁，“以民族一国家为主体的国际传播开始被更具有广泛性和包容性的全球传播替代”③。以互联网为代表的新媒体技术的发展，进一步促进了全球行动主义(global activism)的崛起，全球化进程中非国家行为体增多，以民族国家为主体的、体现西方现代性的传统国际关系遭遇了后现代主义及后现代政治的挑战。

后现代主义作为20世纪后期的一个世界性文化思潮，曾深刻地影响了人们对现代性的看法。后现代的“后”，既是关于历史阶段的序列符号，也有“更加”的意思。“后现代主义要否定的并不是现代主义的存在，而是它的霸权，不是它的优点，而是它的局限”。④从20世纪80年代开始，西方国家关系学界出现了一个松散的后现代主义的观念联盟，其对正统国际关系理论进行了批判和反思。后现代主义国际关系学者认为，传统国际关系理论植根于西方的现代性，而现代性的一个特点是二元对立，如人与人的对立、人与自然的对立，在国际关系方面则是国家与国家的对立。后现代国际关系学者认为，“现代范式”的传统国际关系理论使得强制性的力量成了一切变化的基础，使社会达尔文主义的残酷无情变成了一种现代伦理。国家追求自我利益仿佛“天经地义”，甚至认为只有这样

---

① 赫尔德. 全球大变革：全球化时代的政治、经济与文化[M]. 杨雪冬，译. 北京：社会科学文献出版社，2001：620.

② 庄礼伟. 公共领域、价值论争与国际关系研究：美伊战争周年感言[J]. 世界经济与政治，2004(7)：68-71，7.

③ 吴飞. 国际传播的理论、现状和发展趋势研究[M]. 北京：经济科学出版社，2016：126.

④ 格里芬. 后现代精神[M]. 王成兵，译. 北京：中央编译出版社，1998：19.

才能获得整体的利益。“现代范式”的唯物主义自然观过于物质化而缺乏“内在价值”,这加剧了个人与个人、公司与公司、国家与国家之间的竞争,还加剧了把世界的其他部分尤其是妇女和“未开化者”仅仅看作全然缺乏内在价值和神圣性的他者和客体的观念。“现代范式”中的人性观片面强调物欲,强调人的接受价值而非创造价值,“现代范式”在处理同弱小国家关系方面,也往往忽视这些弱小国家的独立性和尊严。后现代主义则强调人类的创造性价值和彼此尊重。“现代范式”中的非生态观、非关系性的存在观也对国际关系产生了不良影响。所谓生态论的观点,就是认为个人都彼此内在地联系和相互依存,为他人的利益工作,就是为自己的利益工作。① 简而言之,后现代国际关系理论的重心就是要颠覆国家在传统国际关系理论中的“霸权”②。这些后现代理论为全球化进程中新出现的许多非国家行为体和全球行动提供意识形态和观念引导,也促使人们关注跨国NGO和新社会运动,以及民众的非暴力对抗等后现代政治。

萨帕塔运动是1994年至2006年活跃于墨西哥的为印第安土著争取权利的运动。借助于互联网以及种种体现后现代政治的传播策略,以副司令“马科斯”为代表的萨帕塔军,将该运动从最开始的游击战逐渐发展为一个大规模的非暴力抗争运动,获得了国际社会极大的关注和支持,戴锦华称之为“第一次后现代革命”③。斗争的结果是实现了萨帕塔占领区的自治,促使执政71年之久的墨西哥革命制度党在大选期间失去政权,而且萨帕塔军也成为在地方、国家以及国际舞台上的一个重要的政治行动者,并对墨西哥的政治走向产生了持续的影响,直到今天仍有余波。

自2018年11月开始的“黄马甲运动”在法国持续进行,这对执政者来说是巨大的压力。运动的导火索是马克龙政府宣布增收柴油税,增加燃油成本(6.2%),此举引发了广大民众,尤其是底层民众的不满。经过一定规模的网络动员,数以万计的抗议群众身着“黄马甲”出现在巴黎街头。随着法国黄马甲运动的深入发展,在其他国家,比如英国、德国、西班牙、美国等都出现了身穿黄马甲的抗争者,这意味着全球抗争联盟已经形成,抗争对象则包括现实层面与观念层面的对象,包括马克龙政府和政府所代表的旧经济秩序、资本主义生活方式、精英主义和全球化等一系列实体或概念。

从“萨帕塔”到“黄马甲”,反映了全球社会运动的兴起。赵鼎新指出,近代西方社会中权力集中的民族国家的产生,和以社会化生产为目的的资本主义经济的发展,根本上改变了民众的生活,导致了集体性抗争事件的剧增,以及社会运动和革命的兴起。全球社会运动与传统社会运动最大的不同在于“运动所针对的对象不是国家和国内统治阶级”,而是在全球化进程中产生的种种经济、社会和政治问题。④因此本文认为,关于全球

---

① 格里芬.后现代精神[M].王成兵,译,北京:中央编译出版社,1998:213-230.

② 庄礼伟.后现代主义对国际关系研究的启示[J].世界经济与政治,2005(7):43-49.

③ 戴锦华,刘健芝.蒙面骑士:墨西哥副司令马科斯文集[M].上海:上海人民出版社,2006:3.

④ 赵鼎新.社会与政治运动讲义[M].北京:社会科学文献出版社,2006:294-295.

社会运动的研究无法套用以民族国家为基础的"现代范式",必须将全球社会运动视为世界政治的某种过程,纳入全球后现代政治或全球治理的理论框架中。

萨帕塔运动和黄马甲运动都具有全球社会运动的后现代政治传播的典型特点。它们都属于非国家行为体的草根行动,都具有跨国传播的特点。它们的抗争诉求都超越了国家,而以"人民"之名,将矛头指向"全球化"与"资本主义";它们都充分利用话语、符号、后现代景观和新媒介等资源进行社会动员、身份建构和协同行动,虽然具体的利用方式更具社会文化特性。

传播学属于交叉学科,现实中的传播研究常常在其他学科的主流理论框架下做理论与实际结合的"中层研究"。传统的国际关系理论以现代民族国家为研究对象,因此福特纳认为,"国际传播的起点应该是在欧洲民族国家形成之后,(国际传播)是以国家作为主体的跨越国界的信息传播活动"[①]。伴随着全球化进程,大量的非国家行为体如国际组织、跨国公司等,都成为参与国际传播的主要行为者,其中也包括以非政府组织的"新社会运动"为主要标志的全球公民社会。按照俞可平的简单定义,"公民社会是国家或政府之外的所有民间组织和民间关系的总和"[②]。所谓"全球公民社会",则与之类似。"之所以称之为全球的而不是国内的公民社会,不仅是因为那些联系穿越了国界并在全球的、非领土的区域运作,更因为它是全球公民社会成员据以行动的'全球意识'日益增长的结果。"[③]由此说来,全球传播研究是否应该强调对全球传播现象的关注,从而确立本领域的知识体系范畴?还是仅仅以国家为主体,围绕国家政策做传播研究,以体现实用价值?即使从国家政策出发,理解和把握全球社会运动中的传播策略并加以创造性利用,也有利于传播和维护国家形象。如果能进一步,将全球社会运动纳入全球治理的常规政治框架,最大限度地减少其破坏性,也有利于确立和维护正常的国际政治经济秩序,实现全球"善治"。

二、后现代政治

1956 年出版的《政治行为》(*Political Behavior*)一书首次论述了"政治传播",并把"政治传播"看成介于"正式的政治制度"和"公民的选举行为"之间,"使政治影响得以发挥和传递"的三种"干预过程"(intervening process)之一。[④]可以看出,这一定义是在传统政治的定义基础上形成的。但是后现代政治哲学家们在最基本的层面改变了现代以来

---

① 福特纳. 国际传播:全球都市的历史、冲突及控制[M]. 北京:华夏出版社,2001:10.

② 俞可平. 中国的公民社会[J]. 清华大学公共管理学院 NGO 研究所简报,2001(13):40.

③ RONNIE D. Lipschutz and judith mayer, global civil society and global environment governance: the politic of nature from place to planet[M]. Albany: State University of New York Press, 1996: 53.

④ EULAU H, ELDERSVELD S J, JANOWITZ M. Political Behavior[M]. New York: Free Press, 1956.

以经济、政治和文化三分法理解的板块化的政治概念。在他们的思想中,政治不再被理解为建立在经济基础之上的社会存在的一个领域、一个方面,不再是围绕着民族国家和公共权力展开的实体性概念,因此他们也不再关心权力分配、制度设计等现代政治的基本主题,而更多关注支配性关系在生活领域中的全面贯穿。

福柯将支配性的权力看成关系建构的本质维度和力量,"话语—权力—身体"构成了一幅三位一体的福柯政治思想图景。利奥塔则在他的《力比多经济学》中揭示了统治关系的存在,揭示了权力因素在知识话语生产中的作用。萨义德通过《东方学》的研究揭示出"正是文化霸权,赋予东方学以我一直在谈论的那种持久的耐力和力量……在18世纪晚期开始形成的欧洲对东方的霸权这把大伞的荫蔽下,一个复杂的东方被呈现出来"①。安东尼奥·吉登斯则从美国新社会运动的案例入手,认为来自民间的"共意性"运动旨在追求一种全新的秩序,这种运动颠覆了传统的政治秩序,以象征性的政治符号寻求共识。

德勒兹进一步明确了"后现代政治"的轮廓:他把政治分为宏观政治与微观政治。宏观政治主要是指那些把国家、政党、议会、阶级、民族、制度等当作政治活动对象的政治;微观政治则指那些把身体、情感、性、欲望等微观元素作为关切对象的政治。同时,德勒兹倡导一种"游牧政治":"游牧民,义无反顾地与强大的国家机器做最后一搏,试图逃脱国家机器的重围,而任自己自由地游荡"②。

哈特和奈格里敏锐地发现了后现代政治中的反抗:"在多国资本吸纳之下的农民阶层、(后)殖民地的无产阶级、主要资本主义国家的大工业的工人阶级和各地无产阶级知识分子的新阶层,都趋向于一种在全球化的控制体制的工厂——社会剥削下的共同状态,不同的斗争汇合起来,反对一个共同的敌人:国际规训的秩序。一种对象的统一性建立了起来。"③

孙培军指出,国际和全球社会中,20世纪80年代以来在世界范围内兴起的市场化改革,特别是90年代以互联网的应用和普及为标准的全球范围内的信息技术革命和信息网络化趋势,把许多原来在民族国家范围的社会运动变成了全球化和反全球化运动的一部分,它们以空前的规模在全球范围内的现实空间和虚拟空间蔓延开来。④

相比于在全球化进程中出现的诸如绿色和平组织与麦当劳公司等具有精密结构与行为准则的实体,那些松散的但是价值观一致的联盟可以被称为"准行为体"。它们处于虚实之间,它们分散在各个国家的共同体内,很可能没有严格的组织结构,没有统一的名字,目标有时也比较游离,它们有点类似德勒兹所言的"游牧民"。⑤它们是反结构的,也是

---

① 萨义德.东方学[M].王宇根,译.北京:生活·读书·新知三联书店,1999:10.

② 德勒兹.哲学与权力的谈判:德勒兹访谈录[M].刘汉全,译.北京:商务印书馆,2000.

③ 哈特,奈格里.帝国:全球化的政治秩序[M].杨建国,范一亭,译.南京:江苏人民出版社,2003:239.

④ 孙培军.抗争、民主与治理:全球治理下的抗争政治研究[J].太平洋学报,2010,18(4):21-27.

⑤ 许丽萍.告别解放与自由的神话:论后现代政治的基本思想与精神[J].浙江大学学报(人文社会科学版),2009,39(2):28-34.

反建制的，以游离性为重要特征。它们大部分时间以亚文化形式存在，比如暗语、地下音乐、民间戏剧、涂鸦文化、恶搞与反讽等方式，悄悄地“反抗”主流。这种反抗是柔软的、坚韧的，类似于“弱者的武器”，是一种无所不在的日常抗争。但是在某个特定时刻，这种“亚文化准行为体”会突然在某一符号、某一口号之下实现高度组织化、实体化，成为一股足以影响舆情的抗议力量，从观念上粉碎目标对象（比如政府、企业）的合理性与合法性。从某种意义上说，这种新生行为体是快速的、激进的、带有抗争色彩的，同时也是易碎的、快速消耗的。它们发展的特征是：(1)拥有完整而激进的意识形态话语建设；(2)有统一的口号、符号与剧目；(3)规模迅速扩大，在短时间内形成大规模的抗争队伍；(4)高度依赖媒介，通过网络实现协同行动；(5)因运动而产生巨大爆发力，从而实现对目标的摧毁。相比于绿色和平组织、可口可乐等公司，这种游离于虚实之间、踪迹如同幽灵的行为体具有强大的爆发力，可“与强大的国家机器最后一搏”，足以对国际秩序产生巨大影响。从转化的那一刻开始，后现代的“游牧民”就成了“庞然大物”，并为实现政治诉求而制定特定的抗争策略。

萨帕塔运动、黄马甲运动都有点“游牧政治”的影子。这种后现代政治抗争，都将目标指向现代主义——资本主义控制下的全球秩序。约翰·罗斯就将萨帕塔运动形容为一次“想象力革命”，因为它从一次军事革命转变为寻求共意、寻求认同的“网络游击战”[①]。而黄马甲运动也越来越带有此类特征，其抗争者与抗争对象不断漂移，并被形容为“从来未有之物”[②]。在资本主义全球化的宏大叙事中，来自底层草根民众的后现代抗争成为“温柔而狂怒的影子”，有温柔的一面，但也足以形成排山倒海的抗议声浪。它遵循一系列的“道德语法”[③]，看似无形的、即兴的策略实际上是有形的、精心安排的。

三、萨帕塔运动与黄马甲运动的传播策略分析

全球化在带来机会全球化的同时，也带来了风险全球化。人类社会面临着比以往任何时候都多的风险，如大规模失业的风险、贫富分化加剧的风险、社会冲突的风险、制度变迁的风险、生态风险，以及在经济增长过程中被制造出来的金融风险、科技风险等。[④]这些风险与威胁往往更加隐蔽，也更加复杂。为应对多重的社会风险，抗争运动变得更加灵活和多样，这就是抗争日趋后现代化的首要逻辑之一。

---

① ROSS J. zapatistas[M]. New York：Nation Books Press，2006：22-27.

② 斯蒂芬斯.“黄背心”给马克龙上了一课[EB/OL].（2019-01-29）[2019-04-01]. http：//www1. ftchinese. com/story/001081266？ archive＃adchannelID＝5000.

③ 刘涛.情感抗争：表演式抗争的情感框架与道德语法[J].武汉大学学报（人文科学版），2016，69(5)：102-113.

④ 孙培军.抗争、民主与治理：全球治理下的抗争政治研究[J].太平洋学报，2010，18(4)：21-27.

后现代抗争运动一直如幽灵般萦绕于以现实主义与实力政治为框架设立的国际社会中,并成为当下国际结构中的变量。它们一般以抽象形式出没于特定场域,如流亡、背离、游牧、狩猎。它们一直做布朗运动,不自觉地在边缘制造微型冲突。相比于瞄准"现实权力"的现代政治,后现代抗争采取的是截然不同的策略与路径,具有目标游离、策略多样、行动中存在媒介景观等特点。

如前文所述,它们反抗的是现代主义中的"霸权",但又不可避免地受现代主义的影响。但总体而言,它们遵循一定的道德和情感语法,刻意避免成为自己所反对的现代霸权。它们采用较低的姿态,谨慎地克服理性的狂妄以及对力量的崇拜,同时与权力保持绝对距离。它们的抗争策略集中于话语、符号、视觉装置等方面,以"表演"为主要方式。杨国斌指出,主要的抗争逻辑就是建立一套以情感调动为目标的战术(包括悲情与戏谑),将受众争取为同盟。全球媒介的便利化可以使抗争效果倍增。①

(一)话语策略

奥斯丁说,书面和口头交流不是中立、被动的陈述,"话语"本身会行动,对我们生活于其中的世界具有极强的形塑作用。② 在社会运动中,话语的建设具有双重意义:一是在观念层面进行突击,瓦解现代主义的霸权;二是实现对实际行动的指导,通过口号、标语等让人们形成共识,并组成松散的价值观共同体,令这一共识成为某运动的全球共识。

萨帕塔军在运动期间,借助互联网向国际社会公开发声,通过《我们都是萨帕塔人》《第一次丛林宣言》《那一刻,我们摸到了天》等多篇精彩的文章,建构了完整的话语策略。其中有不少名句:"受够了就是受够了""另一个世界是可能的""我们是资本计算中的零""戴上面具,你就是萨帕塔人"③。萨帕塔军的话语策略是:(1)讲述印第安人的悲情故事;(2)对政府、主流社会及新自由主义提出愤怒控诉;(3)提出"另一种可能"。这些话语表现出对多元主义的倡导与渴望,强调了文明多样性与社会发展多样性的可能。

黄马甲运动者的话语资源主要来自新民粹主义话语(new-populism)。新民粹主义经过几年的激进运动与社交媒体讨论,形成了一套基本稳定的意识形态:主张平等,强调劳动者地位,反精英,反全球化,反移民,反欧盟,反资本主义,等等。在抗争中,黄马甲运动者提出了不少共同的口号,如"我要活,不要幸存""种下悲惨的人收获愤怒""我们是狮子,不是驴""马克龙,还我钱"。除此以外,还存在着两个在地因素:一是2015年一系列恐怖袭击后对于法国多元主义的反思;二是2017年法国大选中马克龙的政敌、法兰西阵

① 杨国斌.悲情与戏谑:网络事件中的情感动员[M]//邱林川,陈韬文.新媒体事件研究.北京:中国人民大学出版社,2011.

② 吉登斯,萨顿.社会学基本概念[M].王修晓,译.北京:北京大学出版社,2019:5.

③ 戴锦华,刘健芝.蒙面骑士:墨西哥副司令马科斯文集[M].上海:上海人民出版社,2006:333-340.

线的领袖玛丽·勒庞(Marine Lepen)的一系列关于民粹的政治动员。黄马甲运动的道德语法是:(1)关于法国劳动者的悲情叙事,强调劳动者肩负的沉重生活负担及就业的艰难;(2)对现状的批判。既要求代表中上层阶级中心主义的马克龙辞职,将权力还给人民,也反对资本主义全球化制度;(3)提出新的可能,探寻法兰西价值及其他国家共识。黄马甲运动是一次底层人民发起的新式社会运动。一方面,它具有现实的对抗性,它旗帜鲜明地反对当下的精英政治与贫富分化,强调民间视角。另一方面,它也具有共意性,它力图建构一种共有的观念:对资本主义与全球化(区域化)的否定、对新式社会模式的倡导、对"另一种世界"的可能性的探索。

由此可见,萨帕塔运动与黄马甲运动遵循的道德语法是相似的,都是:强调痛苦(引起同情)——愤怒控诉(激起愤怒)——提出倡议(抛出希望)。话语策略的逻辑越是严密,就越能引起受众的共鸣。受众的参与是感情升华的结果,它足以在观念上摧毁现代主义霸权的合法性,很容易在观念世界中被置于对立面。同时,同情、愤怒与希望等复杂情绪交织在一起形成行动的共同意志,又有助于现实世界中的抗争运动。

(二)符号策略

符号的用途是表达意义,意义必须用符号才能表达。罗兰·巴特发现符号与意义在不断行走、试探、逃避与接触。[①] 福柯在 1969 年关于认识论的名著《知识考古学》中说:"我们可以把使符号'说话'、发展其意义的全部知识,称为阐释学;把鉴别符号、了解连接规律的全部知识,称为符号学。"[②]在抗争运动中,给复杂的抗争话语加上直观的视觉概括,就得到了符号。值得一提的是,所谓的符号有时超越了图形,以象征品的面貌出现,这种象征品本身也成为一种更为具体的符号,比如玫瑰花的图案本身是一个符号,但如果在特定场合中携带着一朵玫瑰花,玫瑰花本身也符号化了。

萨帕塔军的诉求已经超过了现实利益层面,变成一种综合的意识形态。为了更好地宣传萨帕塔主义,他们尝试以更具视觉冲击力的符号进行表达。因此,面罩发展成为萨帕塔运动的符号。在被问到为什么要戴面罩时,萨帕塔军说"我们戴上面具,是为了引起你的注意",这与印第安人的边缘属性一语相关。[③] 由于印第安人平日被主流社会忽视,成为"可以随意抛弃的部分",因此当他们戴着面具出现在公众视野之际,他们获得了所有人的注视。其首领"副司令马科斯"在回答记者提问时,将面具作为抗争的符号。"马科斯是谁?你来到镜子前,戴上面具,你就是我。"这句传播甚广的话成功地将面具与抗争进行了"意义的锁定"。萨帕塔运动也被称为面具运动。

符号也可以为运动命名。在法国黄马甲运动中,显著的符号策略成为该抗争的重要

---

① 巴特.符号学原理[M].李幼蒸,译.北京:中国人民大学出版社,2008:188.

② 福柯.知识考古学[M].谢强,马月,译.上海:三联书店,2003:33.

③ 刘学蔚.从萨帕提斯塔运动看边缘人的媒体策略[J].武汉大学学报(人文科学版),2011(6):132-136.

标识:作为统一服饰的黄马甲,正好与建筑工人的服饰相吻合,它很大程度上表明了抗争的主体——劳工阶层。黄马甲与工人阶层实现了“意义的锁定”,这与其目标——反资本主义、反精英等立场相一致,鲜明的角色设定一下子确定了抗争剧目中对立的双方,这令剧目本身保持着冲突的景观性,也是黄马甲运动持续进行的原因。

这几年来,新民粹主义运动多次出现于西方社会,包括美国的“占领华尔街”、英国的“占领伦敦”、西班牙的“愤怒者运动”等,但这次黄马甲运动的规模可以说远远超过以往的任何激进运动,其原因是符号大大拓展了运动的边界。

(三)景观(剧目)策略

抗争剧目(repertoires),就是以抗争为核心进行的一系列戏剧性表演。在媒介化抗争的语境下,抗争不仅是一个武装角力的过程,更是一个争取舆论制高点的过程。话语、形象、符号都承担一定的意义,成为说服的工具,以达到获得舆论制高点的目的。[①] 而剧目,作为一个舞台艺术,同时也是争夺视觉注意的“展面”。但是,这个剧目并非纯粹的舞台表演,而是自己安排的事件、一个以时代为背景的表演。剧目的基础是话语与意识形态,它综合了偶像和符号,还有台词和文本,可谓视觉抗争的集大成者。如果算上听觉上的刺激——演说、口号与音乐,那么抗争剧目则算得上规模最集中的“抗争综合体”。

萨帕塔运动创造了很多抗争景观,其中最大、最引人注意的是抗争偶像——“副司令马科斯”的打造。这位萨帕塔军发言人因为表演性的打扮与言行,迅速被塑造为公共景观。伴随景观的是一系列开放的问题,如身份、动机、目标、行动策略等。作为景观本身的“副司令马科斯”通过一系列“想象力行动”维系着抗争剧目的开展,包括释放人质、猜谜游戏、召开世界性的大会、撰写抗争文本、进军墨西哥城、参与拍摄电影、与知名球队踢友谊赛等。萨帕塔军的抗争剧目带有明显的表演性,并一直保持着与抗争对象的紧张关系,将萨帕塔运动变成一部旷日持久的“抗争连续剧”。

黄马甲运动同样采用了景观策略,力图吸引媒体的关注。抗争者受新社会运动的启发,定期于周末举行活动,从而形成“抗争连续剧”。至本文写作阶段,运动已经进行到第19周。由于黄马甲成员来自民间,因此他们可以准时出动,占领城市地标建筑,比如凯旋门、埃菲尔铁塔、香榭丽舍大道等。运动中上演的剧目有:穿着黄马甲举行婚礼、走秀、表演话剧等。运动本身充满想象力、具有美好的寓意,并表现出对现代主义的反讽。但可惜的是,不少抗争者在盛怒下使用暴力,对商铺进行打砸抢,并没有遵循相应的“道德语法”[②]。这令黄马甲运动的名声受损,抗争者被马克龙指责为“暴徒”。但同时,爆发于荷

---

① 蒂利,泰罗.抗争政治[M].李义中,译.南京:译林出版社,2006:23.

② 阿格纽.黄背心抗议再度升级,马克龙面临压力[EB/OL].(2019-01-29)[2019-04-01].http://www1.ftchinese.com/story/001081910?archive#adchannelID=5000.

兰、加拿大等国的黄马甲运动则表现出较佳的自控力与组织性，坚持采用非暴力的抗争手段。

（四）媒介策略

传播媒介是底层抗争运动中重要的变量。话语、符号、景观等内容产品需要通过媒介呈现，才能触达受众，影响人的行为。抗争的动员过程，就是一个需要媒介协同操作的过程。从下至上的抗争运动，一开始只是零星火苗，要变成熊熊烈火，必须经历一个“传播”的过程。如果说抗争话语是抗争的火苗，那媒介就是氧气。抗争话语与抗争策略如果实现了“从 0 到 1”的突破，那么媒介足以让火苗变成烈火，实现“从一到万”的几何级上升。纵观人类的抗争行为，抗争方式的浓郁的暴力色彩慢慢褪色，抗争逐渐成为非暴力的抗争。“去暴力化”“低成本化”的成功抗争是抗争手段不断升级的指标之一。其中，媒介的升级、通讯的发达、内容传播速度与效能的提升，是抗争手段变化的直接原因。相比过去“Action at once”的号召，如今的抗争手段更加多样，抗争也告别了以往的肉搏、血拼，甚至付出生命代价的高成本阶段。但对媒介的使用，依然是一个非常专业的行为。在萨帕塔运动中，精通媒体运作规律的知识分子领袖通过与媒体从业者的交往获得媒介的制高点，使这一运动轻松地进入国际传播的视野。

在败走丛林之后，被政府军封锁的萨帕塔军只能通过媒介主动向公众发声。通过一系列媒介化活动，“副司令马科斯”与墨西哥本地媒体、神职人员群体建立了良好的互动关系。同时，通过与美国导演奥利弗·斯通，法国公益活动家达尼埃尔·密特朗，法国著名专栏作家、学者雷吉斯·德布雷的交往，马科斯与国际知名媒体建立了直接联系，并通过他们宣传萨帕塔运动。① 与此同时，马科斯主动经营自己的网站，并发布大量网络文章，以塑造萨帕塔军的公众形象。媒介在此刻成为抗争剧目的表演舞台，现代媒体成为表演舞台的延伸。

黄马甲运动的主要发声平台是社交媒体。随着移动网络的发展与社交媒体的普及，全世界的推特用户超过了 20 亿。对于西方发达国家而言，更是全民进入“推特时代”。推特从早年的精英阶层专属言论区变成全民公共讨论场，并变得草根化、大众化，甚至变成极端思潮的温床。如玛丽·勒庞等一些“网红政客”尝试借助推特推行民粹主义言论，并得到大量草根民众响应。社交媒体为民粹主义的扩张提供了技术途径，并形成信息茧房，不断强化反资本主义、反精英、反全球化的话语，这提升了底层民众的行动能力与组织能力，其动员效果远远强于萨帕塔运动所处的时代。目前而言，黄马甲运动由于组织性不强，并没有具体的媒介策略，每个参与者都使用当下流行的社交媒体进行言说，包括 Facebook、Twitter、Instagram、YouTube 等。尽管策略性不强，但由于黄马甲运动拥有

---

① 董经胜. 玛雅人的后裔[M]. 北京：北京大学出版社，2009：226.

非常理想的传播环境,因此它的传播效果比媒介策略优异的萨帕塔运动更佳。在实现"走向公共"的目标上,他们比萨帕塔军走得更远。

四、结论和讨论

当今世界正在发生深刻的变革,现代传播技术影响下的政治传播现象纷繁复杂,以民族国家为主体的国际传播和现代国际关系正在向全球传播和后现代国际关系转变。以萨帕塔运动和黄马甲运动为代表的全球抗争政治属于全球公民社会的一部分,是数字媒体时代全球行动主义兴起的典型表现。"全球化与反全球化构成了当今全球社会运动的两个方面,也是全球社会运动的实际内容。"①全球社会运动以多种形式展开,但仍有共同的传播策略机制和政治机遇结构。按照蒂利和塔罗的观点,两种因素对全球社会运动的机遇结构产生影响:"(1)国家、政府官员以及非国家行动者之间的横向联系日益增多;(2)国家、政府官员和非国家行为者与国际机构和国际组织之间的纵向联系日益增加"②。这样的联系发生在"一种新世界秩序"的框架之内。因此,如何理解这种新世界秩序,就成为理解全球治理的关键。

如果我们仍然坚持以民族国家为主体的传统国际关系理论,那么全球治理就很容易被视为最强大国家主导下的世界政府或联邦主义。正如赫尔德和马克格鲁(Held & McGrew)所说,最强大国家倡导全球治理总是以其自身的利益为出发点。因此,作为全球治理的国际规制在原则上缺乏独立的权力,其作用主要是保证居支配地位国家或国家联盟的利益。③全球社会运动为国际社会底层的个人和组织提供了影响国际政治的参与机会,大部分全球社会运动所宣称的国际道义、全球正义等对不公平的国际秩序具有一定的矫正作用。从人类命运共同体的观念出发,应当重视全球社会运动对新世界秩序的影响和作用;从政治传播视角进行的研究,应有助于相互的理解和尊重,以及新的多层次的全球治理机制的产生,以实现全球"善治"。

(作者马立明系暨南大学新闻传播学院副教授;
作者许静系北京大学新闻与传播学院教授)

---

① 孙培军. 抗争、民主与治理:全球治理下的抗争政治研究[J]. 太平洋学报,2010,18(4):21-27.

② 蒂利,塔罗. 抗争政治[M]. 李义中,译. 南京:凤凰出版传媒集团,2010:76.

③ 赫尔德,马克格鲁. 全球化与反全球化[M]. 陈志刚,译. 北京:社会科学文献出版,2004:64.

省思“一带一路”倡议的海外媒体传播

——基于媒体报道文本主题挖掘的分析

◇ 周培源 姜洁冰

威斯特伐利亚体系建立以来，围绕民族国家这一主要行为体形成的国家间关系一直处于国际政治舞台的中心。政治离不开传播，国家间政治离不开国际传播。国际关系领域的思潮迭代、理论争鸣，为我们提供了理解和把握国际传播的不同维度，但长期以来少有中国理论和中国视角的身影。2013 年“一带一路”倡议的提出，至少从实践层面打开了新的窗口，有研究者称之“开启了国际传播的 3.0 时代”。① 从现实效果看，倡议提出六年多来，共建“一带一路”及其核心理念被写入了联合国等重要国际组织的成果文件。截至 2019 年 7 月底，中国政府已与 136 个国家和 30 个国际组织签署 195 份政府间合作协议，范围由亚洲地区延伸至非洲、拉丁美洲、南太平洋、西欧等相关地区。除此之外，我们还发现，“一带一路”的价值理念也逐渐得到了世界范围内的认可，从“冰上丝绸之路”“数字丝绸之路”，到中巴经济走廊、中缅经济走廊，还有“蓝色经济通道”“空中丝绸之路”等，一大批项目、计划都选用带有鲜明“一带一路”色彩的名称命名，彰显了倡议本身的价值感召力。

据中国一带一路网数据，2017 年全年，“一带一路”三大热词(丝绸之路经济带、一带一路、21 世纪海上丝绸之路)被提及 3.77 亿次，互联网相关发文量 399 万篇。② 基于这样的数据面，本文想追问：“一带一路”的海外提及量、发文数量几何？学术研究针对这一实务型话题，如何发挥学术研究的功效，实现理论与实践的对接？现有的很多研究结果实际上存在结论重叠甚至相互抵触的情况，比如针对“一带一路”海内外舆情态势，就有人归纳出肯定的舆论：高度共识，寄予厚望；疑虑的舆论：统筹协调，障碍重重；消极的舆论：态度敌视，鼓吹“阴谋论”；等等。这当然是研究对象的复杂性决定的，但也正是因为存在多种切入的可能性，所以价值论容易偏移。因此作为一次学术思考，本文将立足现实数据，实事求是地审视“一带一路”倡议六年多来的海外媒体传播概况，并就传播实践和学

---

① 王义桅：理解“一带一路”的三个维度[N]. 光明日报，2017-03-04(12).

② “一带一路”数据观|“一带一路”的 2017[EB/OL]. (2018-01-12)[2018-09-01]. https://www.yidaiyilu.gov.cn/xwzx/gnxw/43662.html.

术研究之间的错位现象进行思考,从工程传播这一跨学科视角提供新的“一带一路”倡议的海外传播思路。

一、“一带一路”倡议的海外传播数据面

首先需要指出,不少以往的研究通常用“传播效果”代替本部分,实际上,主要指标还是提及/发文数量以及简单的高频词提取或情感分类。本文认为,“一带一路”的“传播效果”评估是个庞杂的工程,其影响因子、影响机制复杂,所谓“效果”和“数据面”之间不存在充要逻辑关系。故本部分将实事求是地采用“数据面”的提法,以谷歌趋势(Google Trends)、中国境内媒体的英文报道数据以及境外英文媒体的报道数据为主进行阐释。

(一)谷歌趋势下的“一带一路”与“中国梦”

谷歌趋势通过分析谷歌的全球海量搜索结果,呈现特定关键词在谷歌引擎中被搜索的频率和统计数据,图1中的数据是自“一带一路”倡议提出以来,谷歌全球网页相关关键词被搜索频率的走势。从总体上看,我们不难得出结论,相较于“中国梦”的稳定搜索表现,“一带一路”在全球搜索中经历了几个重要节点:第一个关键点是2015年3月前后,“一带一路”被搜索频率首次与“中国梦”基本持平,而后近两年时间内,两者数据面处于轻微波动状态;第二个关键点是2017年5月,“一带一路”国际合作高峰论坛召开期间,被搜索频率达到首个高峰;第三个关键阶段是随着论坛的结束,“一带一路”数据面热度低于高峰论坛期间,但显著高于同期其他关键词的数据,目前仍然保持着较高热度。

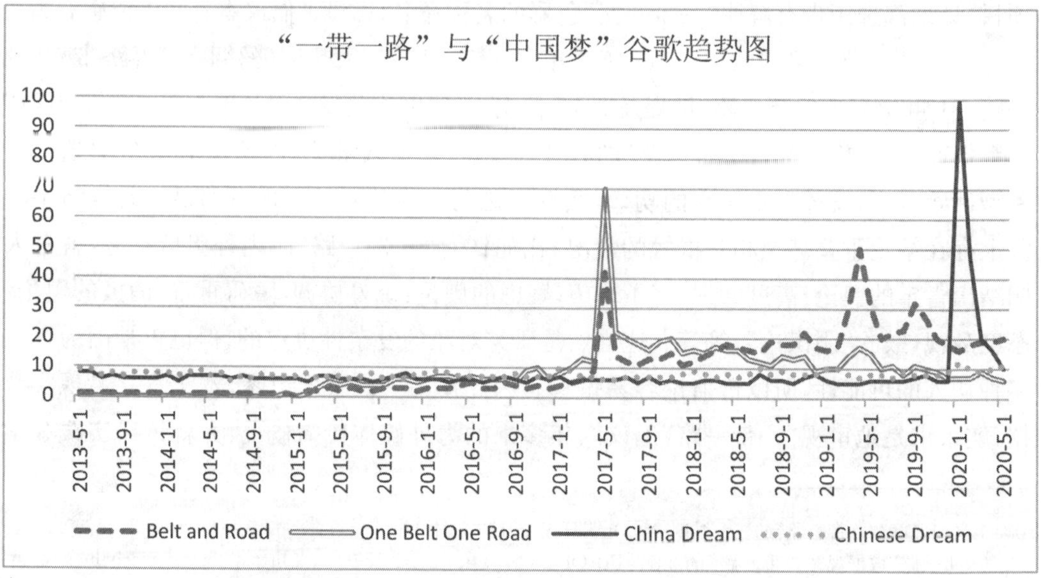

图1 “一带一路”与“中国梦”谷歌趋势图

基于这些数据，我们还能够发现，第一届高峰论坛期间，全球范围内的谷歌搜索尚以“One Belt One Road”为主流，进入 2018 年，国际社会倾向于认可我国官方口径，用“Belt and Road”代替以前的翻译，侧面体现了国家传播在“一带一路”议题设置上的效果。进入 2020 年，中美贸易关系的紧张与新冠肺炎疫情的全球肆虐，加剧了国际社会的不确定性，2 月份“中国梦”的谷歌趋势创新高，中国发展的相关议题始终被置于关注核心。

（二）中国国际传播媒体的数据面

2017 年 5 月 7 日，中办、国办印发的《国家“十三五”时期文化发展改革规划纲要》指出，要加强国际传播能力建设，提升重点媒体国际传播能力。近些年来，我国的外宣媒体转型、国际传播力建设成果显著，“一带一路”倡议发展的六年也正是我国国际传播媒体大发展的六年，本部分通过分析 Factiva 数据库的数据，回顾六年来中国国际传播媒体关于“一带一路”的传播数据面。

首先是数据的获取。截至 2018 年中国媒体（英文，不包括港澳台地区媒体）提及“一带一路”的新闻被西方主流新闻数据库 Factiva 数据库收录的情况与本文一开始援引的“3.7 亿”和“399 万”的数据存在差距，截至 2018 年底共被收录42,542篇（见图 2）。但从资讯来源看，新闻源性质较为单一，不同新闻源之间提及量分化，且媒体本身强烈的官方性质决定了其在对外传播过程中存在天然劣势（见图 3）。

图 2　中国境内英文媒体发文收录年度分布

根据 Factiva 数据库最佳匹配的新闻数据结果，主题模型生成的聚类主题关键词如表 1。我们对中国境内重点媒体发文的内容进行聚类分析，发现高频重点内容集中于表 1 中的话题。与以往研究者的结论略有出入的是，尽管话题偏向于经贸合作及相关话题，

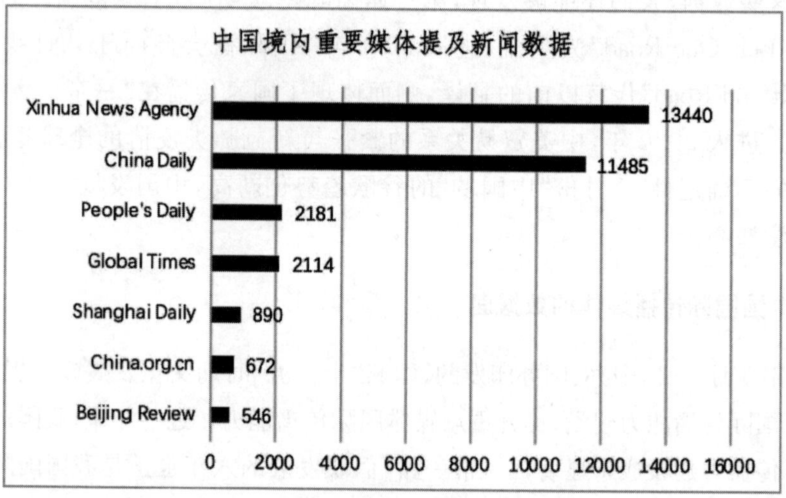

图 3 中国境内重要媒体提及新闻数据

但至少国内媒体在提及"一带一路"时,文化项目、民间艺术等"民心相通""人文交流"的表达并不弱势。究竟是"内外有别"还是数据误读?我们不妨盘点一下境外媒体的发文数据。

表 1 中国境内媒体提及"一带一路"新闻主题聚类

1	foreign exchange management policy	外汇管理政策
2	cultural program	文化项目
3	folk artist	民间艺术家
4	high-level symposium	高级别座谈会
5	well-known multinational company	知名跨国公司
6	cooperation opportunity	合作机会
7	technological exchange	技术交换
8	trade dispute	贸易争端
9	total merchandise import	商品进口总额

(三)境外英文媒体发文收录情况

同样的,截至 2018 年,境外英文媒体提及"一带一路"的新闻共被收录81,456篇,从年度分布上看,被收录篇数从 2015 年起逐年上升,于 2017 年达到顶峰(见图 4)。

与中国境内的新闻报道不同,境外重点英文媒体主要分为三类:第一类是知名媒体集团,如道琼斯、路透社、BBC 等;第二类是与"一带一路"紧密相关的国家的媒体,如俄罗斯卫星网、《印度时报》、《巴基斯坦观察报》等;第三类是专业类媒体,如《外交事

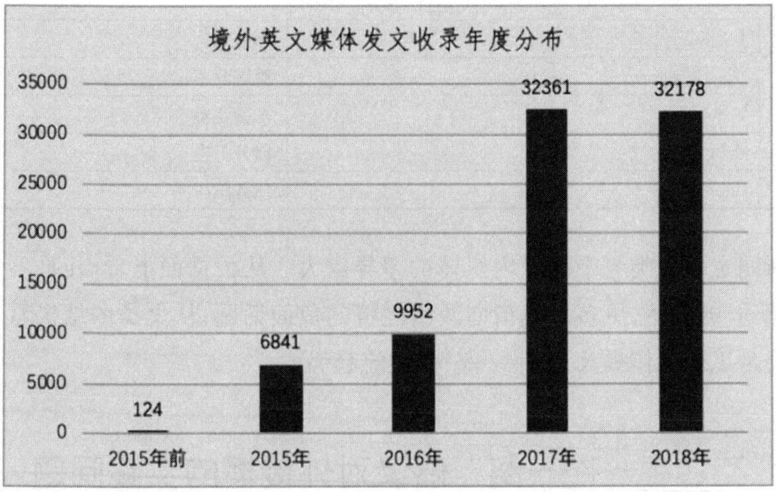

图 4　境外英文媒体发文收录年度分布

务》杂志等(见图 5)。从发文数据上看,此类新闻媒体超越了中国境内媒体,实际上掌握了讲"一带一路"故事的话语权,因而其内容主题值得关注。同样是聚类分析,其热点新闻话题如表 2。

图 5　境外重点英文媒体发文收录数据

表 2　境外英文媒体提及"一带一路"新闻主题聚类

1	political madness	政治狂热
2	infrastructure project	基础设施项目
3	global stock	全球股票

续表

4	bad sign	坏信号
5	drastic reform	激进改革
6	arms race	军备竞赛
7	debt hit	债务打击
8	debt trap	债务陷阱

上述新闻主题聚类与中国境内媒体的差异巨大。从数据面上看,几乎不见“人文交流”“民心相通”的表达,更多的是指向政治经济的负面话题;从聚类的结果看,负面议题和批评话语是境外媒体提及“一带一路”的主流趋势。

二、“一带一路”倡议对外传播的实践问题

通过上述数据面的分析,有几对非常明显的对比数据值得重视。第一个是“一带一路”倡议在中文世界的热度与全球英文表达热度之间的落差。我们说“一带一路”不是“独奏曲”而是“大合唱”,至少目前来看“和声”不高;第二个是英文报道中,国内媒体的数据面小于境外媒体的数据面,中国外宣媒体的国际传播能力有待提升,并且如前所述,数量上的增长与传播效果之间不存在充要逻辑关系;第三个是境内境外媒体的新闻聚焦点处于两个水平面,中国境内媒体难以有效影响世界受众,在这种情况下,海外传播的效果评估显然陷入了黑箱。

具体而言,关于“一带一路”对外传播/国际传播的很多研究成果都明确指出,在“五通”中“民心相通”缺失,导致各种误解、误读甚至是冲突频发,故“药方”是通过人本化、人文交流等方式联通中外、使民心相通。① 总体上看,此类结论和方案并无不妥之处,但在学术研究结论的实践转化上却遭遇困境——都知道问题所在,但关于如何解决似乎陷入了死循环,比如,境外媒体不关注“民心相通”,所以我们要增加“民心相通”“人文交流”的内容,但问题是我们的发文、解释、宣传,是否真的能够影响境外媒体的情感倾向、框架选择呢?因此,呼吁增强“人文交流”以实现“民心相通”并非不对,但此方案只提供了宏观方向和目标,没有落地实现路径和具体行动策略。

我们不妨通过中国学术研究来反窥。在知网数据库主题检索“一带一路”同时包含“国际传播/对外传播”,选择“新闻与传媒”分类,共有文章339篇,其中标题明确提及“文化”的有55篇,关键词包含文化的74篇,分别占比16%和22%。这些文章阐述了文化交流的重要性、强调了人文交流的紧迫性,甚至提供了具体的文化载体,如饮食文化、体育文化、武术

① 周培源,朱瑞娟.中外人文交流机制的“人本化”传播模式探索:以中国—南非高级别人文交流机制为例[J].国际传播,2017(4):93-101.

文化、茶文化等，归根到底还是上文所说的，提供了方向而非实现路径。

在管理学中有一个效应常被提起，即“奶昔错误”。这一效应源自麦当劳想提高其奶昔的销量，当大家都聚焦于奶昔这一产品本身时，一位名叫杰拉德·博斯特尔(Gerald Berstell)的人选择了忽略奶昔本身，对顾客进行研究。克莱·舍基(Clay Shirky)把除了博斯特尔以外所有研究人员所犯的错误称为“奶昔错误”。

我们可以借用这一效应来解释上面的思维误区，即当我们在讨论“如何传播好‘一带一路’倡议”时，我们先天地聚焦于“我应该说什么，应该怎么说”的问题，而忽略了问题所处的环境、对象等更为重要的因素。试想，我们一厢情愿地“自塑”能够带来“他塑”行为对等的转变吗？如果我们的行动无法获得预期效果，是不是应该转变思路？

从整体数据面上看“一带一路”倡议的传播似乎成效颇丰，但实际上仔细对比分析数据面，我们不用深入到效果层面就能发现“一带一路”对外传播实践中存在的种种问题，以及学术研究在解决类似问题上面临的尴尬。这种尴尬已经从早年强调“西强我弱”的带有自卑情结的处境中跳向另一个极端，即自信通过近几年的国际传播能力建设，我们的“外宣旗舰”已经达到了能够显著影响国际受众的水平。本文认为，无论是提及数量的悬殊还是话题框架的迥异，抑或是经贸热人文冷的状态，都说明“一带一路”倡议的对外传播应当找准坐标系，既不能自卑地认为“西强我弱”，也不宜过度自信已经可以“引导世界舆论”，而是应实事求是地立足实践中的问题进行现实路径的规划，正视问题，各个击破，实现对外传播效果最优。

三、失衡螺旋下的“一带一路”传播思考

当我们回到现状与问题的本身，对上述问题和逻辑困境进行分析后，不难发现当前“一带一路”倡议的海外媒体传播呈现出两个失衡状态：一是数据的结构性失衡，二是新闻聚焦主题的失衡。两种失衡状态构成了当下我们国际传播的普遍状态，即失衡螺旋状态。

赵心树等人曾对西方国家媒体行业的平衡理念做出过阐述。他们认为西方语境下的“平衡”是由一套设计精密的制度来实现和保障的。这个“制度”就是由成套的法律规章和道德规范构成的行为规范，又称游戏规则。[①] 但这种平衡状态是不稳定的，或者说并非常态，真正的常态恰恰是“失衡”的。国际政治传播作为一个动态的开放系统，不同互动主体间的行动会显著影响各个传播环节，打破平衡，导致“失衡螺旋”状态。研究者给出了进一步的解释：这种结构性失衡现象，是由媒介功能、受众心理、市场竞争、信息渠道

① 洪浚浩. 传播学新趋势：下[M]. 北京：清华大学出版社，2014：494.

等多种因素相互作用而形成的。[①] 基于此,研究者从新兴媒体和国家层面,给出了应对方法,即新兴媒体的发展和新兴国家的崛起,为平衡国际传播失衡螺旋、更新国际传播秩序、破局"西强中弱"国际传播态势,带来了希望和可能。[②]

近年来,关于媒介的物质性研究开始激活一种新的学术想象力,学者指出,一场"物质性转向"正在传播学与媒介研究的领域发生。[③] 这一研究转向回应了传播学研究"重精神、轻物质"的传统路径,本文无意从文化研究与技术哲学的层面进行理论阐释,而是顺应这一想象力,试图省思"重精神、轻物质"的现状,试图在传播实践中兼顾传播活动的精神性和物质性。"一带一路"议题的海外传播,就需要我们认识到传播活动的"物意二象性",任何试图实现形象提升、口碑塑造的精神性活动都需要一定的物质性活动作为基础。

本文认为,依托"一带一路"倡议,我国的工程项目成为倡议行动中的关键变量,构成了"一带一路"国际传播的坚实基础和核心竞争力。应当充分发挥工程的传播功能,承认"一带一路"海外项目的经贸合作等"硬项目"的重要性,并依托工程获得更好的传播效果。传统的研究思路和研究成果并未很好地解决这个问题,本文认为,应当采用工程传播的新视角来审视这一问题。

工程传播是一个新的学科视角。从学术版图上看,工程传播是工程学与传播学的交叉地带。近些年,中国也一直被外界视为一个崛起的"工程大国","工程时代"或曰"工程师时代"呼声渐高,[④]工程传播在工程哲学这一学科领域逐渐展示出理论的重要性和实践的紧迫性。2011 年国内学者曾讨论过"工程传播"的学术研究问题,几位学者以上海虹桥综合交通枢纽工程为例,通过传播学"5W"的模式进行工程学的分析,他们指出"工程传播作为一门新兴交叉学科,正成为传播学研究的新对象和新内容"。[⑤] 遗憾的是,在 2011 年提出这一新概念后,之后几年新闻传播学领域都没有针对这一问题展开追踪研究,只有以中国科学院大学李伯聪教授为代表的科技哲学的研究者们在工程哲学领域深耕,形成了包括《工程演化论》《工程认识论》等在内的一系列研究成果,其中涉及"公众理解工程"的部分内容为工程传播的进一步研究打下了跨学科基础。

本文将"工程传播"视为一个以工程为核心、存在于工程的全生命周期,围绕工程形成"人类—自然—社会"关系的实用性与建构性的过程。因此,工程传播具备两大核心功能:实用与建构。前者主要作用于工程的实体,以成功实现工程建设运营;后者更多作用于工程的形象层面,涉及工程以及与之相关的主客体形象塑造与传播。实用性与建构性两者不可分割,共同形成了有机的工程传播整体。这一视域打破了以往将经贸政策和人

---

① 刘肖,董子铭.失衡与制衡:国际传播运行格局的理论透视[J].四川大学学报(哲学社会科学版),2017(3):73-81.

② 刘肖,董子铭.失衡与制衡:国际传播运行格局的理论透视[J].四川大学学报(哲学社会科学版),2017(3):73-81.

③ 章戈浩,张磊.物是人非与睹物思人:媒体与文化分析的物质性转向[J].全球传媒学刊,2019,6(2):103-115.

④ 刘永谋.工程师时代与工程伦理的兴起[N].光明日报,2018-09-03(15).

⑤ 王异虹,江晓川,张晓玮,等.工程传播是传播学研究的新对象和新内容[J].自然辩证法研究,2011,27(11):53-60.

文艺术等对立起来的惯性，使我们不需要担心境外媒体的相关报道是否重经贸、轻人文，更不用做无用功去研究提供什么样的中国文化来对冲这种“失衡”，只需在认清和承认工程项目推进、实体与形象存在落差的前提下展开思考与行动，同时发挥好工程传播的实用性和建构性即可。

将这一理念落实到“一带一路”倡议海外传播的实践中，我们需要在若干维度进行策略调整。一是重新评估“一带一路”倡议在传播中展现的实用性与建构性，并针对不同的价值取向选择对应的传播策略集。海外项目的传播本身具有多面性，经贸投资等方面可见性高、实用性强，而文化影响等议题相对弱势，难以直观展示，因此选择这两类话题的传播策略时就要各有侧重。二是增加过程性评价，即将“一带一路”倡议的传播纳入国家海外传播实践的全环节、全过程。我们需要突破以结果为导向的传播效果评估体系，针对“一带一路”倡议传播的全周期进行安排设计与综合评价。三是在第二点的基础上，进一步辩证地关注海外媒体报道的议题走向，保持传播定力，重点关注以工程为代表的物质性载体的建设，进而提高设置议题、引导议题走向的能力。

工程传播是工程不可分割的组成部分，当前中国一些“一带一路”项目遇到了各种困难，主要原因不在经贸与人文的差异，实际在某种程度上，两者并未表现出强相关性，反而是重工程轻传播的矛盾使得工程传播未能更好实现和发挥工程的预期目标与功能。“一带一路”倡议的国际项目多为重大工程项目，涉及主体复杂，项目利益多元，争议不断，这是重大工程项目自身属性决定的。正因如此，重大工程项目需要工程传播，通过工程传播在工程的设计、论证、决策、运行等全生命周期发挥功能，在工程的形象建构和多元话语体系构建与传播方面实现预期目标。

可以说，“一带一路”的“朋友圈”正在不断壮大，它已经由倡议变为行动，由愿景走向现实。作为“文科”研究者，我们一直试图捅破“文化”“人文”的窗纸，想为“一带一路”倡议的对外传播提供智力支持，但发现学科特征的限制往往使自己难以跳出固有的框架。本文是在已有研究基础上的尝试，拟提供一种交叉学科的视角。今天的中国确实是不折不扣的“工程大国”，我们自己建造、合作建设了一批又一批重大工程，但我们也面临着史无前例的挑战和困难。从对外传播的作用机理看，工程传播还有更为重要的功能，即通过高质量的工程传播实现工程本体和形象的优化，从而提高工程承担企业的美誉度。企业形象和国家形象之间存在显著的共振关系，这已经被研究证实。① 因此，进一步说，工程传播除了具有围绕工程的实用性与建构性的功能，还承担着提升企业形象进而提振国家形象的功能。

工程传播作为一个新的概念，需要不断地争鸣、检验。本文的观点为：我们从不否认

---

① 江红艳，吉峰，孙配贞，等. 企业形象对国家形象的溢出效应：基于有调节的中介模型[J]. 软科学，2015，29(7)：94-97.

"人文交流""民心相通"的重要性——甚至认为要将其放在更加显著的地位推动,除此之外,还有更多的认识路径可以把握现实、分析现状、解决问题。尤其是在目前"一带一路"倡议的海外传播处于两个失衡状态的状况下,只有有效调用优势、更加合理地配置国际传播资源,扬长避短,实现精准传播,才能在纷繁复杂的国际政治传播现实中发出中国声音,更好地服务我国的国际传播实践。

(作者周培源系南开大学新闻传播学院讲师;
作者姜洁冰系人民网舆情数据中心特约分析师)

“国际传播”与“全球传播”的关系及时代意义

◇杨 扬

进入21世纪的“新时期”以来，人类社会在经济、政治、文化、军事等诸多方面呈现出前所未有的甚至让人始料不及的情势和景观。已经深度进入信息社会的人类传播更是难以在全球局势高度不确定的情况下形塑，无法以比较自觉的认知和比较稳定的形态发挥作用。其中，“国际传播”与“全球传播”的关系及其理念引导，就是一个值得我们重新进行理性反思和学术澄明的重要问题。

一、“传播”的社会性和政治性

当人类进入现代信息化社会之后，媒介革命和传播的迅猛发展给人类社会带来了巨大的变化。部分研究者据此开始无限高看“传播”，赋予了传播与人等齐的“主体”地位和“万能”的建构功能，甚至在思想认知中赋予“传播”与人类精神相同的“灵魂”。应该说，部分研究者已经不自觉地进入了对“传播”的认知误区。因此，我们有必要从理论认知上重申：“传播”就是传播，归根结底，没有人就没有传播，也无所谓传播学。对于人类而言，传播本来就是也永远只是作为主体的人的社会活动的“手段”。无论何种传播，都是人类社会活动的组成部分和产物，离开了人的主体地位和精神支配，传播只是客观的“物”，只是一种历史的“事实”。从理论上讲，来自人类的社会性和政治性，才是“传播”的原始基因和本质属性。

事实上，世界公认的传播学的集大成者——美国学者施拉姆在其《传播学概论》中就把这一点论说得十分清楚了。他说：“传播是社会得以形成的工具。传播（communication）一词与社区（community）一词有共同的词根，这绝非偶然。没有传播，就不会有社区；同样，没有社区，也不会有传播。使人类有别于其他动物的主要原因是人类传播的特定特性。”[①]在此基础上,他又进一步指出:“社会是各种关系的总和,在这些关系中,某些信息是共享的。我们要明确了解的一点是:人类传播是人做的某种事。它本身是没有生命的。它本身没有什么不可思议的,除非传播关系中的人使之成为不可思议的。讯息本身并无含义,除非人使之有含义。因此,我们研究传播时,也研究人——研究人与人的关系以及与他们所属的集团、组织和社会的关系;研究他们怎样相互影响、受影响、告知他人和被他人告知、教别人和被别人教、娱乐别人和被娱乐。要了解人类传播,我们必须了解人是怎样相互建立起联系的。”[②]

显而易见,在对传播的本质的理解上,当施拉姆把“传播”与“人”及“人之社会”紧紧联系在一起的时候,他的总体观点是坚持了马克思主义的,尽管他本人不一定是马克思主义的研究者。众所周知,在马克思主义看来,“人的本质不是单个人所固有的抽象物,在其现实性上,它是一切社会关系的总和”[③]。从传播到人再到社会的认知进路,充分说明了一点:“社会性”才是传播的原始基因。

而当我们进一步深究“社会性”的时候,传播的“政治性”基因便会凸显出来。在马克思主义看来,“迄今为止所有的社会历史都是阶级斗争的历史”[④],也就说,传播的“社会性”亦即“政治性”,因为,在哲学、政治学、社会学的学理上,“社会”与“政治”有相同的词根和词性,它们都以“公共”为基因。在诸多领域混沌不分的人类社会早期,人们的政治生活就是“社会”生活,这种政治、社会生活可能仅仅只是相对于私人家庭生活而言的。马克思一生都致力于对人类从家庭私有制到公共社会、公共政治,再到“无政治”共产主义社会这一过程的研究。可以说,他的学说都是在展示人类社会经由“国家政治”迈向共产主义社会的机制和规律。

从传播史角度看,传播的社会化过程在一定意义上也恰恰是一种传播的政治化过程。这一理论观点被法国学者埃里克·麦格雷的《传播理论史——一种社会学的视角》这部优秀的著作从西方传播理论史视角进行了系统的研究和论证。麦格雷提出了研究传播的“三个维度”:“要更准确地定义传播这个词,必须选取不同于空想家和诡辩论的角度,接受社会科学奠基人和继承者以不同方式发出的邀请,把传播看成一个我们永久居住的三维空间。……我个人赞同的表述是:传播现象是一个‘自然的’‘文化的’和‘创造性的’现象,三层意思的重要性逐层递增,分别对应的是与客观世界的关系、人与人的关系和社会政治秩序。”[⑤]关于三个维度的关系,麦格雷突出了他的“政治统摄传播”的学术思想:“把握上述三个层面、三个世界的关系,是传播研究面临的一大挑战。……传播首

---

① 施拉姆,等.传播学概论[M].陈亮,译.北京:新华出版社,1984:2-3.

② 施拉姆,等.传播学概论[M].陈亮,译.北京:新华出版社,1984:4.

③ 马克思,恩格斯.马克思恩格斯选集:第1卷[M].北京:人民出版社,1995:56.

④ 马克思,恩格斯.共产党宣言:单行本[M].北京:人民出版社,1997:27.

⑤ 麦格雷.传播理论史:一种社会学的视角[M].北京:中国传媒大学出版社,2009:3.

先是文化事实和政治事实，其次是技术事实。”[①]“客体、社会关系和政治秩序，是传播的题中应有之义。任何一种传播学理论都是由几个不可分割的部分组成的：人与人交流的功能化模型、对权力和文化关系的判断、统领全局的政治秩序观。……任何理论都是由科研预设以及意识形态、伦理观念和政治判断组成的。无视理论某个部分或多个部分事先已经纳入的观点，就可能冒倒退的风险。学术研究思潮的发展史已经充分证明了这一点。”[②]麦格雷尖锐批评了 20 世纪末 21 世纪初由互联网、新技术和新经济飞速发展所带来的传播学研究的“技术决定论”的死灰复燃，认为这种对传播的研究偏离了“政治”的轨道，是传播研究的“不可能的倒退”。

说到“政治”，著名政治学家达尔曾说：“确切地说，任何人都能懂一些政治，但政治是格外复杂的事物，很可能还是人类所遇到的最复杂的事物之一。如果不具备处理政治复杂性的技能，人们就会草率或过分地简化政治，这就是危险。公正地说，我们认为，大多数人确实都把政治简单化了。”[③]所以，在对“政治”的认知上，我们还是要回到上述马克思主义的基本立场上来。按照马克思的理解，政治现象是人类从野蛮进入文明以后即进入阶级社会以后的产物，因而，各种纷繁复杂的政治现象所体现的一个核心问题就是社会中各阶级围绕着“国家”的统治权力而展开的激烈斗争。因此，从与国家关联的角度来认识、把握、研究政治，是贯穿人类几千年政治思想史的主线，直至当代仍然如此。当“传播”的原始基因被理解为“社会性”的时候，其便与传播的“政治性”基因合一了。这可以通俗地表述为：没有不通过传播而形成的政治，正像不存在没有政治的传播一样，这就是当下所流行的所谓“政治即传播”“传播即政治”。

事实上，当年施拉姆在解释传播的“社会本质”时，恰恰讲的是一个被他直接命名为“政治传播”的故事。[④] 施拉姆所讲的这个故事，十分有力地佐证了我们坚守传播的社会性、政治性本质的理论反思，支持着我们在新时期矫正当下传播认知偏差和误区的现实意义。

二、基于民族国家的“国际传播”的主导性和绵延性

“国家”是人类政治发展的产物，在国家产生之前，“传播”与人类的日常生活和各种经济文化交往活动同频同步，通过“传播”的信息生产与流动，基本在各种以“血缘”“地缘”“职缘”为纽带的“社会共同体”内进行。当人类社会的政治统治或治理迈入以“国家”

① 麦格雷.传播理论史：一种社会学的视角[M].北京：中国传媒大学出版社，2009：4.

② 麦格雷.传播理论史：一种社会学的视角[M].北京：中国传媒大学出版社，2009：3.

③ 达尔.现代政治分析：第六版[M].北京：中国人民大学出版社，2012：3.

④ 施拉姆，等.传播学概论[M].陈亮，译.北京：新华出版社，1984：32

为基本单元的时候,特别是经过漫长的宗教文化侵蚀人类政治事务的“中世纪”、“民族国家”成为遍布全球的人类政治建制以来,“传播”便开始为各种政治形态的国家所规制、所统摄,“传播”一步步地被刻上国家政治的烙印。“传播”走出血缘家族、文化部落和经济协作等各种社会共同体之后,其被人们认知、研究以及在传播活动中实际发挥主导作用的“基本形态”就是“国际传播”。“国际传播”这一概念的出笼、式微以及反转的演变过程,则证明和持续回应政治统摄传播理论这一论断。

据考证,“国际传播”这一概念的出笼是在1922年,其直接原因就是美国的“国家”意识的觉醒及其对全球国家间传播规则的规制。当时的大背景是,通信技术和传播手段提供了国际信息交流的平台,重大国际事件可以通过大众媒体在世界范围内广泛传播,国际政治领域中的信息交流活动得以凸显,“三社四边协定”所规制的传播体系已无法满足美国的需求。在国家利益与传播技术发展的双重推动下,“国际传播”的概念和理论体系开始盛行。“国际传播”理论屹立至今,“国家利益”始终是其基石和轴心,也是其冲不破、打不垮的藩篱和边界。

国家是“国际传播”的主体,一般情况下是就国际传播的理论场域而言的。国家对国内的传播往往以“政府”的形态实现。换句话说,传播中,国家与政府是合二为一的。我们平常所说的“政府”有狭义、广义之分,狭义的“政府”是指国家的行政管理机构,广义的“政府”是指由所有的国家公共权力机关(包括立法、司法、行政和军队等)所组成的整个政权。狭义的“政府”从属于国家,广义的政府即国家。“在一个由所有团体、协会、机构、集体与个人构成的政治体系中,政府的影响力是最大的,因为政府与暴力的合法使用有独特的关系,并且还可以运用或至少有可能运用与这种独特关系相伴而来的影响力。这就是现代政治分析聚焦于政府和国家的影响力的理由,这也是当代政治学家那么关注政府和国家的理由。”①传播中使用的“政府”一词,还无法刻意把它与国家区别开来,所以,一般对内来说政府即国家。

我们不能停留在“国际传播”的“浮面”,而必须深究其本质属性。“国家”是一个政治概念,因此,以“国家”为主体和主导的“国家传播”便自然以“政治”为主轴、为边界。在这个意义上,“国际传播”很多时候就成为一种“国际政治传播”。所以,在任何时候都不能忘记从政治的角度审视“国际传播”。

关于这一点,研究“国际传播”的专家罗伯特·福特纳已经有明确的研究结论。他认为:“从某种意义上说,所有的国际传播都具有政治性,都带有政治色彩,传播可以公开带有政治性质,也可以隐含政治色彩,或者只是受国家政治经济政策的影响。但是,国际传播的政治因素是其本质固有的。即使某些特殊组织,如国际宗教广播电台,虽然通常不以针对政权为目的,但仍有其政治性,这是因为政治因素跨越了国家和民族的界线,是因

① 达尔.现代政治分析:第六版[M].吴勇,译.北京:中国人民大学出版社,2012:43.

为不加控制的信息威胁到了知识垄断这一政权统治的基础。"①以国际性的"社会共同体"为例,那些"公开的政治传播"自当不必多说——所有的传媒性的,特别是由政党或国家控制的传媒性的"社会共同体"无一不是一种"政治宣传"。"隐含的政治因素对联合国举办的各种活动和讨论产生的影响较多。这些活动包括和平利用外层空间委员会就有关缔结条约进行的讨论,国际电信联盟会议中所进行的讨论,……隐含的政治因素还会影响到联合国各专门组织如联合国教育、科学及文化组织的其他活动,或一些委员会如研究传播问题的临时委员会的活动。尽管这些组织表面上与政治无关,但其工作进程和议题却受到各种国际势力的影响。"②

"国际传播"是一种以"国家利益"为轴心的国家行为,意识形态必然成为其最后的也是最锐利的"武器"。无论是经济利益还是文化价值之争,抑或是军事竞争,在博弈的最关键时刻,都会转化成一种意识形态之争,或利用意识形态作为武器达到其他的目的。可以说,自"民族国家"普遍建制以来,政治化的"国际传播"理念一直主导着全球传播秩序。在此,我们仅举一个发生在当下的最鲜活的例子。在最近的中美贸易摩擦中,本来只是经济贸易领域的博弈,但是,美国的斗争手段就是不断地把贸易摩擦故意"巧妙"地引向意识形态甚至文明冲突层面。比如,美国国务卿蓬佩奥多次公然把中美贸易摩擦视为当年共产主义阵营与资本主义阵营对峙冷战的"铁幕时代"的重现,以期鼓动全世界的与中国意识形态不同的国家都来反对和遏制中国。更有甚者,原美国国务院政策规划主任斯金纳(现已被解职)在中美贸易摩擦最关键的时刻公然表示:"这是与一个很不同的文明和不同的意识形态之间的争斗,而且美国以前没有经历过这种情况""这是我们第一次面对一个强大的不是高加索人种的竞争对手"。她甚至罔顾历史事实,大言不惭地说,美国当年与苏联的"冷战"在某种程度上是"西方家庭内部的斗争",但现在中国是独特的挑战,因为当前中国的制度不是西方哲学和历史的产物,美国正在与中国进行一场"文明与种族的较量"。"这是我们第一次面对一个非白人的强大竞争对手。"斯金纳这一番荒谬至极的论调典型地呈现了以美国为"范例"的国家利益主导国际传播的样态。

由国家利益主导的国际传播的"对象"隐藏的特殊性正是其来自和服从于国家利益的"政治性"。这种"政治性"主要体现在:作为一种"国家间"的传播,主要是一种政治价值的输出和意识形态的较量。国际传播的对象,一般是事先假设的、整体性的特定政治意识形态传播的对象。这里所谓的整体性,是相对于国内的意识形态教育而言的,一般来说,特定政治共同体(比如国家或者政党)是在这个政治共同体的特有意识形态内进行教育的;而进行国际传播时,事先设想了别的国家的不同的意识形态,是两个整体的意识形态在进行交流、碰撞。当意识形态被冠以"文明"的时候,意识形态之间的传播、交流、

① 福特纳.国际传播:"地球都市"的历史、冲突与控制[M].刘利群,译.北京:华夏出版社,2000:8-9.
② 福特纳.国际传播:"地球都市"的历史、冲突与控制[M].刘利群,译.北京:华夏出版社,2000:9.

碰撞、融合就成了不同文明之间的传播、交流、碰撞、融合。所以,国内传播不是不同的意识形态之间的传播,其"受众"也不能以意识形态为标准而划分。而国际传播对象的核心差异正是意识形态。这就是"国家间政治"对国际传播的制约。正如国际政治学学者汉斯·摩根索所言:"所有类型的政治,不管是国内政策还是国际政策,都有一个特点,即它的基本表现往往与其本来面目——对权力的争夺——不一样。更甚者,权力因素作为一项政策所追逐的第一目标会被伦理、法律或是生物学等理由加以解释和正名。就是说,政策的真实本质被意识形态方面的辩护和文饰掩盖了。"①"……这些就是国际政策中不可避免地带有意识形态因素的精神力量,这些精神力量还把意识形态变成国际间权力斗争的武器。一个外交政策能够赢得本国人民知识信念和道德价值支持的政府,就获得了相对于那些在选目标时未能成功地赢得或者表面上赢得这种支持的政府无可比拟的优势。意识形态,也像所有的思想理念一样,是可以提升国民士气和国家力量的武器,并在实际的行动中降低对手的士气。"②

"特定意识形态受众"是国际传播对象的一种最本质的特征。需要说明的是,这种意识形态就是政治意识形态,而不是被人们泛化的类似于"文化"的所谓"广义意识形态"。以美国为例,达尔就认为:"美利坚是一个重视意识形态的民族,只是作为个人,他们通常不重视(忽视)他们的意识形态,因为他们都认同同样的意识形态,其一致程度令人吃惊。"③美国学者斯特林·约翰逊在谈到美国的政治文化时指出:"从历史上讲,美国人对世界的看法是'二分法',他们拥有这样一种信念,即美国过去是、现在还是世界上最好的国家。他们认为,美国所信仰的理念过去是、现在还是不仅对美国是正确的,而且对其他国家也是正确的。因此,为了使美国的使命得到传播,要么劝导,要么强迫弱小国家接受这些信条,文明由此带到了非文明国家。"④从传播的角度,麦奎尔针对美国这种"文化帝国主义"说道:"大多数有关全球化大众传播的议题都和'文化帝国主义',或者更特指的'媒介帝国主义'观念有着直接或间接的联系。这两个概念都意味着一种有意的支配、入侵或者破坏其他'文化空间'的行为,且暗示了一种'强制'的关系。这当然是一种很不平等的权力关系。这里还包含着所传播内容中具有的终极文化或意识形态模式。这些模式常以'西方价值'的角度来表达。……它具有政治和文化的含义,最重要的就是服务于美国资本主义的全球计划。"⑤

意识形态背后隐藏着国际政治权力的争斗和国家利益的争夺。因此,国际传播对象的选择与国际政治权力与利益紧密相关。"有利可图""有权可掌"成为选定对象的通俗

---

① 摩根索. 国家间政治[M]. 徐昕,等译. 海口:海南出版社,2008:112.
② 摩根索. 国家间政治[M]. 徐昕,等译. 海口:海南出版社,2008:115.
③ 罗赛蒂. 美国对外政策的政治学[M]. 周启朋,等译. 北京:世界知识出版社,1997:354.
④ 李智. 国际政治传播:控制与效果[M]. 北京:北京大学出版社,2007:54.
⑤ 麦奎尔. 麦奎尔大众传播理论[M]. 崔保国,等译. 北京:清华大学出版社,2010:205.

说明。与此相应，利益大小、权力大小，是制定传播战略战术的基本依据。这一点，正像摩根索所说："与所有政治一样，国际政治是对权力的角逐。无论国际政治的终极目的是什么，权力永远是其现实的目标。"①因此，从学理和实践的双重角度完全可以说：只要民族国家存在，"国际传播"就仍然主导着人类传播。

三、全球化进程中"全球传播"的凸显及其想象

人类社会的发展是以民族国家为基本治理单元而逐步进入全球化的，但是，以现代生产力迅猛发展为根基的全球经济的一体化和全球交往的"全球化"浪潮，反过来不断地挑战着以"民族国家"为建制单元的国际关系和国际秩序。

全球化这个概念最早来自经济学，指的是产品国际化，金融资本在不同国家的自由流动。世界经济在本质上变得更加一体化，更多的经济活动超越了民族国家的界限；随着全球性经济力量的强大，民族国家的权力正在逐渐减弱。全球化从经济概念开始，逐渐演化成一个文化、政治概念。文化全球化指的是随着信息和商品的流通，不同文化之间的差异不断缩小而趋于一致的过程，比如卫星通信的传播、电信网络的发展、世界媒体的合作等。政治全球化是指超国家的国际组织在政治生活中日益重要，民族国家政府决策日益受到跨国、跨地区政治组织的影响。简而言之，全球化是指世界政治、经济、文化等各个要素超越国界和地域限制而互相影响并走向一体化的发展趋势。在这种趋势下，传统的民族国家之间的界限日渐模糊，世界性的、国家性的和地方性的事务互相影响，世界各个要素之间关系密切，世界变成了一个"无国界的社会"。

从学理上讲，全球化确实对人类政治产生了深远的影响。第一，全球化带来了国际格局的变化。冷战以前的历次国际格局的形成和打破，都是军事实力发生变化的结果。全球化改变了国际政治格局转换的动力和方式，经济因素成为影响国家间关系的重要条件。第二，全球化改变了安全、权力等国际关系概念的内涵。传统的军事安全观受到经济安全观的冲击，经济安全成为各国考虑的首要问题。第三，全球化使原来属于一国的问题变成了全球性的共同议题，贫穷、环境、能源、生态等问题成为影响各国的问题，全球相互依赖、合作加深。第四，全球化对民族国家的主权提出了挑战，全球化使民族国家处理国内和世界事务的能力降低，有学者指出，这将导致空心国家、无边界社会的出现。

我们承认，全球化与传播具有紧密的"同质化"关系。全球化过程是"社会"超越特定"国家"形态而转化为"全球"（人类）形态的过程，"全球"（地球村）是"社会"呈现的全新形态。因此可以说，这一过程也是一个传播的过程。全球化对国家作为传播主体的影响和

---

① 摩根索.国家间政治[M].徐昕，等译.海口：海南出版社，2008：35.

挑战是显而易见的。第一,国家不再是“信息”的唯一发出者。在全球化的格局中,除了主权国家外,跨国公司、国际非政府组织、政治精英纷纷扮演起传播的主体角色,发出自己的“信息”。第二,由于国家界限的模糊,传播中的信息逐步突破“国家利益”的政治性和意识形态规限,所传播的超越政治国家意义的人类性、全球性、文化性、经济性甚至娱乐性的“非政治性”话题增加。第三,由于国家界限模糊,国家作为主体的综合影响力下降,作为传播主体的国家的传播控制力和影响力也随之下降。

客观地说,也正是在此种情势之下,伴随着“国家”地位的式微,“国际传播”的理念和理论受到了巨大的冲击。现在回过头来反思“全球传播”思潮的兴衰过程,表面上看“传播学”冲锋陷阵,实际上其发端却是政治学。一向敢于面对政治现实的“政治学”对“传播”的研究开始绕过“国家”。其中,最具理论影响力的是以美国政治学学者伊斯顿为代表性人物的行为学派所创立的“政治系统”理论。“政治系统”理论通过“高度柔塑性”的方法论把人类传播活动“去国家主体化”。它把系统论引入政治学,用系统论取代了以国家政权为核心的“统治—服从”政治理论,进而使其中的“政治信息流通”(信息传播)成为一种没有国家主体地位的系统自循环和闭环过程。应该说,这一经典理论为“全球传播”取代“国际传播”提供了一定的深度支撑。

据此,伴随着全球化浪潮崛起的“全球传播”理念和理论,高调摆出“去国界”“去政治”“以地球村为边界重建全球传播秩序”的姿态,大有替代“国际传播”成为全球化时代主导性传播理论的气势,可谓充满乌托邦式的幻想。国外学者哈特就曾放言:“传播不仅表达也组织着全球化运动,并通过各种手段增值和结构其中的相互连接。它不但表现着而且控制着所有传播连接中的想象的意义和方向。”[①]诸多“传播学”研究者直接把全球化理解和解释为“传播的全球化”。有学者认为,全球化意味着无论是社会关系的强化、地域的连接还是事件的互为影响,无论是世界的压缩还是世界整体意识的增强,无论是人类生活经验的相互联系和依存还是世界的网络化,无论是图像和实践流动还是信息的集中,都源于传播,并表现为传播。把世界上所有的民族和国家都卷入其中的全球化过程,其实是一个传播全球化的过程。因而从本质上说,全球化是一个传播性概念。信息传播全球化的现实表征是:媒介生产和消费的全球化,以及全球和人类社会中事物的高度媒介化,全球传播语境下的人类共存于一个高度媒介化的世界内。正是因为全球化所带来的传播主体的变化,传播学者迫不及待地要构建一种“全球传播学”。[②]

然而,谁也没有想到,伴随着全球化浪潮而来的并不是“民族国家”不断弱化、“国家权力”不断式微的“良辰美景”,而是“逆全球化”崛起、“民族主义”猖獗、政治不确定性增加、资本权力泛滥等情况。现在的全球性景观是:风险社会成为摆在各个国家面前的难

---

① 陈卫星. 传播的观念[M]. 北京:人民出版社,2004:7.

② 李智. 全球传播学引论[M]. 北京:新华出版社,2010:99.

以跨越的“坎”。此种情形之下,本来也是一种工具的传播,其所谓的“全球化”仅限于“传播技术的全球使用平台”,而且,现在在“国家利益”的强势主导和干预下,本来毫无政治属性的传播技术也越来越受到“国界”的限制。就拿被视为“最为全球化”的媒介——互联网来说,无论域名管理还是内容都深受国际格局以及国家利益的影响。负责对全球互联网地址及域名进行管理和分配的组织的构成、资金来源以及域名地址分配情况与美国政府机构之间的关系已不言自明;眼下“争斗正酣”的中美关于“华为”技术的激烈博弈也是最鲜活的例证;2018 年 5 月,欧盟开始实施一套被称为《通用数据保护条例》的法律,设立了一系列机构和条例来管控和限制科技公司的越界传播行为,紧接着,美国也建立了本国专属的互联网监管机制——数据保护局。

由此可见,所谓“全球传播”的种种乌托邦幻想正在被残酷的现实抛弃和粉碎而成为泡影。“全球传播”颇似一场刺激的媒体盛筵,但“饱餐”之后,现实无法兑现。在此,我们强调,实践是常青的,理论是灰色的,面对“国际传播”已然主导人类传播的现实,所谓“全球传播”的理念和理论也该休矣,至少应打碎自己与现实格格不入的“抽象的外壳”,塞充一些多少对现实有实际价值的干货。

四、澄明“全球传播”边界,强化“国际传播”的现实意义

自觉性是所有理论的特质。针对“国家政治”仍然主导人类社会秩序的现实,20 世纪的七八十年代,政治学领域率先出现了“将国家带回来”的理论思潮。这种思潮首先对伊斯顿“政治系统理论”的“抛弃国家”的无主体的“社会中心论”开炮。重炮之下,伊斯顿急忙用“政治当局”这个范畴进行“泛国家化”的自我辩护,并检讨道:“忽视‘国家’或政治当局的独立作用自然是错误的。”①事实上,在政治学的发展历史上,曾出现诸如行为主义、制度主义、精英理论、多元主义、政治系统理论、公共选择理论等研究范式的转换,但最终又都回归于“国家主体”的轨道上来。

在“去国家”的全球化浪潮中,传播学“效颦”政治学,针对基于民族国家的“国际传播”抛出了所谓的“全球传播”。我们应该看到,这种理论目前仍在一定的范围内被传播,甚至在一定程度上支配着国际传播战略。所以,在理论上澄明“国际传播”与“全球传播”的边界,对我们现实的传播实践具有重要的意义。

第一,“全球传播”理论的提出,着眼于信息系统全球化、新媒体的快速发展和普及、全球传播系统的形成、跨国界信息交流的普遍化与日常化、传播主体的多元化、传播媒介的多样化、传播议题的全球化等全球化过程中的一些新的传播现象,有助于人们及时认

---

① 伊斯顿. 政治生活的系统分析[M]. 王浦劬,等译. 北京:华夏出版社,1989:7-8.

知传播技术的发展及其可能性后果,有助于唤醒人们放眼世界、关注“人类命运”的责任意识,有助于人们判断和把握传播的未来走向等。但是,这一切作为一种“新的理论指引”似乎并没有超出现有“国际传播”理论的统辖和辐射功能。甚至其全部引领功能的发挥都被笼罩在全球化浪潮所带来的“全球传播政治化”的巨大旋涡之中。而“全球传播政治化”正是基于“国际传播”的而非基于“全球传播”的。因此,当前形势之下,强调“全球传播”理念是一种陷阱,强调“全球传播”引导是一种误区。

第二,不能对所谓全球化背景下“重建全球传播新秩序”抱有不切实际的幻想。以民族国家“实力政治”为基础的“中心—边缘”型的国际传播秩序,给世界上发展中和落后地区国家带来了“信息殖民化”的严重不公平后果,而随着“地球村”的形成和传播技术的发展,信息传播正在突破“国界”,让“全球”共享。但是,我们必须清醒地认识到,全球化浪潮中所谓立足于“全球传播”的“传播新秩序(New World Information and Communication Order,NWICO)”的斗争虽然曾经如火如荼,但从来也没有取得过胜利,相反,不但以失败告终,而且许多重要的环境被变本加厉地“国家化”了。从 1976 年的不结盟运动国家在突尼斯召开的传播研讨会第一次明确提出“摆脱信息殖民化,建立国际信息新秩序”,到同年 86 个国家签署的《政治宣言》声明“在大众传播领域建立国际新秩序同建立国际经济新秩序同等重要”;从联合国教科文组织在第 19 届大会上正式将“NWICO”纳入议程,到 1983 年第 22 届大会制定《1985—1989 年世界信息与传播新秩序中期计划》,这些都是“建立全球传播新秩序”的努力,但其遇到美国和英国退出教科文组织、活动经费锐减等极为简单的国家干预后就迅速偃旗息鼓了。2003 年美国和英国主导的《第六届新闻部长会议宣言》就已经完全退回到之前的民族国家主导的“国际传播”了。冷静观察一下当下的国际传播,有谁还在强调忽略国家利益和国家规制的“全球传播”呢?

第三,“全球传播”空洞而抽象,会导致国际传播不能正面应对来源于不同政治体制、意识形态乃至不同政治文明的国家之间的信息沟通和交流中所出现的种种问题。抽去“全球传播”理论的空洞内容和抽象外壳,其实它也只是“国际传播”在新的传播技术时代的“技术样态”或“技术平台”而已。至于更为根本的“传播内容”仍然牢牢地受制于“国际传播”的规制。从理论上讲,“国际传播”是以可以实际操作的“国家主权”为平台和“抓手”的,其“传播内容”是实实在在的经过“过滤”的信息,而“全球传播”所主张的“全球传播新秩序”则建立在一种主权真空的空中楼阁上。主张“全球传播”的学者针对“国际传播”的“国家主权”提出所谓的“信息主权”,但很快招致了诸多方面的激烈批评,学界认为,“信息主权”概念既帮助了极权国家限制媒介自由,也帮助了弱国抵制外国控制,这一支撑“全球传播”的核心概念几乎被扼杀在摇篮中。

第四,“全球传播”理论引来了许多虚幻的“附加”理论,比如,现在流行的所谓“全球公民社会”以及“公民新闻”等,它们在一定程度上都是误导传播受众的“伪理论”。这一点,麦克奈尔在其《政治传播学引论》中以大量的事实为依据反复提醒我们:“媒体当然不会以一种中立的不偏不倚的方式简单地报道政治领域中发生的一切。”[①]英国学者巴勒特也指出:“新闻出版自由在很大程度上只是一种神话,即为了树立民主的形象由政府编造的神话。实际上没有一个政府——无论它是‘民主的’还是专制的,能允许大众媒介免受某种形式的规定或限制而自由发展。”[②]

习近平主席在亚洲文明对话大会开幕式的主旨演讲中指出,当前,世界多极化、经济全球化、文化多样化、社会信息化深入发展,人类社会充满希望。同时,国际形势的不稳定性、不确定性更加突出,人类面临的全球性挑战更加严峻,应对共同挑战、迈向美好未来,既需要经济科技力量,也需要文化文明力量。“传播”就是一种文明的力量,而要更好地发挥这种力量的作用,其前提是我们必须保持清醒的头脑和来自实践的尽可能正确的理论引领。我们在此讨论的“国际传播”与“全球传播”理论问题,就有鉴别和澄明合理而正确理念、理论的学术意义。

(作者系中国传媒大学传播研究院博士研究生)

① 麦克奈尔.政治传播学引论[M].殷琪,译.北京:新华出版社,2005:12.

② 巴勒特.媒介社会学[M].赵伯英,等译.北京:社会科学文献出版社,1989:67-68.

推荐书目

《宣传:观念、话语及其正当化》(第二版)/刘海龙

《宣传:观念、话语及其正当化》(第二版)[①]

◇ 刘海龙

2007 年开始写作《宣传:观念、话语及其正当化》的时候,关于宣传的学术研究在国内基本还是个无人问津的地带,彼时受到舶来的传播学的影响,许多学者脑中只有"传播"概念,而"宣传"好像是个应该被历史淘汰的老古董。但是我感觉理论构成的观念世界与现实世界之间存在巨大反差。如果换个角度来看,许多传播现象不过就是宣传的旧瓶装新酒,只是换了个名称而已。就像对外宣传可以变成国际传播、对外传播,甚至公共外交,商业宣传可以变成广告、公关,甚至策略性传播,政治宣传也可以变成政治传播、修辞,甚至公共传播。概念越来越高大上,方法越来越"科学",符号的升级换代造成了进步的幻象。尤其是随着新媒体技术的发展,去中心化的、去权威化的传播方式让每个人都有了话筒,资本与技术营造的乐观主义情绪感染了学者,宣传似乎也随着"大众传播"一道随风而逝了。

不过最近几年,当外来理论和技术带来的新鲜感逐渐退去,关于宣传的反思又开始多起来。可能受到本书抛砖引玉的影响,国内也开始有一些学者讨论宣传,尤其是中国语境下的宣传成为一些有志于做本土传播研究的学者比较关注的问题。国外学术界这些年除了关于传统的宣传史、政治宣传的研究外,对于新媒体条件下,尤其是社交媒体上的计算宣传、审查等现象开始显示出越来越大的兴趣。

其实正如本书所提出的,只要各类权力追求理性化管理、追求传播效率的根本动机没有变化,只要我们无法摆脱现代性的宿命,宣传就会如影随形地存在。如果不能正视它,不是无知便是自欺。但是如何认识宣传,则是一个复杂的问题。从观念史的角度入手是一个比较便捷的路径。为了更好地展开对宣传的批判,本书把重点放在了宣传观念的正当性问题上。也就是说,为什么我们不喜欢宣传,但是却允许其存在,甚至接受它?在众多宣传观念的支持者或者反对者看来,宣传为什么是合理的,或者为什么不合理?

① 本文节选自刘海龙.宣传:观念、话语及其正当化:第二版[M].北京:中国大百科全书出版社,2020:序言.

讨论宣传观念史的好处在于我们不必急于下结论,而是可以在兼听多方意见后,再做出自己的判断。

对于使用观念史方法,史学界有过激烈的争论。洛夫乔伊倡导的观念史是想捕捉那些人类思想中稳定的核心单元观念。难能可贵的是,他主张进行跨时间和跨空间的长时段的比较研究,展示观念在不同文化中的扩散与流变。洛夫乔伊的另一个值得注意的建议是放开视界,将眼光投向那些二三流的思想家甚至普通人的思想,因为一流思想家的观念常常超越其所处时代,并不能反映时代的特征。这与法国年鉴学派从阁楼走进地下室从而研究社会心态史的做法,以及近年来王汎森所提出的将研究"作为生活方式的思想"有异曲同工之妙。

当然,剑桥学派对于传统观念史的批评也不无道理。传统观念史用当下的思维模具去剪裁历史,忽略了文本生产者本身的能动性、意图与文本所在的语境。传统观念史所说的单元观念建构了一个并不存在的客观的、不变的观念实体,因此关于此观念的知识本身十分可疑。不过历史研究并不是、也不可能做到严格的科学还原,如果剑桥学派过于严格的标准被推到极致,研究者不敢越雷池半步,也就束缚了学术的想象力。例如很多研究把精力集中于短时段的思想以及对经典文本和作者的诠释上,却对更长时段的思想、跨文化的思想和普通人的日常思想缺乏关注。

近年来阿米蒂奇提出剑桥学派的研究视野不断萎缩,有退化到短期主义的危险。他呼吁要重新回到长时段和大尺度的研究中来,研究人类思想中的大观念(big idea),在连续的语境中把握观念延续、发展与变化。这不是建立在柏拉图主义理念论基础上的传统观念史(history of ideas),而是一种"观念中的历史"(history in ideas)。这里要讨论的观念不是游离于世界之外的观念,更不是存在于一个理念论世界中的观念。"它们是在不同的时期被反复讨论和不断塑造的焦点问题,而且每一次的讨论都是有意识的——或者至少是可以被证明的——和之前的以及之后的讨论相联系。即便假设条件不断地改变,这些观念在历史的长河中也有着同样的名字,因此可以被连接起来。同时通过与过去对话,以及偶尔与未来对话,积累了许多含义并以此保持联系。"例如他在《内战:观念中的历史》一书中就研究了从古罗马开始至20世纪的"内战"观念在2000年中的发展历史。

和第一版相比,第二版在研究方法的问题上表现得更加自觉。本书对传统的观念史与思想史研究方法有一定的修正。首先,在研究中并没有无中生有地建构一个后设的"宣传"观念,而是把人们明确产生了宣传观念后的20世纪作为宣传观念史研究的起点,这就克服了传统观念史研究可能导致的以今度古的观察者的思维定式(observer's mental set)。其次,在观念的研究中尽可能做跨越语境的考察,不仅对比研究不同文化中宣传观念的演变与交流,同时还在中国20世纪的制度转换中对比研究宣传观念的变与不变。在这样的纵横对比之中,试图发现观念史中的"连续中的断裂"与"断裂中的连续"。具体来说,宣传观念在跨国旅行的过程中,改变了中国既有的宣传观念,产生了断裂,同时又与中国的语境结合，构成连续性；中国的宣传观念在不同的制度与群体中存在差异，但同时在诸如国家至上等方面又存在连续性。在不同语境、不同视点的相互映射与借鉴下，立体的宣传观念才能够被建构起来。最后，观念史并不是观念自然史或者观念演化的通史，平铺直叙地按时间顺序罗列不同时期的观念演化过程会忽略观念变化过程中的断裂、忽视观念的特殊性。观念是主角，而不是历史事件的附庸。在本书第一版的写作过程中，虽然笔者未阅读过阿米蒂奇的《内战：观念中的历史》，但是却采用了和他一样的方法，选取了几个关键时空条件下的宣传观念加以考察，力图展示这一观念在不同社会语境中的变化。

细心的读者可能会发现，第二版的章节顺序有所调整，回到了大家熟悉的先西方后中国的排列方式。在第一版里，为了体现全球的视角，虽然重点是中国的宣传观念，但在结构上却把中国视为全球的一个组成部分，穿插在世界宣传观念的发展脉络中，力图从全球范围内宣传观念的脉络来看中国宣传观念的流变。也有不少读者反映，这样的安排让他们眼花缭乱，缺乏一个易于把握的明晰的线索。这说明第一版中有意的“陌生化”策略可能并不符合读者的接受习惯，因此第二版仍然使用了传统的叙事结构，以中国为主角，以世界为背景，先描述场景，后描述行动者。但是这样的结构并不意味着中西的二元对立，相反，本书一直在强调中国的宣传观念非常明显地受到外来因素的影响，即徐中约提到的中国近代以来受到来自北方和南方两种制度和文化的影响。中国宣传观念中的冲突，其根源大多也要追溯到来自北方大陆的苏俄的观念与来自南方海洋的英美观念的交锋。而且在今天，中国的宣传观念作为“中国模式”的一部分，也在向世界输出——除了向第三世界，也在向发达国家输出。比如这一现象在最近的话题性纪录片《美国工厂》(*American Factory*，2019)中体现得淋漓尽致。因此，全书依然坚持全球观念史的视角，希望调整后的结构在更符合读者接受习惯之余不至于产生什么副作用。

在本次修订中，最大的变化可能是对线性历史观的反思与超越。在第一版中，借用并发展了已故的宣传史学家菲利普·泰勒(Philip Taylor)所提出的两个概念：“一体化宣传”与“科学的宣传”，分别将它们与来自北方大陆的苏俄的影响与来自南方海洋的英美的影响联系在一起。我们大致上可以看到这两种宣传观念在20世纪初同时进入中国后同台竞技，而在20世纪后半叶“一体化宣传”定于一尊。国家垄断了所有信息渠道，并在政治社会化的过程中使宣传渗透到文化艺术、教育、体育等日常生活的各个方面，建立起了一个庞大的宣传体制。改革开放之后，随着中国逐渐融入全球化进程，“一体化宣传”开始松动，进入21世纪之后，“科学的宣传”观念初见端倪，一定话语空间被开放，中国政府借助社会科学的研究进行柔性治理。于是在第一版的结论里提出了中国宣传观念正在由“一体化宣传”走向“科学的宣传”的观点。现在看来，“从……到……”的句式具有比较明显的线性历史观的特征。事实证明中国宣传观念的变化不是简单的线性替代，而是非线性的迭代，是在之前观念的基础上修补和叠加，呈现螺旋形的发展轨迹。有时看似回退,但可能是升级换代,或者看似创新,其实并未完全脱离原来的底色。

因此,第二版使用了“宣传观念 1.0”“宣传观念 2.0”分别指代“一体化宣传”观念和“科学的宣传”观念,使用“宣传观念 3.0”来指代在前两者基础上迭代产生的兼具前两种宣传观念的特征的新技术和管理条件下的新型宣传观念。

说到新技术的作用,第二版同时修正了新技术对宣传观念演化的影响。在第一版中并没有对这个问题做深入探讨,对于技术与宣传观念的关系的判断也有明显的线性色彩,似乎是新媒体技术会促进宣传观念从“一体化的宣传”向“科学的宣传”发展。第二版则呈现出一个更复杂的图景。媒介技术的发展一方面使得传播呈现去中心化、难以管理的特征,但另一方面又使得个人的隐私数据被掌握在少数人手中。机器计算能力的大幅提升(即通常所说的文学化的人工智能)使得少数人对所有人的管理不再是一个令人望而却步的任务。《1984》里所描绘的冷冰冰的监控世界固然令人恐惧,但是《美丽新世界》中利用科学的温柔的控制可能才是我们要真正担心的。福柯认为权力放弃了对思想的控制,转向对身体和人口的控制。但是在大数据与社交媒体的环境下,韩炳哲所说的“精神政治学”又重新实现了对思想的操控。算法的进步使得“一体化宣传”在“科学的宣传”的基础上复兴,这不能不说是技术发展带来的一个令人意外的后果。它也展示出宣传观念演化的复杂的非线性特征。我相信,在第二版里所提到的一些零星的现象只不过拉开了这一进程的幕布而已。希望借这本书的提醒,公众能对这一变化做好充分准备。

(作者系中国人民大学新闻学院教授、传播系主任,《国际新闻界》杂志主编)

论坛综述

新时代、新基础、新形态：大变革背景下的中国政治传播

——“第三届中国政治传播研究学术论坛”成果综述 /于淑婧

新时代、新基础、新形态：大变革背景下的中国政治传播

——“第三届中国政治传播研究学术论坛”成果综述

◇ 于淑婧

2019 年 5 月 11 日，“第三届中国政治传播研究学术论坛”在中国传媒大学召开。该论坛由中国传媒大学主办，中国传媒大学政法学院、中国传媒大学政治传播研究所以及国家社科基金重点课题“自媒体时代的中国政治传播新秩序及转型研究”课题组承办，并得到多家媒体、学术期刊及科研单位的大力支持。近百位中国政治传播研究领域的专家权威、新锐学者，就“新时代、新基础、新形态：大变革背景下的中国政治传播”这一会议主题展开探索与交流、对话与争鸣。

讨论内容紧跟时代步伐，扎根经典问题，横跨多学科领域：在大变革时代背景下寻找和探索中国政治传播的基础和战略；在融合国内外视野下思考和寻找中国国际传播的困境和路径；在把握全球政治传播新特点中观照中国问题和现实；在新媒体营造的新信息传播环境下描绘中国政治传播新形态；在贯穿古今中外的视域中进行政治传播研究对话和比较；在语言交错、思想碰撞中展望中国政治传播研究的未来走向与趋势。

一、大变革时代中国政治传播的基础与战略

当今时代，国内和国际政治正在发生深刻的变革，传播技术的发展更是日新月异。政治与传播的互动与博弈，使中国政治传播实践面临的局面更为复杂。正如中国传媒大学廖祥忠校长在致辞中指出的，传媒愈来愈成为国家治理的重要组成部分，政治传播研究在新时代的中国具有强烈的现实意义。中国传媒大学政治传播研究所荆学民所长对此表示赞同。他认为，政治的雄心与传播的激情，深度融合为这个时代的“主变量”，推动着这个时代进入前所未有的“大变革”和“大变局”之中。除政治和信息技术等变革因素之外，中国政法大学庞金友教授还强调了经济格局的颠覆性发展、文明冲突的局部性爆

发以及价值观念的根本性扭转等因素。

处于“大变革”和“大变局”时代，如何认识中国政治传播所处的内外部环境，并在这种错综复杂的环境下寻找和更新中国政治传播的基础，瞄准适合时代变迁和中国政治发展的政治传播战略基点，是本届论坛上专家学者聚焦的核心问题。中国人民大学杨光斌教授认为，在新时代，中国政治学研究不应再借用舶来品，他主张应形成基于中国历史文化的政治学，即“历史政治学”。清华大学景跃进教授表示，在西方出现危机和中国崛起的双重趋势下，中国学者需要将对政治学基础和前提假设的反思置于世界政治科学中把握。来自新华社国家高端智库学术委员会的陆小华主任认为，在大变革时代，研究中国的政治传播策略应当有更强的战略思维。华中科技大学张昆教授认为，用战略思维思考政治传播，还需处理好“局部和全局”“一时和长远”两对关系。荆学民教授也就这一问题主张政治传播要“宁静淡定归本位”。

二、中国国际传播的困境和路径

本次论坛的与会学者还极其关注中国国际传播问题，这既源于国际政治传播在中国政治传播研究中的重要分量，也反映了中国政治传播研究对国际形势的敏感和学术回应。正如中国现代国际关系研究院冯仲平研究员指出的，现在国际政治正在发生“经济重心东移”“大国竞争和博弈日益激烈”“极端化思潮蔓延”“全球治理问题凸显”等四方面的变化。中国和外部世界的关系的改变，对中国来说既是机遇又是挑战。中国要赢得世界的信任，中国的政治传播研究和工作至关重要。对此，与会学者主要强调了三个方面的重要性。

首先是话语。上海社会科学院胡键主任认为国家实力和话语权之间没有必然的联系，中国的实践话语不弱而理论话语弱，并建议中国的外宣需要“韬光养晦”。对此，陆地教授则表示堂堂正正才是国际传播应采取的态度。中央编译局杨雪冬研究员从历时性的角度指出，中国共产党历来重视向国际社会说明自己，人类命运共同体理念正在成为中国国际话语体系构建的基石。除此之外，王艳研究员、徐惊奇副教授和张全义教授等还分别关注了“制度性话语权”、意识形态交往和“锐实力”等问题。其次是文化。上海大学许正林教授认为，文化传播就是政治传播；中西文化传播存在逆差，中国对外文化传播应由国家作为主体来主导。此外，他还总结了目前我国国家力量主导下的对外文化传播的模式以及存在的问题。对于这一问题，陆地教授进行了补充：在国际传播中，除了文化软实力还应考虑国际政治传播中的硬新闻；除了注重文化安全，还应考虑到语言传播。最后是形象和媒体。对于形象，胡远珍教授和马得勇教授分别研究了中国的主场外交和中美贸易摩擦中的媒体框架对中国国家形象的影响。对于媒体，王菁教授和资深编辑林淑娟均强调了中国媒体在国际政治传播中的重要角色,并建议要增强有中国背景的媒体、机构和个人在国际社交媒体上的议程设置作用。

三、全球政治传播新特点与中国镜像

面临政治、传播局势的突变,政治传播在各种因素的综合作用下产生了一些新的特点,这些特点在全球范围内具有一定的相似性,在中国的政治传播现实和经验中又体现出一定的本土特色。

从全球范围来看,庞金友教授认为,全球政治传播面临的需要解决的问题有:民粹政治的崛起,极端政治的流行,选举政治遭遇危机,政治信任危机升级,话语权由精英转向社会中下层,后真相政治蔓延,后物质主义流行,后政治心理出现,国家极化形成,多元文化主义陷入困境等。清华大学史安斌教授通过梳理西方政治传播历程,指出政治传播进入了“第四纪”,其特点是:去中心化、另类媒体、去专业化、去中介化。

天津师范大学佟德志教授则认为,信息时代同时也是一个民主时代,他还从主体、客体和途径三个方面阐释了信息时代的民主传播问题。对此,中国社会科学网李放主任强调,在政治传播实践中,中西方国家面临着很多类似的问题,包括民主时代传播的问题,而这不是因为中西方之间存在趋同论,而是源于人类社会政治生活的组织方式有很大的相关性。

四、新媒体视野下的政治传播新形态

在基于互联网的各种新媒体技术迅速蓬勃发展的网络时代,处于新的信息和传播环境下,政治传播的各个层面和各个部分被重塑和重构,其所产生的新问题、新现象、新形态吸引了政治传播相关领域的众多学者展开多视角、多学科的研究和考察。与此相关的话题也是本次论坛的热点议题。相关研究面向之广、视角之多、方法之丰,使我们很难用一个单一体系将不同的研究综合起来,但就总体来看,研究主要聚焦于新媒体视野下的政治传播新形态,围绕政治传播的三大行动者(媒体,政府/政党/政治家,公民)铺展和行进。

首先,聚焦媒体这一政治传播行动者的研究往往以新媒体技术对政治的影响为切入点。比如,西北政法大学张爱军教授从“网络政治敏感词”角度,考察了网络技术对政治语言的影响。此外,丁云亮教授、于家琦副研究员等还探讨了新媒体对意识形态、民主/选举的影响等问题。其次,以政府/政党/政治家为政治传播行动者的研究主要关注自上而下的传播行为。谢进川副教授认为,在网络新媒体环境下,中国政治传播需要契合网络新媒体的发展逻辑。邵梓捷助理研究员则研究了政府环境治理与媒介议程之间的关系,并指出,地方环境治理行为会影响国家媒体议程。最后,随着新媒体的出现,公民在政治传播中所扮演的角色越来越突出,因而,对以公民为政治传播行动者的研究,即对自下而上的政治传播的关注也越来越多。何晶教授、张桂芳副教授、范敏教授分别研究了弱势群体的媒介表达和话语、网络公共舆论、公共舆论从话语到行动的转换等问题。

以上研究表明,在新媒体技术环境下,政治传播已经呈现出新的形态,这种新形态不是由某单一行动者主导和决定的,而是由多元的行动者、多层面的行为有机融合而成的。这体现了新媒体技术环境下,政治传播的复杂性和难以预测性。

五、政治传播的古今对话与中外比较

在时代变局下,特别是处于转型期的中国政治传播,被赋予了重要的时代使命,其中如何处理全球化和本土化、如何理解历史与现代的关系等一系列问题尤为关键。本届论坛中部分学者直接细致地探讨了相关问题。

一是政治传播的古今对话。相关学者的研究主要从史学的角度探讨了古代的“信息监控”、“大一统”观念、“文革”影像等问题。青岛大学陈谦教授从古代“风闻言事”这一现象入手,强调了古代中国君主专制政治“人治”的一面,并揭示了这一历史经验对当代中国的启示。云南大学副教授常轶军认为对“大一统”进行现代性解码有利于挖掘其中的政治认同价值,促进当代中国政治认同建构。中国传媒大学副教授王宇英则从“文革”影像出发,描绘了以“文革”为题材的电影作品在创作和传播中体现的创作者们与政治、资本的合作和博弈。

二是政治传播的中外比较。本届论坛专门设置的中韩政治传播研究交流专场为政治传播研究的中外比较提供了研讨场域。话题主要聚焦于中韩虚假新闻治理比较、网络时代的中韩政治沟通比较。来自中韩两国的学者围绕这两个议题,就中韩两国的相关现象、存在的问题及采取的措施等进行了深入交流。

上述研究展现了中国政治传播学术界在进行政治传播研究的过程中,力图贯穿古今中外的努力,尝试将来自各个方向和层面的政治传播资源和经验凝聚为合力,促进和推动中国政治传播理论和实践的突破与转型。

六、中国政治传播研究的未来走向与趋势

作为致力于搭建中国政治传播研究高端学术平台的论坛,“中国政治传播研究学术

论坛”系列会议不仅观照时代命题、扎根基础问题、跟追前沿热点，还自始至终不忘立足当下，展望未来中国政治传播研究的走向与趋势，引领中国政治传播研究不断向纵深发展。本届论坛的与会学者们使论坛的这一学术使命得到进一步发扬，就中国政治传播研究的未来走向与趋势提出了诸多见解和建议。

一是重视基础理论问题。景跃进教授指出，在时代变革的过程中，政治学的基础理论面临着改革，中国的政治传播、政治学都要不断重新思考原来的出发点和前提假设。陆地教授强调政治传播需要研究政治传播是什么、政治和传播之间的相互影响、如何传播政治这三个基本问题。

二是辩证看待全球化与本土化困境。大变革时代，中国与世界互动增多，这使中国政治传播研究所面临的全球化和本土化对立的困局更为凸显。参加本次论坛的学者们对此都有着敏锐的学术观察。张昆教授认为，面临着百年未有的大变局，政治传播研究应该基于长远和全局性的大局。李放主任表示，政治传播研究的学术生产过程要有家国情怀。杨光斌教授认为中国的政治学应该基于中国历史文化和中国路径。史安斌教授则指出政治传播的理论反思和路径重构应该超越“全球－本土”和“西方化－去西方化”之间的对立，寻找多元化和在地经验。景跃进教授强调，中国化和世界化是一个问题的两个方面，我们基于传统问题的单方面分析是不够的。

三是方法的规范化与跨学科视域交融。本届论坛呈现出政治传播研究方法多元化和跨学科碰撞的现象。中国政法大学卢春龙教授梳理了四种实证方法，并指出，中国未来的政治传播研究要注意科学的研究设计、理论创新和更为综合的数据收集方法，还要注重政治学、传播学和其他学科进行跨学科的交叉和融合。张昆教授进一步认为，在媒体转型的信息化背景下，实证研究有助于推动政治传播研究的发展。此外，杨光斌教授还强调了研究除需注重宏观问题之外，更重要的是关注中观问题和微观问题。

综上来看，本届论坛传承了前两届论坛的精神，继续秉承“搭建中国政治传播研究高端学术平台”的宗旨。但正如众多学者在论坛中指出的，本届论坛的不同之处在于，其处于百年未有之大变局中，中国政治传播研究面临着更为复杂的局面、承担着更为艰巨的任务、背负着更为沉重的学术使命。本届论坛以敏锐的学术观察力、主动的理论回应力、精准的思想穿透力，观照时代命题和中国所处的新的国内外局势。未来中国政治传播研究仍需继续发力，推进中国政治传播理论和实践不断前进和良性互动。正如“中国政治传播研究学术论坛”系列会议的主办方带头人——荆学民教授多年来一直强调的：大变革时代赋予政治传播研究以艰深的挑战和无穷的魅力，有志者定将在艰深的挑战中绽放无穷的魅力！

（作者系中国传媒大学政治传播研究所、政府与公共事务学院博士后）

后　记

《中国政治传播研究(第3辑)》,以2019年5月11日在中国传媒大学成功举办的“第三届中国政治传播研究学术论坛”的优秀论文为基础编辑而成。这些论文大多已经在各种知名学刊公开发表,体现了较高的学术水平。感谢各位作者支持,让这些优秀成果集中刊发于本辑,为读者集中了解相关问题提供了便利,也使论坛的成果得以集中保存和传播。

正是在第三届论坛开幕式上,时任校长廖祥忠教授首次向社会公布了中国传媒大学即将组建政府与公共事务学院,全面推进国家治理与政治传播学科发展和人才培养的战略规划。一石激起千层浪,这一规划引起了学界的广泛关注。

2019年6月14日,政府与公共事务学院正式成立,并被视为中国传媒大学新的“三块金字招牌”之一。在不到两年的时间里,在学校领导的大力支持下,政府与公共事务学院紧紧围绕“国家治理与政治传播”开展学科建设、科学研究和人才培养,使中国传媒大学的政治传播研究及人才培养工作迈上了一个令人振奋的新台阶:

2020年,中国传媒大学政治传播研究所正式升级为校级战略型研究机构;

2020年,学院组建了全国第一个政治传播系;

2020年,学院自主设立的“国家治理与政治传播”二级学科博士点获得教育部批准,从2021年开始招生;

2020年,学院政治学一级学科硕士专业围绕“国家治理与政治传播”,完成了专业方向的进一步优化,特色更为鲜明。

2021年,学院以“国家治理与政治传播”为方向、为特色申请的“政治学与行政学(国家治理与政治传播)”本科专业获得教育部批准,从2021年9月开始正式招生。

至此,中国传媒大学建成了全国首个以政治传播为特色,本、硕、博三个办学层次贯通的国家治理与政治传播人才培养体系,进一步强化了本校在政治传播相关领域科学研究、学科建设和人才培养方面的领先地位,同时也为中国政治传播研究的进一步发展创造了前所未有的优越条件。

《中国政治传播研究(第3辑)》的出版得到了新成立的政府与公共事务学院在经费等方面的大力支持。不仅如此,学院还将作为中国传媒大学政治传播研究所的后盾,致力于把"中国政治传播研究学术论坛"打造为国内乃至国际"现象级"的学术论坛,把《中国政治传播研究》(辑刊)推向高端学术刊物境界。

我们有理由期盼中国政治传播学术研究能够取得更快的发展,为中国的国家治理现代化和人类政治文明交流、互鉴和融合做出应有的贡献。

最后,感谢中国传媒大学出版社,感谢负责的编辑。正是出版社的大力支持和编辑的辛勤努力,才使本辑能够及时出版。

编者

2021年3月25日

图书在版编目(CIP)数据

中国政治传播研究. 第3辑 / 荆学民主编. -- 北京 :中国传媒大学出版社, 2021.5
ISBN 978-7-5657-2910-2

Ⅰ. ①中…　Ⅱ. ①荆…　Ⅲ. ①政治传播学—中国—文集　Ⅳ. ①D60-53

中国版本图书馆 CIP 数据核字(2021)第 053647 号

中国政治传播研究(第3辑)
ZHONGGUO ZHENGZHI CHUANBO YANJIU(DI-SAN JI)

主　编	荆学民		
副主编	白文刚		
责任编辑	王　硕		
特约编辑	张　蕊　陈　默		
责任印制	李志鹏		
封面设计	拓美设计		
出版发行	中国传媒大学出版社		
社　址	北京市朝阳区定福庄东街1号	邮　编	100024
电　话	86-10-65450528　65450532	传　真	65779405
网　址	http://cucp.cuc.edu.cn		
经　销	全国新华书店		
印　刷	唐山玺诚印务有限公司		
开　本	787mm×1092mm　1/16		
印　张	16		
字　数	341千字		
版　次	2021年5月第1版		
印　次	2021年5月第1次印刷		
书　号	ISBN 978-7-5657-2910-2/D·2910	定　价	79.00元

本社法律顾问:北京李伟斌律师事务所　郭建平